Unconflict
언컨플릭

Unconflict

개인과
조직을
살리는
갈등관리

언컨플릭

언컨플릭 연구회
박효정 · 주충일 · 민현기 · 강경옥 · 박미란
조은영 · 강윤아 · 윤 란 · 이송희 지음

CONTENTS

PROLOGUE 010

01

**갈등관리,
근육을 키워라**

- 015 1. 갈등, 피할 수 없다면 지혜롭게 관리하라
- 020 2. 갈등, 원인만 알아도 반은 해결된다
- 033 3. 입장보다 이해관계에 주목하라
- 039 4. 집기양단(執其兩端)의 지혜로 파이를 키워 보자
- 047 5. 갈등관리 근육 키우기, 이제 시작이다

02

**갈등관리의 핵,
감정**

- 053 1. 갈등을 증폭시키는 감정은 어디서 왔을까
- 057 2. 욕구를 알면 감정이 보인다
- 066 3. 감정의 컨트롤타워, 생각
- 074 4. 생각과 사실을 구별하라
- 084 5. 감정을 다스리면 장점이 보인다

Unconflict
언컨플릭

03
갈등관리 5가지 기술

- 089   1. 갈등관리, 기술이 필요하다
- 093   2. 갈등관리 5가지 기술
- 108   3. 갈등관리 5가지 기술의 최적 활용
- 114   4. 갈등, 피할 수 없다면 '기술'로 유연하게 즐겨라

04
상사와 후배의 갈등관리

- 119   1. 상사와 후배, 왜 갈등하는가
- 123   2. 자신의 의견만 주장하는 상사와의 갈등관리
- 130   3. 갈등도 책임도 피하려는 후배와의 갈등관리
- 137   4. 왜 노력해도 갈등이 관리되지 않을까
- 144   5. 상사와 후배, 갈등과 함께하기

05
부서 간의 갈등관리

- 151   1. 부서 간 갈등의 심각성과 관리의 중요성
- 155   2. 협업 시 부서 간 갈등관리
- 164   3. 협조 시 부서 간 갈등관리
- 172   4. 거절 시 부서 간 갈등관리
- 181   5. 부서 간의 갈등관리는 경쟁과 협력의 조화로부터

06

갈등관리의 길잡이 조정, 그 역할과 방법

- 187 1. 조직 내 갈등관리, 안녕한가?
- 190 2. 조직 내 조정이란?
- 198 3. 성공하는 조정의 LTE 커뮤니케이션 스킬
- 208 4. 성공하는 조정의 CIA 프로세스
- 215 5. 조정의 처음과 끝, 신뢰

07

고객과의 갈등관리, 신뢰로부터 성장과 발전의 기회로

- 221 1. 고객과의 갈등관리는 기업 생존의 필수조건
- 226 2. 고객의 기대가치를 인식하고 개발하라
- 236 3. 기대가치의 선행조건 '신뢰'
- 246 4. 고객과의 갈등관리 프로세스
- 255 5. 고객과의 갈등관리는 지속가능 경영의 필수조건

08

갈등예방을 위한 유연성을 길러라

- 261 1. 갈등, 해결보다는 예방의 위력
- 265 2. 조직의 심리적 안전지대를 조성하라
- 272 3. 조직과 나의 그라운드 룰을 넓혀라
- 281 4. 갈등을 바라보는 태도를 전환하라
- 289 5. 갈등은 언제든지 발생할 수 있다

Unconflict
언컨플릭

09

새로운 갈등의 시작, 293   1. 갈등의 뉴노멀(new normal)
디지털 갈등   298   2. 디지털 커뮤니케이션 갈등
                     308   3. 디지털 역량 격차 갈등
                     316   4. 디지털 업무 생태계 갈등
                     323   5. 디지털 갈등 사회를 보는 새로운 시각

EPILOGUE   327

참고문헌   330

저자소개   337

그림목차

- 022 [그림 1-1] 관계갈등과 업무갈등
- 024 [그림 1-2] 갈등의 대상
- 027 [그림 1-3] 갈등원인 분석을 위한 2×2 매트릭스
- 042 [그림 1-4] 갈등의 강도와 성과와의 관계
- 058 [그림 2-1] 인간의 5가지 기본욕구
- 068 [그림 2-2] 감정의 ABC 모델
- 094 [그림 3-1] 갈등관리 5가지 기술
- 139 [그림 4-1] 갈등원인 분석을 위한 2×2 매트릭스_사례 1
- 142 [그림 4-2] 갈등원인 분석을 위한 2×2 매트릭스_사례 2
- 163 [그림 5-1] 협업의 갈등관리 프로세스 'GOAL'
- 171 [그림 5-2] 협조의 갈등관리 프로세스 'HERO'
- 199 [그림 6-1] 매라비언 법칙
- 200 [그림 6-2] LTE 커뮤니케이션 스킬
- 209 [그림 6-3] 조정의 CIA 프로세스
- 233 [그림 7-1] 카노 분석(Kano Analysis)
- 242 [그림 7-2] 신뢰/평판 지도
- 247 [그림 7-3] R-GROW-R 대화모델
- 257 [그림 7-4] 갈등의 강도와 성과와의 관계
- 277 [그림 8-1] KPT툴 활용법
- 277 [그림 8-2] KPT툴 예시법

Unconflict
언컨플릭

표목차

026 [표 1-1] 갈등원인 분석 체크리스트
113 [표 3-1] 갈등관리 5가지 기술의 최적 활용 정리

PROLOGUE

언컨플릭(Unconflict), 갈등을 바라보는 관점의 전환

"갈등 없이 맘 편한 직장생활 하고 싶어요."
"갈등만 없어도 제대로 일할 수 있을 텐데요."

기업현장에서 만난 많은 구성원들에게 듣는 말이다. 그만큼 갈등 없는 마음 편한 직장생활이 어렵고, 갈등으로 인해 역량을 맘껏 발휘하기도 힘들다. 그런데 조금만 말을 바꿔 보자.

"갈등이 있더라도 맘 편한 직장생활을 하고 싶다."
"갈등 속에서도 제대로 일해 보고 싶다."

오히려 더 현실적이지 않은가? 갈등상황은 나의 의지와 관계없이 발생하곤 하지만 직장생활의 만족감, 업무의 품질은 나의 의지에 따라 달리해 볼 수 있는 영역이기 때문이다.

갈등은 사람 간의 대화 같아서 두 명 이상이 모인 조직이라면 자연스레 생겨난다. 오히려 갈등을 기반으로 한 구성원 간 의견 충돌은 개인과 조직의 성장에 긍정적 영향을 미치기도 한다. 단, 전제가 있다. 갈등의 긍정적 영향을 확장시키려면 조직과 개인이 '갈등을 건강하게 관리하는 것'의 중요성을 신뢰하고, 이를 긍정자원으로 활용할 수 있도록 스스로 갈등관리 역량을 높여야 한다. 이 책을 만들게 된 이유가 바로 여기 있다.

'언컨플릭(Unconflict)!' 갈등이 없는 이상적 회사 생활을 말하는 것이 아니다. 다양한 이해관계, 자원의 현실적 제약, 불확실한 경영환경, 세대 간 문화 차이, 일하는 환경의 급격한 변화 속에서 불가피하게 발생하는 갈등을 긍정적 성장의 기회로 전환하는 것, 그게 '언컨플릭'이 가진 진정한 의미이다. 이를 통해 성과의 발목을 잡는 갈등이 아니라 성장과 발전의 모터에 가속을 붙이는 건강한 갈등관리를 해 보자는 것이다.

'언컨플릭'은 갈등관리에 대한 다수의 연구들이 밝혀 놓은 전제에서 출발하여 조금 더 현실적이고 체계적인 방법들을 정리하는 과정 끝에 완성되었다. 조직의 구성원들 각자가 갈등을 회피하기보다 직면하고, 지혜롭게 다루며, 갈등 상황을 나와 상대에게 이익이 되는 방향으로 잘 관리할 수 있다면 업무의 성과와 관계 만족감도 함께 높일 수 있다. 이 책에는 이렇게 업무 생산성과 관계의 만족감을 높이기 위해 갈등 상황을 구체적으로 관리하는 다양한 상황별 사례와 행동론이 담겨 있다. 갈등관리에 대한 많은 책이 있지만 조직에서 만나는 다양한 상황별 갈등사례를 한 곳에서 찾아보기 어려웠던 아쉬움을 보완하고자 9개의 챕터에서 각 상황별 다양한 사례를 들어 현실적으로 갈등을 관리할 수 있는 방법을 제시하였다.

현장의 실천을 돕는 책이므로 책을 읽는 순서는 독자마다 다를 수 있다. 다만 갈등관리의 개요를 다룬 챕터 1을 시작으로 갈등의 핵인 감정관리의 중요성과 기법을 안내한 챕터 2, 갈등관리의 다양한 유형과 유연한 전략을 설명한 챕터 3까지는 어떤 상황에서도 공통적으로 적용할 수 있는 기초적인 내용을 다루었기 때문에 책을 읽는 순서가 고민인 독자라면 챕터 1부터 챕터 3까지는 먼저 읽기를 권한다. 이후 상사와 후배(챕터 4), 부서 간 협업(챕터 5), 갈등조정(챕터 6), 고객과의 갈등관리(챕터 7), 디지털갈등(챕터 9) 등 독자 자신이 처한 다양한 상황에 따라 좀 더 관심 있는 것을 선택해서 읽어도 좋겠다. 또 갈등예방을 위해 우리가 실천할 수 있는 구체적 방법을 챕터 8에서 상세히 소개한다.

낯선 곳일수록 또 험지일수록 여행 전 두려움과 망설임은 클 수밖에 없다. 이때 신뢰가 가는 상세한 지도 한 장만 손에 쥐어져도 두려움은 낮아지고 호기심과 설렘은 커진다. 조직에서 새로운 여행지인 갈등관리라는 험산(險山)을 넘는 데 조금이나마 도움이 되기 위해 다양한 관점으로 길을 비춰 보는 갈등관리 지도를 만들어 보았다. 그렇게 만들어진 지도는 이제 독자들의 손에 건네졌다. 갈등관리가 필요한 현장에서 자주 사용하고 그만큼 손때가 묻어 닳아진 '언컨플릭'이라는 지도를 상상해 본다.

갈등관리 연구회 언컨플릭(Unconflict)

Unconflict 언컨플릭

—

01

갈등관리,
근육을 키워라

갈등은 피해야만 하는 대상일까?
도대체 갈등은 왜 발생할까?
서로 기분 나쁘게 주고받은 말과 행동으로 갈등이 발생했을 때
어떻게 하면 빠른 속도로 그 상황을 관리할 수 있을까?
지혜로운 갈등관리를 위해 가져야 할 태도와 철학은 무엇일까?
효과적으로 갈등관리 근육을 키우려면 무엇을 해야 할까?

1
갈등, 피할 수 없다면 지혜롭게 관리하라

갈등, 피하기보다 적극적으로 직면하고 지혜롭게 관리하자. 더 나아가 갈등을 개인과 조직의 성장을 이끌 수 있는 긍정자원으로 전환해 보자.

갈등 없는 조직은 없다

"지난주 선배님이 '아직도 이걸 몰라?' 하시는데 정말 당황스럽더라고요. 별로 가르쳐 준 것도 없으면서…. 자꾸 이러니까 출근하기 싫어요!"
(K사 입사 6개월 차 팀원)

"이 일을 왜 해야 하는지, 배경이나 이유 없이 막 던질 때마다 진짜 힘 빠져요. 가끔 질문하면 '나도 몰라. 일단 해 봐.'라고 해요. 진짜 황당하고 신뢰가 안 가요." **(S사 선임)**

"다들 자기가 제일 바쁘다고 합니다. 갑자기 떨어진 업무를 누구에게 맡겨야 할지 눈치 보다 결국 제가 할 때가 있어요. 아무리 합리적으로 판

단하고 지시한다고 해도 어느 한쪽은 늘 불만을 갖더라고요."(L사 팀장)

"같은 회사, 동일한 목표를 지향하는데 부서들끼리 정보 공유도 제대로 하지 않고, 비효율적으로 경쟁하는 모습을 볼 때마다 어떻게 이런 상황을 지혜롭게 풀어야 하나 고민이 많습니다."(M사 임원)

직장인이라면 위의 내용 중 하나 정도는 겪어 보았을 것이다. 신입사원부터 임원까지 누구나 갈등 이슈가 있다. 사례처럼 조직 맥락에서 형성된 다양한 갈등을 조직갈등이라고 한다. 조직갈등은 조직 내외의 이해 관계자들이 각자 추구하는 목표를 위해 업무를 추진하는 과정에서 차이가 나타나고, 그 차이로 인해 문제가 발생하거나 불편한 감정이 개입되는 상황이다[1]. 갈등은 불편한 감정을 동반한다. 그래서 누구든 피하고 싶어 한다. 하지만 두 명 이상 모인 조직이라면 피할 수 없는 것이 갈등이기도 하다.

어느 조직이나 갈등은 있지만 각자 갈등에 대처하는 방식은 다르다. 누구는 갈등을 일을 하다 만난 장애물로 본다. 그렇기 때문에 그 상황을 부정적인 문제로 취급하고 회피하거나 과잉 대응하기도 한다. 그러나 갈등을 업무 목표를 추구하고, 일을 추진하는 데서 만나는 자연스러운 현상, 즉 피할 수 없는 과정으로 보는 사람들도 있다. 따라서 '어떻게 하면 자신이 추구하는 목표를 달성하는 데 도움이 될까'에 집중한다. 이와 같이 갈등을 바라보는 관점과 대처방식에 따라 구성원 간의 관계와 업무 성과는 달라질 수 있다.

중요한 것은 갈등의 빈도가 아니라 대처 방식이다

갈등이 자주 일어나면 구성원 간의 관계가 나빠질까? 잦은 갈등은 업무 생산성을 낮출까?

일반적으로 사람들은 갈등의 빈도가 구성원과의 관계와 업무 생산성에 부정적 영향을 미칠 것이라고 생각한다. 하지만 연구 결과 갈등의 빈도는 상관관계가 없는 것으로 나타났다. 다양한 연구를 종합해 보면 갈등의 빈도가 아니라 오히려 갈등에 대처하는 방식이 구성원 간의 관계 만족도, 업무 몰입도, 업무 성과에 영향을 미친다는 것이다[2].

그렇다면 갈등에 적극적으로 대처하고, 생산적 결과를 이끄는 개인과 조직은 어떤 특성이 있을까? 지혜롭게 갈등을 관리하는 개인과 조직은 갈등관리를 조직의 중요한 이슈로 다룬다. 따라서 조직의 그라운드 룰에 갈등을 대처하는 철학과 구체적인 방법을 포함시킨다. 또 신입사원부터 임원까지 갈등을 다루고 해결하는 방법을 학습한다. 리더는 자신이 이끄는 팀 내에서 잠재적 갈등 이슈는 없는지 관찰한다. 갈등이 발생했다면 회피하거나 과잉 대응하지 않고, 이해 관계자들의 요구를 충족시킬 수 있는 대안을 찾는다. 이 과정에서 관계 만족감은 올라가고, 창의적 아이디어가 지속적으로 발산된다. 결과적으로 업무 생산성은 올라간다.

반면 갈등관리에 미숙한 개인과 조직은 어떨까? "말하는 것이 오히려 손해 보는 것이다."라는 왜곡된 믿음으로 구성원은 말이 없다. 문제가 있어도 서로 눈치 보며 침묵한다. 침묵이 습관이 된 조직은 작은 문제가 눈덩이처럼 커지는 현상을 자주 볼 수 있다. 침묵의 반대편에는 이기고 지는 싸움에 익숙한 조직도 있다. 무조건 이겨야 한다는 고정관념은 개인과 조직을 폐쇄적으로 만든다. 중요한 정보는 공유되지 않고, 불편한 신경전으로 회의 시간은 늘 불안하다. 조직 내 편가르기가 만연하고 구성원들은 불안감을 안고 산다. 구성원의 관계적 만족감은 떨어지고 스트레스는 올라간다. 자연스럽게 업무 몰입도가 떨어지면서 생산성도 낮아지는 악순환이 이어진다[3,4,5].

성장을 위한 긍정자원, 갈등

　서로 살아온 배경이 다르고 가치관, 기대 수준, 일하는 방식이 다양한 사람들이 함께 일하는 과정에서 의견 차이도 나고 갈등이 빚어지는 것은 자연스러운 현상이다. 게다가 불확실하고, 예측 불가능한 뷰카(VUCA) 시대의 경영 환경에서는 누구도 정답을 내놓을 수 없는 상황이다. 정답을 내놓을 수 없으니 각자 다양한 의견을 말해야 한다. 그 과정에서 의견의 부딪힘과 가치관의 대립을 피할 수는 없다. 오히려 건설적 충돌을 권장해야 할 상황이다.

　조직 문화, 조직 체계의 변화도 한몫한다. 과거의 수직적 조직 구성은 점차 수평적 조직으로, 팀 간의 경계가 명확했던 상황에서 프로젝트에 따라 유연하게 모이고, 과제가 끝나면 빠르게 해체하는 애자일(Agile) 조직으로 변화하고 있다. 그 변화의 속도도 빠르다. 변화의 시기에 조직은 익숙한 관행과 새로운 질서 사이에 충돌을 경험하고 다양한 갈등 이슈를 만나게 된다. 우리가 지혜로운 갈등관리 방법을 학습하고 현장에 적용해야 할 이유이다.

이제 갈등은 피해야 할 대상이 아니다. 적극적으로 직면하고, 지혜롭게 관리함으로써 개인과 조직의 성장을 이끌 수 있는 긍정자원으로 전환해보자. 관점의 전환이야말로 불확실성의 시대에 가장 요구되는 자세가 아닐까.

2
갈등, 원인만 알아도 반은 해결된다

갈등의 원인은 복합적이다. 복합적인 갈등의 원인을 파악해야 갈등관리를 위해 어떤 노력을 기울일 것인지, 그 길을 찾을 수 있다.

치료 전 정확한 진단이 우선이다

병원에서 의사가 환자의 드러난 증상만 보지 않고 병력 등을 참고하여 원인을 분석하고, 진단과 처방을 내리는 과정은 갈등관리 과정과 다르지 않다. 조직에 존재하는 다양한 갈등을 지혜롭게 관리하려면 조직에서 일어나는 갈등의 종류를 파악하고, 그 원인을 분석할 수 있어야 한다. 왜 발생했는가의 원인을 알아야 향후 갈등관리의 적합한 방법을 찾을 수 있기 때문이다.

필자가 다양한 기업의 갈등관리 워크숍을 진행하면서 아쉬웠던 점은, 구성원들이 내가 겪는 갈등의 원인을 제대로 파악하지 못한 채 무조건 빨리 해결하려고 하는 성급함이었다. 현재 불편한 감정의 원인은 불명확한 업무 프로세스인데 개인의 성향이나 일하는 스타일에 원인을 두는 경우를 종종 보게 된다. 또 업무에 대한 우선순위의 차이에서 오는 혼돈을 '우리는 잘 맞지 않다'로 결론 짓는 경우도 있다. 원인을 명확하게 보지 못하니 효과적 갈등관리도 어렵다. 우리 앞의 갈등을 종류별로 분류해 보고, 그 갈등의 원인을 분석할 수 있어야 해당 갈등에 대한 적합한 관리 방법도 찾을 수 있다.

조직갈등의 다양한 종류

조직갈등은 크게 관계갈등(Relationship Conflict)과 업무갈등(Task Conflict)으로 구분할 수 있다. 관계갈등은 개인 및 집단 간 관계에서 생기는 심리적 불편함을 의미한다. 관계갈등은 구성원들이 소통하는 과정에서 서로의 태도, 성향 및 가치의 차이로 인해 발생하는데 일반적으로 업무갈등에도 영향을 미치게 된다. 업무갈등은 업무를 수행하는 과정에서 발생하는 업무처리 방식, 의사결정 방향, 우선순위 등에서 차이가 발생하고, 이 차이로 인해 부정적 감정을 유발하거나 생산성이 낮아지는 결과를 불러온다. 미숙한 방식의 업무갈등 관리는 관계갈등을 불러오기도 한다[3)재인용]. 갈등의 종류는 다르지만 관계갈등과 업무갈등은 유기적으로 영향을 주고받는다[6)]. 따라서 표면적으로는 업무갈등인 것 같지만 관계갈등에서 출발한 경우도 있고, 그 반대인 사례도 있다.

관계갈등	업무갈등
· 성향의 차이 · 태도의 차이 · 가치의 차이 · 각 차이에서 오는 심리적 불편함	· 업무처리 방식 · 의사결정 방향 · 업무의 우선순위 · 각 차이에서 오는 업무 비효율화와 심리적 불편함

[그림 1-1] 관계갈등과 업무갈등

    2년 전 한 중견기업의 부서 간 갈등을 조정하고, 업무 프로세스를 효율적으로 재설계하기 위한 프로젝트를 맡은 적이 있었다. 이 기업은 여러 부서가 고객 서비스를 위한 가치사슬로 구성되어 있어 협업이 매우 중요한 곳이었다. 모든 부서의 핵심 담당자와 인터뷰를 하는 과정에서 알게 된 것은 협업이 특히나 중요한 두 부서가 함께 일하는 과정에서 어려움을 겪고 있는 것이었다. 두 부서가 주로 겪은 갈등은 개발팀의 입장에서 볼 때 "설계파트는 우리 회사의 역량을 고려하지 않은 채 무조건 이상적 설계만 한다."라는 것이었고, 반면 설계파트의 입장에서 보면 "개발팀은 무조건 안되는 이유만 말한다."라는 것이었다.

    원인 분석을 위한 인터뷰 결과, 관계갈등과 업무갈등 두 가지가 혼재되어 있었다. 인터뷰 초반 직원들은 "두 부서의 핵심 의사결정권자인 그룹장 간 관계가 예전부터 나빴기 때문에 실무자들이 일하는 데도 어려움이 많다."라고 했다. 이로 인해 "말 한마디면 될 것을 불필요한 결재로 업무 대기시간이 길어지고, 윗사람 눈치가 보여 활발한 상호교류가 뜸하게 되면서 업무 시너지도 기대하기 힘들다."라고도 했다. 물론 이 둘의 갈등이 부서 간 협업을 어렵게 한 건 사실이다.

하지만 그게 전부는 아니었다. 설계와 개발을 담당하는 각 부서는 하나의 프로젝트를 수행하는 데도 프로젝트 초기 기획 단계, 설계 중간 단계, 설계 마무리 단계, 이후 개발 단계에서 프로젝트 전 구성원이 참여하는 협업회의를 제대로 실행하지 않았다. 이전에 그런 절차가 거의 없었고, 다들 바쁘다는 이유였다. 협업회의가 진행되었다면 개발팀은 설계자의 의도와 배경을 알 수 있고, 설계자는 개발팀의 역량과 자원에 맞는지 확인할 수 있었을 것이다. 이 과정에서 설계의 변경이 이루어지거나 개발팀의 필요 자원 확충이 진행되었다면 서로 원망하는 일은 줄어들었을 것이다. 업무 프로세스상 중요한 협업회의를 진행해 보자는 것이 두 부서 간 갈등관리의 액션 플랜이었다. 이처럼 관계갈등과 업무갈등은 완벽하게 분리된다기보다 복합적으로 관련 있다고 보는 편이 더 현실적이다.

관계갈등과 업무갈등이 그 원인에 따라 종류를 구분한 것이라면 갈등의 대상에 따른 구분도 가능하다. 현재 내가 겪고 있는 조직 내 갈등을 떠올려 보자. 누구와의 갈등인가? 상사, 후배, 고객, 동료, 혹은 우리 회사가 자리 잡은 지역사회, 함께 일하는 협력사, 경쟁사, 고객사 등 다양할 것이다. 여러분은 이 중 어떤 갈등을 가장 많이 경험했는가? 2022~2025년까지의 설문조사 자료들을 분석해 보면 조직 내 갈등의 양상이 다변화되고 있음을 알 수 있다. 최근 조사들에 따르면 직장인들은 세대 간 갈등(43.3%), 동료 간 불화(35.4%), 상사와의 갈등(95.8%) 등 다양한 대상과의 관계에서 복합적인 갈등을 경험하고 있다. 특히 세대 간 가치관과 업무 방식의 차이가 새로운 갈등 요인으로 부상하면서, 전통적인 상하 관계 중심의 갈등에서 동료·세대 간 수평적 갈등으로 그 양상이 확대되고 있다. 이는 조직이 보다 복잡하고 다층적인 갈등관리 과제에 직면하고 있음을 보여준다[7),8)].

[그림 1-2] 갈등의 대상

최근 전 세계적으로 기업과 개인이 경험한 업무 환경의 변화가 있다. 2020년 코로나19를 계기로 우리 사회에서도 많은 구성원들이 경험한 비대면 업무 방식이 그것이다. 환경의 변화는 일하는 방식뿐만 아니라 소통의 방식 전반에 많은 변화와 적응의 과제를 던진다. 예를 들어 면 대 면 회의에서 우리가 주고받는 비언어적 협력 신호, 이를테면 공감을 표현하는 표정, 제스처, 목소리 톤 등을 느낄 수 없는 온라인 환경에서는 기존과 다른 새로운 소통의 질서가 요구된다.

어디 회의뿐이겠는가? 일하는 공간, 소통의 도구 전체가 변화해 버린 상황에서는 조직 전반의 업무 매뉴얼을 새로 써야 하는 상황이 발생하기도 한다. 2020년 비대면 방식으로 진행된 ATD(Association for Talent Development)에서 에리카 다완(Erica Dhawan)은 디지털 커뮤니케이션 환경에서 사람들은 더 무례한 행동을 할 가능성이 높기 때문에 잦은 오해, 논쟁이 발생할 확률이 높다고 말했다. 따라서 새로운 환경에서 요구되는 디지털 커뮤니케이션, 디지털 바디랭귀지의 중요성을 강조했다[8]. 필자 역시 기업 갈등 현장을 분석하는 과정에서 최근 이메일, 사내 메신저, SNS로 소통하는 구성원들이 겪는 어려움을 자주 듣게 된다. 화상 회의 과정에서 불명확한 업무 대화로 인해 서로의 역할과 책임 영역은 모호해지고, 이로 인해 업무 추진 속도와 생산성이 낮아지는 현장을 보기도 한다. 하버드 비즈니스 리뷰에 따르면, 디지털 커뮤니케이션에서 어려움을 겪는 조직은 신뢰도 80% 감소, 역할과 목표의 명확도 75% 감소, 직무 만족도 50% 감소라는 부정적 영향을 받고 있다고 한다[9,10]. 조직 갈등관리의 관점에서 보면 이러한 조직의 업무 및 소통 방식의 디지털화는 새로운 갈등의 원인이 될 수 있다는 점에서 구체적으로 분석해야 할 중요한 주제이다.

갈등 원인 분석을 위한 2×2 매트릭스

앞에서 '내가 겪고 있는 조직 내 갈등'을 떠올려 보았다. 다시 그 갈등을 불러와 보자. 이 갈등은 왜 발생하는가? 자, 지금부터 하단의 여러 키워드 중 현재 생각하고 있는, 갈등의 원인이라고 판단되는 모든 것을 체크해 보자.

갈등의 원인	체크
이해관계의 차이(부서 간, 회사와 고객 및 지역사회 등)	
성향의 차이	
가치관의 차이	
소통 스타일(화, 호통, 짜증, 비난, 모호함, 미숙함 등)	
해당 업무에 대한 생각 차이(우선순위, 핵심 성과 등)	
불명확한 업무지시	
책임회피	
제도의 불공평성(평가 시스템, 업무분장 등)	
불명확한 업무 프로세스(모호한 책임영역)	
경쟁 지향적 조직문화	

[표 1-1] 갈등원인 분석 체크리스트

갈등의 원인이라고 생각되는 항목을 쭉 살펴보면 하나 이상 체크하게 될 것이다. 갈등의 원인은 하나로 특정 지을 수 없을 만큼 복합적이기 때문이다. 복합적인 갈등의 원인을 체계적으로 분석하기 위해 2×2 매트릭스로 살펴보면 다음과 같다[11].

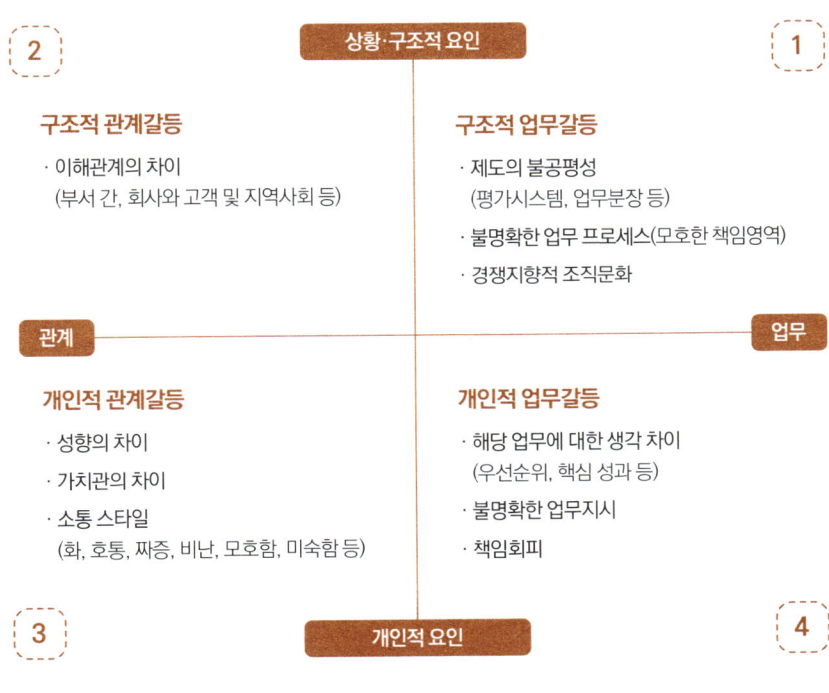

[그림 1-3] 갈등원인 분석을 위한 2×2 매트릭스

　가로축은 관계와 업무로 갈등의 원인을 분류한다. 세로축은 해당 갈등의 원인이 조직의 상황 및 구조적인 요인에 있는지, 개인적 요인에 있는지에 따라 구분한다.

1) 구조적 업무갈등(1사분면)

　1사분면은 구조적 업무갈등이다. 앞에서 살펴본 개발팀과 설계파트 간 갈등의 원인 중 업무 프로세스 내에 공식화된 협업회의가 없었던 것은 구조적 업무갈등 요인이라 할 수 있다. 구성원 중 누군가가 불만이 특히 많다거나 각자의 업무 스타일에 문제가 있는 등 개인의 문제가 아니라 두 부서 간 협업 프로세스상의 이슈로 발생한 것이다. 구조적 업무갈등은 조직 차원에서 그 문제를 해결하고자 하는 의지가 있고, 자원이 있다면 해결이 가능하다.

이번 사례는 협업을 통해 업무 시너지를 내고 불필요한 갈등 비용을 줄이는 것이 조직 차원에서도 훨씬 생산적이기 때문에 업무 프로세스 개선을 추진하였다. 프로젝트 착수 시점에 설계 및 개발 참여자들은 부서를 막론하고 프로젝트 기반의 TFT를 구성하여 하나의 작은 팀으로서 다양한 협업회의를 시도했다. 결과적으로 효율적 의사결정과 비용 절감을 이끌어 낼 수 있었다. 물론 모든 구조적 업무갈등이 해결 가능한 것은 아니다. 예를 들어 회사의 제도상 구조적으로 갈등이 발생할 수밖에 없는 이슈들이 있다. 상대평가로 진행되는 연말 업적평가, 부서 간 인센티브 차등 지급, 한정된 승진 TO와 관련해서 발생하는 다양한 갈등은 해결보다 관리가 적합하다. 한정된 자원을 분배하면서 발생하므로 언제나 상대적 박탈감을 느끼는 집단이 있기 때문이다. 그럼에도 불구하고 조직과 리더의 공평한 업무 관리는 구성원의 업무 몰입과 갈등관리에 중요한 요인이다[3)재인용].

2) 구조적 관계갈등(2사분면)

이제 2사분면 구조적 관계갈등으로 넘어가 보자. 구조적 관계갈등은 말 그대로 갈등의 원인이 개인보다는 조직적 차원에 있고, 업무 수행보다는 관계적 불편함에서 오는 갈등을 말한다. 서로 원하는 것이 달라서 이해관계에 차이가 있는 집단 및 개인 간 갈등이다. 대표적으로 직장인이 가장 많이 겪고 있는 상사와의 갈등 역시 많은 수는 구조적 관계갈등에 속한다. 물론 상사와의 갈등도 개인적 성향 차이에서 오는 개인 관계갈등이나 업무갈등도 있겠지만 구성원에게 업무를 지시하고, 평가를 수행하는 관리자로서의 상사와 관리의 대상이 되는 구성원 간 관계적 불편함은 자연스럽기도 하다. 조금 더 높은 가치의 서비스를 받고 싶은 고객과 적절한 이윤을 추구해야 하는 기업 및 판매자 간의 갈등, 지역사회에서 공장을 가동하고 있는 기업과 조금 더 청정한 환경에서 살고 싶은 지역 주민과의 갈등 등 구조적으로 이해관계가 달라서 자연스럽게 발생하는 갈등이다.

그렇다면 어떻게 구조적 관계갈등을 잘 관리할 수 있을까? 구조적 관계갈등이야말로 서로의 차이에 대한 인정, 다름의 존중, 함께 이익을 볼 수 있는 협력적 갈등관리의 방식으로 대처하는 것이 중요하다.

3) 개인적 관계갈등(3사분면)

3사분면의 개인적 관계갈등은 말 그대로 각자의 성향, 가치관, 소통의 스타일에 따라 관계적 불편함을 겪는 갈등을 말한다. 앞에서 살펴본 설계파트와 개발팀의 사례로 돌아가 보자. 이 두 부서 간 갈등의 큰 원인은 구조적 업무갈등이었지만 두 그룹장 간의 개인적 관계갈등도 한몫했다. 매우 직선적이고 성취지향적인 김 그룹장, 예의와 존중을 중요한 가치로 생각하는 박 그룹장은 실무자 시절부터 회의만 하면 서로 불편한 감정이 커졌다.

김 그룹장은 본인이 원하는 방향으로 불도저처럼 업무를 추진하는 스타일이었다. 자신이 상대에게 공격적인 말을 했는지조차 의식하지 못했다. 이렇듯 회의 때마다 사람을 몰아붙이는 김 그룹장의 소통방식에 박 그룹장은 기분이 상했다. 그래서 어느 날부터 회의를 최소화하거나 업무협조를 소극적으로 하기 시작했다. 업무추진이 회사 생활에서 가장 중요한 김 그룹장은 박 그룹장이 업무협조를 제대로 하지 않자 "박 그룹장은 정말 무능한 사람이다."라고 쏘아붙였다. 결국 둘의 관계는 돌아올 수 없는 강을 건너 버렸다. 이 둘의 개인적 관계 갈등은 결국 두 부서 간 구성원의 업무협업에도 일부 부정적 영향을 미쳤다.

조직은 관계갈등을 관리하기 위해 구성원들에게 교육을 제공한다. 의사소통, 갈등관리, 심리이해, 감정관리 등의 교육은 타인을 공감하고, 이해의 지평을 넓혀 개인의 갈등관리 역량을 향상시킨다. 무엇보다 관계갈등 관리의 핵심은 관계적 불편함이 업무영역까지 확장되어 다시 그 불편함을 확장하는 악순환의 고리를 끊는 데 있다.

4) 개인적 업무갈등(4사분면)

개인적 업무갈등은 해당업무에 대해 서로 다른 의견을 가지고 있거나 수행하는 스타일이 다를 때, 리더의 지시가 모호하거나 담당자가 책임을 회피하려고 할 때 주로 발생한다. 예를 들어 상사는 디테일한 업무관리가 중요해서 프로젝트의 일정 확인, 문서의 오타 체크 등을 중요하게 생각하는데, 후배는 일의 큰 그림과 방향성이 중요하다면 우선순위가 다를 것이다. 상사는 일정에 맞춰 업무를 추진하기를 바랄 것이고, 후배는 방향성에 대해 좀 더 이야기하기를 원할 것이다.

업무 스타일의 차이는 종종 오해를 낳는다. 자신의 관점에서 보면 상대는 틀렸다고 볼 수 있기 때문이다. 따라서 개인적 업무갈등을 서로에게 도움이 되는 방향으로 관리하려면 업무수행 전 서로의 관점을 충분히 공유하고, 해당업무에서 중요한 것이 무엇인지 우선순위를 함께 설정할 필요가 있다. 서로의 관점을 존중하면서 해당업무를 제대로 수행하기 위한 합의점을 찾는 대화가 필요하다.

갈등관리의 시작은 원인 분석부터

내가 겪고 있는 갈등을 어떤 종류인지, 그 원인은 무엇인지 분석할 수 있다면 해당 갈등을 관리하기 위해 어떤 노력을 해야 할지 그 길이 보이기 시작한다. 물론 하나의 갈등상황이 네 개의 사분면 중 특정 하나에만 해당되는 것은 아니다. 갈등의 원인은 복합적인 경우가 많기 때문에 당연히 네 개의 항목 모두에 해당되기도, 때로는 두세 개의 원인에 해당되기도 한다. 설계파트와 개발팀 간 갈등의 경우 1사분면 구조적 업무갈등과 3사분면 개인적 관계갈등이 주요 원인이라 할 수 있다. 원인이 분석되면 노력해서 해결이 가능한 부분부터 먼저 실행해 볼 수 있다. 이 경우 구조적 업무갈등 원인이었던 협업 프로세스를 개선함으로써 갈등 이슈를 관리할 수 있다. 두 그룹장 간 개인적 갈등 문제는 당장 해결할 수 있는 영역이 아니기 때문이다.

이제 갈등관리는 의사가 환자의 질환을 진단한 후 처방하듯이 갈등의 원인부터 분석해 보자. 갈등관리의 효율성과 효과성을 동시에 높일 수 있을 것이다.

3
입장보다 이해관계에 주목하라

상대의 말과 행동, 입장에 머무르지 않고, 그 말과 행동을 한 진짜 이유인 이해관계에 주목하자. 이해관계에 집중할 때 갈등해결의 실마리를 찾을 수 있다.

입장 뒤에 숨은 진짜 이유, 이해관계

박나래 책임은 얼마 전 팀장과의 대화에서 매우 서운한 감정을 느꼈다.

"박 책임, 요즘 너무 정신없는 것 같아. 내가 업무 요청한 게 열 개면 돌아오는 피드백이 다섯 개 정도밖에 안 되거든. 육아휴직 중인 정다정 선임에게 좀 일찍 복귀할 수 있냐고 물어보니까 가능하다고 하더군. 정 선임하고 연락해서 복귀 시점 확인하고, 업무 배분할 것 정리해서 넘기라고."

부서 인력이 부족한 상황에서 박 책임은 최선을 다해 중간관리자 역할을 하고 있다고 생각했는데 팀장의 피드백을 듣고 보니 서운함을 넘어 모든 것을 다 내려놓고 싶다는 생각까지 들었다.

'나에게 먼저 상황공유도 하지 않고, 정 선임에게 바로 전화를 할 정도로 내가 그렇게 부족했나', '이렇게 나를 중요한 존재로 여기지 않는데 내가 최선을 다할 필요가 있을까'

박 책임은 속상한 마음에 옆 파트 동료에게 이 상황을 하소연했다. 함께 속상한 마음을 공감해 준 동료는 박 책임에게 질문 하나를 던졌다.

"그런데 팀장님도 나름 이유가 있지 않을까? 박 책임 힘든 거 아니까 업무 덜어 주려고 그랬을 수도 있고! 한번 팀장님과 대화를 나눠 보는 건 어때?"

갈등 상황을 객관화하고 이왕이면 그 상황을 나에게 도움이 되는 방향으로 관리하고 싶다면 상대와 내가 나눈 대화, 즉 말과 행동 밑에 숨은 이해관계를 볼 수 있어야 한다. 사례 속 박 책임의 동료는 바로 이해관계를 한번 살펴보라는 메시지를 던진 것이다. 입장(Position)은 팀장이 박 책임에게 했던 말 그 자체이다. 입장은 언제나 겉으로 드러난다. 반면 이해관계(Interest)는 그 사람이 그런 입장을 표현한 배경, 즉 이유이다. 일반적으로 이해관계는 입장 이면에 담긴 감정, 욕구, 상대의 상황을 의미한다. 안타깝게도 부정적 감정을 느끼는 갈등의 당사자는 자신과 상대의 이해관계를 객관적으로 파악하기 쉽지 않다. 하버드 협상모델에서는 입장 뒤에 존재하는 이해관계가 갈등의 실체라고 본다[12]. 따라서 입장에만 머물러 있을 때, 즉 그 사람이 한 말과 행동에만 집중할 때 우리는 한 발자국도 해결의 방향으로 움직일 수 없다. 입장 이면의 이해관계 속으로 들어가 볼 이유이다.

입장에 주목할 때 오는 대가

 만약 박 책임이 팀장이 한 말, 즉 입장에만 집중하면 어떻게 될까? 자신이 느낀 서운한 감정, 포기하고 싶은 마음을 최대한 눌러 보지만 여전히 팀장과의 관계는 불편하고, 복직한 정다정 선임에게 업무를 인수인계할 때도 마음 편치 않을 것이다. 당연히 협업 과정에서 원활한 소통을 기대하기도 어렵다. 입장에만 머물러 있을 때 오는 대가는 우리가 예상하는 것보다 혹독하다. 부정적 감정은 더욱 증폭되고, 상대에 대한 불필요한 오해는 커져만 간다. 게다가 자신이 해결해야 하는 현업의 문제는 보이지 않고, 부정적 감정에 빠지게 된 나머지 업무 생산성과 시너지를 기대하기도 어렵다. 악순환의 연속이다.

이해관계를 파악할 때 얻을 수 있는 이익

 그런데 만약 박 책임이 동료가 제안한 대로 팀장이 그렇게 행동한 이유를 확인해 보면 어떨까? 이 상황에서 정 선임이 필요하다고 판단한 이유, 책임자인 나에게 상황을 공유하지 않은 채 서둘러 정 선임에게 연락하게 된 특별한 계기가 있는지 등 그저 추측으로 판단해 버린 이유를 알아본다면 박 책임의 갈등관리 과정에 변화가 있지 않을까?

 박 책임은 팀장과 대화를 나눠 보기로 했다. 잠시 격한 서운함을 가라앉히고 생각해 보니 그동안 쌓아 온 팀장과의 신뢰 관계를 계속 유지하고 싶었다.

박나래 책임: 팀장님, 지난번 정 선임에 대해 말씀하셨을 때 제가 좀 당황했었습니다. 저와 사전 논의 없이 통보를 받으니까 내가 그렇게 일을 제대로 못했나, 얼마나 답답하셨으면 그렇게 말씀하실까... 그런 생각이 들더라고요. 팀장님 혹시 그렇게 하신 이유를 설명해 주실 수 있을까요?

팀장: 박 책임 정말 그렇게 생각했어? 나는 그렇게 받아들일 줄은 상상도 못 했는데? 박 책임이 너무 정신없고, 일이 많아서 어떻게든 해결해 주고 싶었거든. 정 선임이 빨리 복직하고 싶어 한다는 얘기를 마침 들어서 그렇게 얘기한 거야. 내가 이런 사정을 얘기 안 해서 오해했나 보구먼. 내가 좀 마음이 급할 때 주변 안 보고 바로 일을 처리할 때가 있는데 이번에 그랬나 보네.

팀장과의 대화를 마치고 자리로 돌아온 박 책임은 안도의 한숨을 쉬었다. 팀장에게 질문하지 않았더라면 그의 의도를 오해한 채 자신에게 전혀 도움이 되지 않는 행동을 했을 것이다. 이렇듯 모든 갈등 상황이 박책임과 팀장의 대화처럼 술술 잘 풀리면 얼마나 좋겠는가? 그러나 갈등상황에서 상대와 솔직한 대화를 통해 이해관계를 파악하는 것은 매우 어려운 일이다. 이해관계를 파악하려면 상대와 대화하려는 노력, 상대의 의도를 파악해 보려는 생각의 시간이 필요하다. 노력과 시간을 들인 만큼 이해관계를 파악하게 되면 우리가 얻는 이익도 크다. 상대와 나에 대한 충분한 이해, 이를 통한 신뢰관계 형성, 또 함께 해결해야 하는 이슈의 명확화, 업무 시너지 향상을 기대할 수 있다.

이해관계 파악을 위한 3가지 Tips

그렇다면 좀 더 객관적이면서, 갈등관리에도 도움이 되는 이해관계 파악을 위해 어떤 노력을 기울이면 좋을까?

첫째, 상대의 선한 의도에 집중한다.

불편한 관계에 있는 상대방의 의도를 생각할 때 우리는 종종 '일부러 작정하고 그런다', '이기적이어서 그렇다', '욕심이 너무 많아서 그렇다' 등등 부정적 의도로 추측하는 경우가 많다. 기업 현장에서 구성원들과 상대의 이해관계를 분석하는 실습을 할 때도 대체로 상대의 의도는 부정적이고, 나의 의도는 선한 방향으로 보는 경우가 많다. 자연스러운 현상이다. 갈등 상대의 말과 행동을 선한 의도로 바라보는 것은 쉬운 일이 아니다. 그러나 그의 선한 의도를 전제하지 않는 이해관계 파악은 입장에 머물러 악순환의 고리를 반복하게 된다. 상대도 나와 같이 그 일을 잘하고 싶고, 인정받고 싶은 존재라는 것을 전제할 때 서로에게 도움이 되는 갈등관리가 가능하다.

둘째, 추측하기보다 질문하여 확인한다.

상대가 그 행동을 한 진짜 이유에 대해 질문할 수 있는 관계라면 호기심을 가지고 질문하는 것이 이해관계 파악에 훨씬 도움이 된다. 조직 생활의 경험이 많고, 업무 지식이 뛰어날수록 효율적으로 사고하는 데 익숙하기 때문에 어떤 현상을 보고 바로 판단할 가능성이 높다. 물론 빠른 판단은 신속한 업무처리에 도움이 되지만 사람과의 관계에 있어서 빠른 판단은 자칫 오해를 불러올 수 있다. 박 책임 역시 팀장의 말을 듣고 바로 자신이 느낀 생각을 사실로 판단하고 팀장의 의도를 오해했다. 이럴 때 '이것이 과연 사실인가'라는 자문자답을 통해 성찰할 시간을 갖고, 상대의 의도에 대해 호기심을 가지고 질문한다면 상황을 긍정적 방향으로 이끌 수 있다. 질문할 때 꼭 기억할 것은 "그렇게 한 이유가 저를 못 믿어서인가요?"처럼 판단이 전제된 질문을 하기보다는 "그렇게 하신 특별한 이유가 있을까요?"와 같이 상대가 자신의 생각을 이야기할 수 있는 열린 질문, 중립 질문을 사용하는 것이 좋다.

셋째, 상대의 상황을 다각도로 분석하며 공감한다.
자신이 어떤 행동을 할 때는 그렇게 할 만한 충분한 이유를 알고 있다. 상대에게는 보이지 않지만 자신의 의도를 인식할 수 있기 때문이다. 그러나 상대의 행동 이면의 의도는 눈에 보이지 않기 때문에 우리는 그의 행동만을 보고 추측한다. 상대가 자신의 의도를 설명하더라도 내가 나 자신의 의도를 있는 그대로 설명하기 어려운 것처럼 상대도 마찬가지다. 따라서 상대에게 어떤 행동의 이유를 질문한 후 그가 대답하는 과정에서 우리는 경청할 뿐만 아니라 다양한 관점에서 그의 상황을 바라보며 공감해야 한다. 공감은 내가 그 사람이 되어 보는 것이다. 흔한 말이지만 어려운 것이 공감이다. 조금이라도 상대의 입장이 되어 보려면 이 갈등을 나와 상대에게 도움이 되는 방향으로 이끌어 서로의 신뢰관계를 돈독히 하겠다는 의지가 있을 때 가능하다. 그럼에도 불구하고 완전한 공감, 즉 내가 상대의 모든 것을 다 파악할 수는 없다는 겸손함이 필요하다. 겸손함은 상대에 대해 빨리 판단하지 않고 지속적인 호기심을 유지하도록 돕기 때문이다.

4

집기양단(執其兩端)의 지혜로 파이를 키워 보자

승패(勝敗)의 패러다임을 넘어 승승(勝勝)의 패러다임을 지향함으로써 상대와 내가 원하는 것을 모두 만족시켜 보자.

이기고 지는 싸움을 넘어 Win Win의 전략으로 나아간다

　김성과 선임은 그동안 공들여 온 고객사 수주 제안에서 우선 협상자로 선정되었다. 오늘은 고객사 담당자와 계약 조건을 협의하고, 계약서에 도장을 찍는 날이다. 이번에는 꼭 수주하고 싶은 마음에 최대한 견적도 낮춰 제안하였고, 부가 서비스도 충분히 제시했다. 별다른 협상 없이 계약서에 도장만 찍으면 된다고 생각했던 김 선임은 고객사 담당자의 가격 조정 요청에 당황하게 되었다.

　고객사: 현재 비용에서 3% 정도 인하하고 계약하시죠!
　김 선임: 네? 책임님이 더 잘 아시겠지만 비용을 더 낮출 여지가 전혀 없는데요. 저희가 가장 낮은 금액으로 제안하지 않았습니까?

고객사: 알죠. 그런데 저희도 계약 전 어느 정도 비용을 낮추지 않으면 담당자들이 난감해집니다. 조금이라도 낮춰야 해요.
김 선임: 책임님, 제가 이번에 꼭 수주하고 싶은 마음에 비용을 최대한 낮춰서 제안했는데 여기서 더 낮추면 저도 회사에 할 말이 없어집니다.
고객사: 저도 마찬가지예요. 계약 전 가격 조정 있을 거라는 거 전혀 예상 못 한 거 아니잖아요? 얼른 마무리하시죠.

김 선임은 이러지도 저러지도 못하는 상황이었다. 이번 견적은 조금의 여지 없이 최저 단가로 제안했기 때문에 여기서 비용을 더 낮추게 되면 굳이 사업을 하는 이유가 없게 된다. 김 선임은 일단 시간을 벌기로 했다. 현 상황을 회사에 보고하고 팀장과 논의한 후 결정하겠다는 말을 하고, 30분 정도 휴식 시간을 가졌다. 상황보고를 받은 팀장은 마치 이 상황을 예상했다는 듯이 침착하게 새로운 아이디어를 제시하였다.

팀장: 너무 당황하지 말고, 차분히 생각해 봅시다. 고객사 담당자가 정말 필요한 게 뭘까요?
김 선임: 네? 가격을 깎아 달라는 거 아닙니까?
팀장: 물론 표면적으로는 그런데, 보통 계약 전 담당자가 회사에 이익이 되는 방향으로 협상을 해야 그 담당자도 계약을 잘했다는 인정을 받을 수 있거든요. 비용을 깎는 것은 하나의 방법이고, 우리가 제시할 수 있는 다른 방법은 없을까요?
김 선임: 그러니까 비용을 낮추는 것 말고라도 고객사에게 이익이 되는 다른 방법을 제안해 보라는 말씀이죠? 우리는 비용을 더 낮출 순 없으니까요? 그렇다면 한 가지 생각나는 게 있습니다. 팀장님!

이 협상의 결과는 어땠을까? 가격을 낮춰 달라는 고객사의 입장 이면의 이해관계를 파악한 김 선임은 가격은 그대로 유지한 채 고객사에서 정말 중요하게 생각하는 고객 분석 데이터 2개월 무료 제공을 협상의 조건으로 제시했다. 고객사는 그 데이터의 비용적 가치를 따져 봤을 때 오히려 이득이라는 생각으로 기분 좋게 협상을 마치고 계약을 진행하였다. 김 선임 입장에서는 자사에서 부가적 비용을 들이지 않으면서 제공할 수 있는 서비스이기 때문에 가능한 협상이었다.

어떤가? 이 협상에서 누가 이기고 누가 졌다고 할 수 있을까? 결과적으로 양쪽은 서로가 원하는 것을 모두 취할 수 있었다. 집기양단(執其兩端), 잡을 집(執), 그 기(其), 두 양(兩), 끝 단(端), 즉 양 극단을 파악한 뒤 어느 한쪽만 취하는 것이 아니라 양쪽 모두를 충족할 수 있는 합리적 행동을 한다는 사자성어이다. 즉 양쪽 다 득을 본다는 의미이다. 김 선임의 계약 과정에서도 집기양단의 지혜를 찾아볼 수 있었다. 김 선임이 원하는 대로 비용은 그대로 유지했고, 고객사 담당자가 원하는 대로 자신 회사에 이익이 되는 계약조건 하나를 갖게 되었다. 서로가 원하는 것이 무엇인지 양 끝을 파악하고, 그것을 충족할 수 있는 방법을 고민한 것이다. 그 과정에서 팀장의 제안대로 고객이 표면적으로 말했던 입장 이면의 이해관계, 즉 진짜 이유를 생각하게 되고, 이를 충족할 수 있는 아이디어가 도출된 것이다. 이기고 지는 싸움이 아니라 오히려 서로가 원하는 것을 충족할 수 있는 대안이 나올 수 있었다. 이로 인해 두 회사는 불편한 감정 없이 프로젝트에 착수할 수 있었다. 나도 윈(Win), 상대도 윈(Win), 윈윈(Win Win)의 결과를 취할 수 있게 된 것이다.

갈등의 상황에서 우리가 기억할 것은 표면적으로 서로 원하는 것이 '가격을 유지하자' vs '가격을 낮춰 달라'처럼 상반된 것으로 보일 때 거기서 멈추지 말고, 입장 이면의 이해관계를 파악하자는 것이다. 그 이후 서로가 원하는 것을 충족할 수 있는 집기양단(執其兩端)의 지혜를 모아 새로운 대안을 모색해 볼 수 있다. 물론 모든 갈등이 윈윈 결말을 맺을 수는 없지만 윈윈의 지향점을 가질 때 갈등은 합리적으로 관리될 수 있다.

갈등을 성장을 위한 긍정자원으로 활용하자

갈등은 과연 나에게 어떤 영향을 미칠까? 잠시 과거의 경험을 떠올려보자. 갈등 이전보다 상황이 더 악화된 경험도 있을 것이고, 비 온 뒤에 땅이 굳어지는 마법을 느낀 적도 있을 것이다. 갈등 상황은 누구에게나 찾아오지만 그 갈등 상황을 해석하고, 관리하는 주체인 개인이나 팀, 조직의 관리 역량에 따라 결과의 큰 차이를 가져온다.

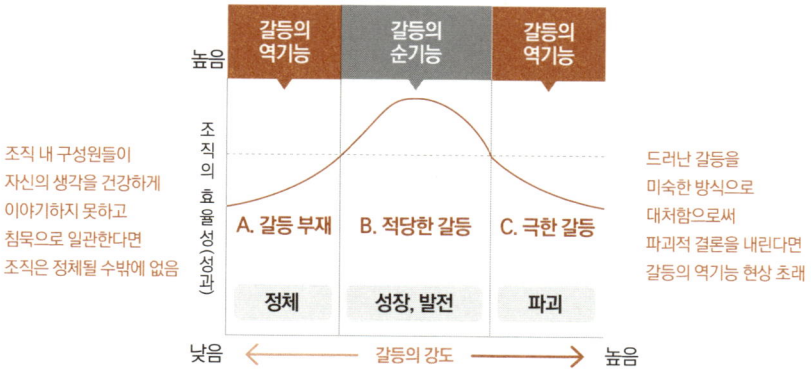

[그림 1-4] 갈등의 강도와 성과와의 관계

출처: 박원우(2006). 팀웍의 개념 측정 및 증진방법. 서울대학교출판문화원

위의 그래프에서 보는 것처럼 우리가 지향하는 것은 갈등을 잘 관리함으로써 갈등 이전보다 개인과 조직이 성장하는 방향이다. 이처럼 갈등의 순기능적 역할을 높이기 위해서 갈등이 우리에게 긍정적 영향을 미칠 수 있다는 것을 신뢰하고, 이를 잘 활용하는 문화와 전략을 갖춰야 한다. 더불어 갈등관리를 위한 학습도 매우 중요하다. 교육과 조직문화 관리 등 전방위적인 노력 없이는 조직의 갈등이 건강하게 관리되기 어렵기 때문이다.

반도체 제조회사인 글로벌 기업 인텔은 갈등의 긍정적 활용을 적극 환영한다. 인텔은 건설적 대립(Constructive Confrontation)이라는 모토를 가지고 문제나 쟁점이 있을 때 그것을 덮어 두지 않고 적극적으로 제기하고 열띤 토론과 논쟁을 거쳐 발전적으로 해결하기를 권장한다. 물론 건설적 대립을 위해서는 서로가 지켜야 할 룰이 있다. 직접적 대립(Direct Confrontation), 긍정적 대립(Positive Confrontation), 객관적 대립(Objective Confrontation), 적시의 대립(Timely Confrontation)이 인텔의 중요한 건설적 대립을 위한 룰이다. 직접적 대립은 갈등의 당사자가 직접 만나 대화를 나누는 것이다. 조직에서 흔히 당사자들 간에는 회피하고, 가까운 지인들과 뒷말을 하는 경우가 있는데 이를 지양하자는 의미이다. 긍정적 대립은 갈등 당사자를 인간적으로 미워하는 등 감정을 앞세우기보다 서로 한 방향을 바라보며 문제 해결에 집중하자는 의미이다. 객관적 대립은 개인과 조직에 이로운 최선의 대안을 찾기 위해 객관적 자료와 사실에 근거를 두고 대화하자는 것이다. 마지막으로 적시의 대립은 문제가 비즈니스에 악영향을 미칠 때까지 미루지 말고, 문제가 보일 때 바로 이슈를 제기하고 논의하자는 것이다. 인텔의 건설적 대립을 위한 4가지 룰은 현재 우리가 속한 조직에 적용해 볼 만한 가치가 있다. 물론 개인과 조직이 건설적 대립을 환영하는 문화를 수용할 때 가능하다. 이러한 문화를 지속화하기 위해 인텔은 신입사원에게 갈등해결교육을 의무화했다. 인텔의 경영진은 회사의 위기 상황에서 건설적으로 대립하는 문화가 힘을 발휘했다고 말한다[2)재인용].

인텔과 비즈니스 영역은 다르지만 국내 IT 기업인 카카오 역시 건설적 충돌을 환영하고, 갈등의 순기능적 역할을 극대화하는 방식으로 조직문화를 만들어 가고 있다. 카카오의 '신충헌' 문화는 이미 많은 조직문화 연구가, 갈등관리 전문가들의 주목을 받고 있다. 조직의 갈등이 순기능적 역할을 하는 실제 모습을 볼 수 있기 때문이다. '신충헌'은 '신뢰', '충돌', '헌신'의 약자이다. 카카오 구성원은 내가 어떤 이야기를 해도 인사상 불이익이 없다는 강한 신뢰를 가지고 있다. 조직과 구성원에 대한 신뢰가 있기 때문에 서로 다른 의견도 다양하게 주고받게 된다. 이 과정에서 때로는 불편한 충돌이 발생하기도 하지만 치열한 충돌의 과정을 거쳐 어떤 결론이 나오면 그 이후에는 모두가 그 목표를 향해 헌신하다. 매우 이상적이어서 과연 이 '신충헌' 문화가 조직 내에서 제대로 작동할 것인가 의문이 들 수 있다. 당연히 문화가 단시간 내 안착될 순 없지만 '신충헌'이라는 지향점을 가지고 조직문화를 구축해 나가다 보니 카카오 미니의 성공 사례처럼 어느새 카카오 내에 '신충헌' 문화를 통한 성공 스토리가 쌓여 가고 있다[13].

갈등을 긍정자원으로 활용하는 모습은 구글에서도 찾아볼 수 있다. 구글은 프로젝트 '아리스토텔레스'를 통해 성과가 높은 팀들에게서 공통적으로 나타나는 생산성의 비결을 연구했다. 그 결과 성과가 높은 팀에서 공통적으로 나타난 5가지 중요한 변수 중 가장 공통적인 토대로 심리적 안정감(Psychological Safety)을 발표했다. 심리적 안정감이란 구성원이 업무와 관련해 그 어떤 의견을 제기해도 벌을 받거나 보복당하지 않을 거라고 믿는 조직환경을 의미한다[14,15]. 구글 역시 구성원들이 심리적 안정감을 가지고 건설적으로 대립하고, 창의적 아이디어를 도출할 수 있는 조직문화를 만드는 데 힘을 기울이고 있다[16].

이처럼 인텔, 카카오, 구글의 사례에서만 보더라도 조직에서 갈등을 긍정자원으로 활용하는 것은 비즈니스의 성공을 위해서도 중요한 문화라는 것을 알 수 있다. 이를 위해 개인의 학습 노력, 조직문화 및 전략적 차원의 전방위적 한 방향 정렬이 중요한 것도 확인할 수 있다.

윈윈(Win Win) 갈등관리 전략을 위한 3가지 전제조건

나와 상대가 함께 이기기 위한 윈윈(Win Win) 갈등관리를 위해 3가지 전제조건이 있다. 윈윈 갈등관리를 위한 철학이라고 해도 좋겠다.

첫째, 승패(勝敗)의 패러다임을 넘어 승승(勝勝)의 패러다임을 지향한다.
습관적으로 이기고 지는 싸움에 익숙한 우리는 종종 갈등 상황도 동일한 방식으로만 해결할 수 있다고 생각하기 쉽다. 그러나 모든 갈등의 결말이 양쪽 모두를 만족시킬 수 없다고 하더라도 나와 상대가 함께 만족할 만한 방향으로 갈등을 관리한다는 지향점을 갖는다면 합리적 갈등관리는 가능해진다. 승승, 즉 원원의 지향점을 가지고 갈등관리에 임해 보자.

둘째, 지혜로운 갈등관리로 이전보다 나은 성장을 이끌 수 있다.
조직에서 갈등을 긍정자원으로 활용하기 위해서는 갈등이 없는 완벽한 해결보다는 합리적 관리를 지향하는 것이 더욱 효과적이고 현실적이다. 중요한 것은 지혜를 모아 갈등을 관리한다면 갈등 이전보다 좀 더 나은 개인과 조직의 성장을 이끌 수 있다는 믿음을 갖는 것이다. 이러한 신뢰를 토대로 할 때 갈등관리는 성장의 자원이 될 수 있다.

셋째, 갈등 앞에서 우리는 모두 주관적 해석을 할 수밖에 없는 존재라는 겸손함을 갖는다.
불편한 감정이 앞서는 갈등 상황에서 우리는 모두 주관적 해석을 하는 존재이다. 그 순간 모든 상황을 객관적으로 보고 합리적 판단을 내릴 수 있는 사람은 흔치 않다. 특히 갈등의 당사자는 더욱 그렇다. 우리는 갈등 앞에서 비합리적이고 편향적인 사고를 할 수밖에 없는 존재라는 겸손함을 가질 때, 좀 더 합리적이고 객관적인 관점을 취하기 위한 노력이 가능하다.

5

갈등관리 근육 키우기, 이제 시작이다

갈등상황에 대처하는 자신의 모습을 인식(자기인식)하고, 타인의 입장을 공감(타인이해)하며, 다양한 갈등상황에 유연하게 대응(유연한 대응)하는 과정을 반복하면서 갈등관리 근육을 키워 보자.

몸의 근육을 키우듯, 갈등관리 근육도 키워 보자

지혜롭게 갈등을 관리함으로써 업무성과와 구성원과의 관계적 만족감을 높이고 싶은가? 이는 하루 아침에 이루어질 수는 없는 일이다. 하지만 좀 더 효율적인 방법을 알고, 반복적인 실천을 한다면 좀 더 효과적인 갈등관리는 가능하다.

지혜로운 갈등관리의 방법을 내 몸에 익히는 것은 식이요법과 운동을 통해 몸의 근육을 붙이는 것과 비슷한 원리이다. 먼저 근육량을 늘리기 위해 어떤 음식이 내 몸에 도움이 되는지, 섭취해야 할 음식과 줄여야 할 음식의 정보를 아는 것이 중요하다. 또 어떤 운동이 좀 더 효과적인지, 올바른 운동의 방식은 무엇인지에 대해서도 알고 있어야 한다. 정확한 정보를 알았다면 이제 실천만이 방법이다. 자신이 아는 정보대로 꾸준히 운동에

임한다. 뜻대로 빠른 효과가 나타나지 않더라도 꾸준한 운동은 이미 우리의 근섬유를 자극한다. 자극을 받은 근섬유에는 상처가 생기고 그 상처가 아물면서 근육의 크기는 커지고 더욱 단단해진다. 근섬유의 상처 없이 근육이 커질 순 없다. 그래서 근육이 붙는 과정에는 통증이 따른다.

갈등관리 근육을 키우는 것도 마찬가지다. 갈등관리를 위한 지식과 정보를 확보하기 위한 학습은 필수다. 정확한 정보는 합리적이고 효율적인 갈등관리를 가능하게 한다. 그러나 아는 것이 많은 것과 실행은 다른 문제다. 갈등관리 근육을 키우려면 역시나 매일 꾸준한 실천이 중요하다. 실천을 한다는 것은 갈등 이슈를 회피하거나 습관적으로 대응하지 않고 아는 지식을 활용하여 관리해 보는 노력에서 시작한다. 당연히 통증이 따른다. 의도한 방향으로 상대가 따라와 주지 않거나 단순하지 않은 이해관계자들의 요구가 있을 수 있다. 또 생각보다 나의 감정과 생각을 관리하는 것이 어려워 그냥 하던 대로 하고 싶은 마음이 들 수도 있다. 몰랐을 때보다 생각은 더 많아지고 상황은 꼬이는 것 같기도 하고, 이런 노력이 과연 효과가 있을지 의심이 들 수도 있다. 이런 자연스러운 통증과 당연한 유혹들을 이겨 내고 갈등관리 근육을 키우는 실천을 꾸준히 해 본다면 어느새 단단하고 커져 있는 근육을 발견하게 될 것이다. 이전보다 더 큰 문제 앞에서도 피로감 없이 지혜를 발휘하는 자신의 모습을 볼 수 있다.

갈등관리 근육을 키우는 3단계 방법

자, 그럼 이제 좀 더 효율적으로 갈등관리 근육을 키우는 3단계 방법을 살펴보자.

1단계: 자기인식

· 갈등 상황에 대처하는 자신의 습관적 모습 객관화하기

2단계: 타인이해

· 나와는 입장과 상황이 다른 타인을 공감하고, 타인의 입장에서 생각해 보기

3단계: 유연한 대응

· 다양한 종류의 갈등원인을 분석해 보기
· 각 갈등상황에 적합한 대응 방식을 전략적으로 고민하고, 실행해 보기
· 그 과정에서 학습한 포인트를 다음 갈등관리 상황에 적용하기

1단계: 자기인식

자기인식 단계에서는 평소에 자신이 갈등상황에서 어떤 감정을 느끼고 생각을 하는지, 또 행동의 습관적 패턴은 없는지 살펴본다. 자기인식을 위하여 이 책의 챕터 2 '갈등관리의 핵, 감정'과 챕터 3 '갈등관리 5가지 기술'을 참고하기 바란다. 감정을 다루는 방법을 안내하는 챕터 2를 통해 평소 불편한 갈등 앞에서 내가 느끼는 감정을 인식하고, 그 감정을 관리할 수 있는 나만의 방법을 찾아볼 수 있다. 또 갈등 상황에서 우리가 선택할 수 있는 5가지 갈등관리 기술을 안내하는 챕터 3을 통해 나의 습관적인 갈등대응 방식을 점검하고, 어떻게 하면 상황에 따라 유연하게 대응할 수 있을지 생각해 볼 수 있다.

2단계: 타인이해

나를 돌아봤다면 나와 다른 타인의 입장과 상황, 좀 더 나아가 그의 감정과 욕구까지 헤아려 보자. 챕터 2 '갈등관리의 핵, 감정'에서 자신뿐만 아니라 타인의 감정, 욕구 생각을 이해할 수 있는 방법을 학습할 수 있다. 더불어 챕터 3 '갈등관리 5가지 기술'에서 타인의 갈등대응 방식도 읽을 수 있는 눈을 길러 보자. 나와 타인에 대해 이해할 수 있다면 적절한 갈등대응 방식이 자연스럽게 선명해질 것이다.

3단계: 유연한 대응

자기인식과 타인이해를 통해 기초 운동이 끝났다면 본격적으로 상황별 갈등관리 전략을 고민해 보자. 각각 '상사와 후배 간의 갈등', '부서 간 갈등', '갈등조정의 상황', '고객과의 갈등', '디지털 환경에서의 갈등' 이슈를 구체적으로 분석해 본다. 그리고 '갈등예방'을 위해 조직과 개인이 어떤 노력을 기울일 수 있을지 구체적인 아이디어도 모색해 보자. 조직에서 빈번히 겪게 되는 다양한 사례 분석을 통해 갈등의 종류별로 그 원인을 분석하고 대안을 모색하는 과정에서 상황별 유연한 갈등대응 전략을 찾아볼 수 있다. 다양한 갈등사례 분석 자료들을 통해 상황별 적합한 방식을 익히고, 현장에 적용하는 과정에서 갈등관리의 근육은 더 단단해지고, 유연성도 확보할 수 있다.

정답을 찾기보다 경험에 의거한 지혜를 길러 본다는 자세로 꾸준한 실천을 권한다. 조금씩 강해진 갈등관리 역량은 한 뼘 한 뼘 성장한 관계와 성과의 질로 증명될 것이다.

Unconflict 언컨플릭

—

02

갈등관리의 핵, 감정

갈등관리에서 감정관리가 왜 중요할까?
같은 상황 다른 감정, 무엇이 그 차이를 만들까?
내가 느끼는 감정이 진짜일까?
감정은 내게 무얼 말하고 싶은 걸까?
상대에 대한 부정적 감정, 어떻게 관리할 수 있을까?

1
갈등을 증폭시키는 감정은 어디서 왔을까

내 감정의 원인과 책임은 나에게 있다.

갈등의 불씨가 되는 감정

"말을 꼭 그렇게 해야겠어?"

"당신이야말로 무슨 말을 그렇게 해?"

의견 차이가 감정싸움으로 번지는 순간, 문제의 본질은 흐려지고 나를 지키기에 급급해진다. 심리학 용어 사전에 따르면 갈등이란 '개인이나 집단이 가지고 있는 두 가지 이상의 목표나 정서들이 충돌하는 현상'을 말한다. 서로 다른 의견을 나누는 과정에서 '감정이 상하는 순간' 그것은 단순한 입장 차이가 아닌, 갈등으로 여겨지게 된다.

감정은 어떤 대상이나 현상에 대한 몸의 반응이자 기분을 뜻한다. 예를 들면, 많은 사람 앞에서 발표를 할 때 심장이 두근거리고, 손에 땀이 나는 등 몸의 반응과 함께 긴장감을 느낀다. 누군가 인기척 없이 갑자기 나타났을 때 심장이 덜컹 내려앉으며 놀라고, 슬픔을 느낄 때 눈물이 나는 등 감정은 몸의 반응을 동반한다. 또한 감정은 우리가 안전하고 만족스러운 삶을 사는 데 필요한 정보를 제공하고, 판단과 행동에 영향을 미친다[1]. 어두운 골목을 걸을 때 느껴지는 공포심은 안전을 위한 경계 태세를 갖추게 하고, 누군가의 슬픔을 공감하고 나눔으로써 상대와의 관계가 더욱 깊어지기도 한다. 이와 마찬가지로, 부당한 대우를 받았을 때 느끼는 분노의 감정은 자신의 권리를 요구하고 충족해 나가는 힘의 원천이 된다. 이렇듯 기쁨, 즐거움, 편안함, 행복감 등의 긍정적 감정뿐만 아니라 슬픔, 불안, 공포, 분노 등의 부정적 감정에도 순기능이 있다.

그러나 이미 감정이 상해 버린 갈등상황에서는 자기 자신을 지키고자 하는 본능이 앞서게 된다. 신경과학자 조지프 르두(Joseph LeDoux)는 이를 '방어 생존 회로(Defensive Survival Circuit)'라고 부른다[2]. 방어 생존 회로는 자신의 입장이 받아들여지지 않거나 기본적 욕구에 도전을 받는 갈등상황에서 활성화된다. 이 회로에 불이 켜지면 과잉방어나 공격으로 인해 감정이 격해지기 쉽고, 갈등이 더 증폭될 수 있다.

부정적 감정은 사고의 균형을 무너뜨린다

그렇게 크게 문제될 일도 아닌데, 감정에 휩쓸려 상황을 더 악화시켰던 경험이 있는가?

세계적인 심리학자 다니엘 골먼은 그의 저서 『EQ 감성지능』에서 부정적 감정이 합리적 사고, 판단 등을 담당하는 대뇌의 활동을 방해한다는 실험 결과들을 제시하였다[3]. '감정의 철학자'로 불리는 스피노자는 그의 대표작 『에티카』에서 인간은 자주, 오직 감정에 의해서만 판단하고 결정하는데, 따라서 그 결과는 불확실하고 불안정하다는 것을 지적하였다[1)재인용].

이렇듯 부정적 감정에 압도되면 이성적 사고기능이 위축되어 객관적 정보들을 놓치게 된다. 이에 따라 사실관계보다 감정이 이끄는 대로 상황을 판단하기 쉽다. 이는 갈등상황에서 문제해결을 더 어렵게 만드는 원인이 된다. 따라서 부정적 감정을 잘 관리하는 것이 갈등예방과 갈등관리의 핵심이라고 할 수 있다. 이를 위해 먼저, 감정이 어떻게 만들어지는지를 살펴보자.

감정의 설계자

심리학과 인지과학 분야의 세계적 석학 리사 펠드먼 배럿은 그의 저서 『감정은 어떻게 만들어지는가』에서 '구성된 감정 이론(Theory of Constructed Emotion)'을 제시하였다. 이는 우리의 감정이 내장되었다가 뇌의 특정부위에서 분출되는 것이 아니라, 여러 체계의 복잡한 상호작용을 통해 자신의 감정 경험을 스스로 구성한다는 것이다[4]. 즉, 우리가 우리 감정의 설계자인 것이다. 따라서 같은 자극을 받아도 느끼는 감정은 개인마다 다를 수 있다.

예를 들어 작성한 보고서에 대해 비판적 피드백을 받는 상황에서 어떤 사람은 억울함을 느끼고, 어떤 사람은 서운함을 느끼며, 어떤 사람은 격분하기도 한다. 이러한 감정의 차이를 만드는 것은 무엇일까? 감정을 구성하는 요소는 무엇이며, 감정의 이면에는 어떤 메시지가 담겨 있을까? 감정은 어떻게 조절할 수 있을까? 이에 대한 답을 찾고 스스로 적용해 보는 것이 감정관리와 갈등관리의 해법이 될 것이다. 그 여정을 시작해 보자.

2
욕구를 알면 감정이 보인다

거친 감정 뒤에 숨겨진
연약한 '진짜 감정'을 알아차리자.

감정의 차이를 만드는 욕구

기획팀에 새로 부임한 팀장에 대한 팀원들의 불만이 쏟아졌다.

나잘난 팀원: 3개월째 뚜렷한 팀 성과도 없고, 의사결정도 빨리 안 해 주시니까 답답해요.
유쾌한 팀원: 팀원들과 인간적인 교감도 없고, 사적인 대화도 없어서 아직도 어색하고 불편해요.
나혼자 팀원: 자율적으로 일하고 싶은데 업무 진행상황을 수시로 체크하고 간섭해서 귀찮아요.

같은 팀장에 대한 불만 요소와 감정이 제각각인 이유는 무엇일까?

각자의 '욕구'가 다르기 때문이다. 상담학 사전에서 욕구(Needs)란, 개인이 느끼고 있는 어떤 것의 결핍상태를 충족하기 위해 '무엇인가를 필요로 하거나 원하는 상태'를 말한다. 필요한 무언가가 결핍되면 우리는 그것을 채우기 위한 방식으로 행동하도록 동기화된다. 욕구를 충족하지 못한 불만 상태는 스트레스 반응을 유발하며 짜증, 원망, 슬픔, 분노 등 부정적 감정의 원인이 된다.

평소에는 웃고 넘어 가던 일에 갑자기 예민해지고 비판적으로 반응하거나, 평소에는 좋게 보았던 타인의 모습이 거슬리고 짜증스럽게 느껴진다면, 자신이 욕구불만 상태가 아닌지를 살펴보아야 한다. 따라서 감정을 일으키는 근본 원인인 욕구에 대해 좀 더 자세히 알아보자.

당신은 어떤 욕구에 의해 움직이는가

'선택이론'을 제시한 윌리엄 글래서(William Glasser)는 인간의 모든 행동은 5가지 기본 욕구, 즉 생존, 사랑, 권력, 자유, 재미의 욕구를 충족시키기 위해 선택한 것이라고 주장했다[5].

[그림 2-1] 인간의 5가지 기본욕구

생존(Survival) 욕구는 먹는 것, 자는 것, 휴식하는 것 등 생존과 안전을 위한 욕구이다. 사랑(Love) 욕구는 다른 사람과 친밀감을 주고받고 연결감을 느끼며, 집단에 소속되고자 하는 욕구를 의미한다. 또한 권력(Power) 욕구는 자신의 일에 대한 성취를 통해 인정받고 유능감을 느끼며, 타인에게 영향력을 행사하려는 욕구이다. 자유(Freedom) 욕구는 자율적인 존재로서 스스로 선택하고 자신의 방식을 지키고자 하는 욕구이다. 마지막으로 재미(Fun) 욕구는 즐겁고 재미있는 것을 추구하며 새로운 것을 배우고자 하는 욕구를 의미한다. 이러한 5가지 기본 욕구는 모든 인간이 공통적으로 지니고 있지만, 각각의 강도는 다를 수 있다. 즉 사람마다 욕구의 우선순위가 다르다는 것이다.

"충족되지 못한 욕구만이 행동을 유발하는 동기(Motivation)가 된다."라는 매슬로(Maslow)의 주장처럼 우리는 각자의 결핍된 욕구를 채우기 위한 방향으로 판단하고 행동한다.

새로 부임한 팀장에 대한 불만을 토로했던 세 명의 팀원들은 각각 어떤 욕구를 충족하고 싶었던 걸까? 아마도 나잘난 팀원은 성과에 대해 언급하고, 빠른 의사결정을 원했기에 자신의 일에 대한 성취를 통해 유능감을 느끼는 '권력 욕구'를 충족하고 싶었을 것이다. 유쾌한 팀원의 경우는 인간적인 교감과 사적인 대화를 원했던 것으로 보인다. 이러한 '사랑 욕구'의 충족을 통해 팀장과의 연결감을 느끼고 싶었을 것이다. 자율적인 업무를 바라던 나혼자 팀원은 어땠을까? 그의 푸념을 보니 스스로 선택하고 자신의 방식을 존중받는 '자유 욕구'를 충족하고 싶었던 것 같다. 이와 같이 사람마다 원하는 욕구의 강도와 우선순위가 다르기 때문에 요구하는 것도, 행동하는 것도, 느끼는 감정도 다른 것이다.

우리 팀 사람들은 다 이상해

 기획팀의 이불만 팀원은 자기 팀 사람들이 다 이상하다며 동료에게 분통을 터트렸다. 우선 나잘난 선배는 '지독한 일 중독자'라고 했다. 월요일 아침 회의는 주말에 어떻게 보냈는지 서로 안부도 묻고 가벼운 농담도 하면서 시작해야 하는데, 바로 본론으로 들어가서 일 얘기만 하고 끝낸다는 것이다. 업무에 대해 보고하면 "그래서 결론이 뭐야?"라고 물으며, 사람을 무안하게 한다면서 같이 일하기 정말 힘들다고 했다. 그리고 유쾌한 후배는 '생각 없는 베짱이'라고 했다. 2시간이면 끝내는 일을 하루 종일 붙들고 있으면서, 이 사람 저 사람 챙기느라 실속이 없다는 것이다. 사람들과 잘 지내는 것도 좋지만 빨리 일을 배워서 알아서 처리해 줬으면 좋겠는데, 일일이 가르쳐 줘야 해서 힘들다며 한숨을 쉬었다. 마지막으로 나혼자 동료는 '자기밖에 모르는 이기주의자'라고 했다. 혼자서 뭘 그렇게 하는지 회식 때도 매번 빠지고, 자기 편한 대로만 해서 화가 난다고 했다. 함께하는 프로젝트가 잘되려면 단합이 중요한데, 아직도 어색해서 뭐 하나 물어보기도 쉽지 않다는 것이다. 결국 참다못해 오전에 "같이 일 못 하겠다."라며 한마디 해 버렸다고 한다.

 혹시 나잘난, 유쾌한, 나혼자 팀원들을 보면서 당신의 팀원들을 떠올리지는 않았는가?

이번에는 이불만 팀원의 욕구에 집중해 보자.

말 속에 숨은 욕구 듣기

챕터 1에서 언급했듯이, 갈등관리를 위해서는 '상대의 말과 행동에 숨은 이해관계(Interest)'를 볼 수 있어야 한다. 이해관계는 상대가 그렇게 말한 '이유', 즉 원하는 '욕구'가 핵심이다.

이불만 팀원의 욕구는 무엇이었을까? 그가 한 말 속에서 '~해야 하는데', 또는 '~해줬으면 좋겠는데', '~이 중요한데'라는 당위적 표현이나 기대사항을 보면 숨겨진 욕구를 알 수 있다. 월요일 아침 회의는 서로 안부도 묻고 '농담도 하면서 시작해야 하는데', '단합이 중요한데'라는 표현을 보았을 때, 그는 함께 일하는 사람들과 좀 더 친밀한 관계를 맺고 연결감을 느끼는 것이 중요한 '사랑 욕구'가 높은 사람일 것이다. 또한 업무 역량이 부족한 후배에 대해 '알아서 처리해 줬으면' 좋겠다는 기대표현을 한 것은, 후배를 가르쳐 줘야 하는 번거로움에서 벗어나고 싶은 휴식 욕구, 즉 '생존 욕구'가 충족되지 못한 것 같다.

욕구는 '기대'를 만든다. 기대가 충족되면 즐거움, 기쁨, 행복 등의 긍정적 감정을 경험하고, 기대가 불충족되면 짜증, 화, 두려움 등의 부정적 감정을 느끼게 된다. 부정적 감정 중에도 '화'를 낸다는 것은 그만큼 강력히 원하는 욕구가 있다는 신호이다. 따라서 화가 치밀 때 화에 휩쓸리지 않고 '내가 지금 화를 내면서까지 얻고자 하는 것이 무엇인지'를 살펴보는 것이 중요하다. 그러기 위해선 다음의 3가지 기술이 필요하다.

1) 코를 통한 심호흡

파도에 배가 휩쓸려 가지 않도록 닻을 내리듯이, 화에 휩쓸리지 않기 위해선 '마음의 닻'을 내려야 한다. 마음의 닻은 '호흡'이다. 화가 나면 우리 몸은 교감신경이 활성화되어 심장박동이 빨라지고 호흡이 가빠진다. 이때 의식적인 '심호흡'을 통해 화를 가라앉힐 수 있다. 심호흡은 얕은 호흡으로 찌그러져 있던 폐포에 공기를 가득 불어넣어 펴지게 하므로, 호흡의 효율을 높이는 데 도움이 된다. 또한 느리고 깊은 심호흡은 횡경막 운동을 통해 부교감신경을 활성화시킨다. 부교감신경은 우리 몸의 이완을 돕고, 심장박동과 뇌파를 안정시키며, 스트레스 호르몬의 혈중 농도를 감소시킨다[6].

심호흡할 때 중요한 것은 코를 통한 호흡이다. 학술지 〈네이처 커뮤니케이션스〉 2018년 4월 20일 자에 따르면, 코로 숨을 쉬면 후각을 통한 호흡 리듬이 변연계와 변연계 앞 '전전두엽'에 전달되어 뉴런네트워크가 동조해 '감정을 조절하는 효과'가 있다고 밝혀졌다[6)재인용]. 감정이 호흡에 영향을 주듯이, 의식적인 호흡조절을 통해 감정도 조절할 수 있다는 것이다. 이때 중요한 것은 호흡의 횟수보다 내가 숨을 쉬고 있다는 사실을 인식하고, 코를 통해 들어오는 바람, 즉 코의 감각을 알아차리는 것이다. 이는 대화 상대가 앞에 있을 때에도 가능하므로, 화를 다스리는 응급처치법이 된다.

2) 거울 보기

화에 대한 최초의 저서를 남긴 철학자 세네카는 "화는, 화낸 사람에게 반드시 되돌아온다"라는 말과 함께 화의 치료법 중 하나로 "화가 치솟을 때, 당신의 얼굴을 거울로 보라"라고 제안했다[7]. 자신의 화난 얼굴을 보는 순간, 찌푸려져 있던 미간을 펴고 표정을 가다듬는 자신을 보게 될 것이다. 이렇게 얼굴에 집중하는 동안, 화가 조금 누그러지게 된다.

3) 감정 라벨링(Emotion Labeling)

UCLA 심리학과 매튜 리버만(Matthew Lieberman) 교수의 연구팀은 부정적 감정을 느끼는 실험 참가자들에게 감정을 단어로 표현하게 한 뒤, 그들의 뇌를 촬영해 보았다. 그 결과 부정적 감정을 느낄 때 활성화되는 편도체의 반응이 줄어들고, '감정조절을 담당하는 전전두엽'의 활동이 증가한 것을 확인할 수 있었다[8]. 이러한 '정서 명명(Affect Labeling)' 활동은 이성적 사고를 관장하는 오른쪽 전전두엽을 활성화시켜서 편도체를 진정시키고, 격한 감정을 누그러뜨리는 효과가 있다는 것이다.

"이건 분노야.", "이건 불안이야.", "이건 두려움이야."라고 느껴지는 감정에 이름을 붙여 본다. 머릿속이나 말 또는 글로 표현해 보는 것이다. 여기서 중요한 것은 감정의 정확한 이름을 찾는 것이 아니라, 내면의 상태와 몸에서 느껴지는 감각을 객관적으로 알아차리는 데 있다. '떨림', '심장 두근거림', '얼굴 화끈거림' 등 몸에서 느껴지는 감각을 표현해도 좋다. 앞에서 설명했듯이 우리의 감정은 몸의 신호를 동반하기 때문이다.

불쾌한 감정이 치밀어 오를 때 3가지 기술, 즉 코를 통한 심호흡, 거울 보기, 감정 라벨링을 적용해 보자. 이러한 방법들은 감정으로부터 어느 정도 거리를 두게 함으로써, 더 이상 화를 키우지 않게 하는 데 효과가 있다. 이를 통해 화가 진정되었다면, 이제 감정이 말하고자 하는 의도를 살펴보자.

감정 뒤에 숨은 진짜 감정

감정은 크게 두 단계로 분류된다. 어떤 대상이나 상황에 대해 가장 먼저 느끼고, 우리에게 필요한 정보가 담긴 '1차적 감정(Primary Emotion)'과 1차적 감정을 숨기거나 인지적 평가가 반영되어 만들어진 '2차적 감정(Secondary Emotion)'이 그것이다[9].

아이가 놀다가 넘어져서 피가 난 모습을 본 엄마는 "거봐! 조심하랬잖아. 왜 말을 안 들어!"라고 화를 낸다. 그렇지만 엄마가 느낀 1차적 감정은 '놀람'이나 '속상함'이었을 것이다. 기념일을 잊고 지나쳐 버린 연인과의 상황을 예로 들어 보자. 1차적 감정은 '실망'과 '서운함'인데 자존심이 상한 나머지 '냉담'하게 대하거나 '화'를 내기도 한다.

이렇듯 우리는 원하는 욕구가 충족되지 못했을 때 느끼는 1차적 감정들(두려움, 실망감, 속상함, 슬픔, 좌절감, 죄책감, 수치심 등)을 인정하지 않고 숨기거나, 자신이 느낀 감정을 제대로 알아차리지 못하기도 한다. 대신 자신에게 익숙한 2차적 감정들(화, 분노, 냉담함, 증오, 원망 등)을 표출함으로써 원하는 방향에서 점점 더 멀어지게 된다.

이제 다시 기획팀, 이불만 팀원의 상황을 떠올려 보자. 같은 팀 동료에게 "같이 일 못 하겠다."라고 화를 내면서까지 그가 얻고 싶었던 것은 무엇이었을까? 어떤 기대가 무너져서 그렇게 화가 났을까? '화'라는 '거친 감정' 뒤에 숨겨진 '연약한 진짜 감정'은 무엇이었을까?

- **진짜 감정 찾기**

  나는 그때 <u>화</u> (2차적 감정)을/를 느꼈다.
  왜냐하면 <u>동료와 친해져서 일을 잘 해내기</u> 을/를 기대했기 때문이다.
  그런데 그 기대가 무너져서 <u>속상했고, 일의 결과가 안 좋을까 봐 두려운</u> 감정이 들었다.
  따라서 그 당시에 내가 느낀 진짜 감정(1차적 감정)은 <u>속상함과 두려움</u> 이었다.

만약 그가 자신의 욕구(기대)를 알아차리고, 그로 인한 속상함과 두려움에 집중했다면 어땠을까? 화를 내는 대신 동료와 좀 더 가까워지고 싶은 마음을 표현하고, 함께하는 프로젝트의 성과를 잘 내기 위한 협업방식을 논의했을지도 모른다. 이렇듯 욕구의 좌절로 인한 1차적 감정에 집중하면 자신이 진짜 꺼내고 싶던 진심과 만나게 된다. 그것을 용기 있게 전하는 것이 갈등관리의 해법이 될 것이다. 이를 위해선 차갑고 거친 2차적 감정을 만들지 않는 것이 중요하다. 다음 장에서는 2차적 감정의 발생을 예방하는 방법에 대해 알아보자.

3
감정의 컨트롤타워, 생각

"인간은 객관적 현실에 의해 고통받는 것이 아니라, 그것에 대한 '해석'에 의해 고통받는다."
-Epictetos

생각할수록 열받네!

일요일 아침 일찍 친구와 등산을 가기로 한 당신!

미리 잡혀 있었던 토요일 저녁 모임도 일찍 마치고 들어와 등산복도 챙겨 놓고, 물도 얼려 놓으며 오랜만의 산행에 들떠 있었다. 그런데 그때, 친구로부터 문자가 왔다. "미안한데, 급한 일이 생겨서 내일 등산 못 가겠다." 이때 당신이라면 어떤 감정을 느낄까?

원하던 등산을 못 가게 되어 '속상하고 아쉬울 것'이다.

반면, 저녁 먹은 것이 체했는지 컨디션이 좋지 않아 일요일 등산 약속이 부담스러운 상황에서 친구로부터 똑같은 문자를 받았다면 어땠을까? 마음 놓고 푹 쉴 수 있게 되어 '다행스럽고 홀가분할 것'이다. 약속이 취소된 상황은 같은데, 느끼는 감정이 다른 이유는 무엇일까?

원하는 욕구가 다르기 때문이다. 자신이 원하는 욕구가 충족되면 유쾌한 감정을 느끼고, 충족되지 못하면 불쾌한 감정을 느끼게 된다. 앞서 설명한 바와 같이, 이를 1차적 감정이라고 한다.

그런데 이러한 1차적 감정에 '생각'이 붙음으로써, 차갑고 거친 2차적 감정이 일어나게 된다. '아니, 이걸 왜 지금 말해!', '성의 없이 문자로 취소하는 건 무슨 경우야!', '진짜 개념 없다!'

이런 '부정적 생각'이 붙는 순간, 속상하고 아쉬웠던 1차적 감정이 '원망과 화'로 탈바꿈된다. 또한 부정적 감정은 과거의 '부정적 기억'을 불러일으켜서 불쾌감을 더욱 증폭시킨다. '저번에도 먼저 약속 취소하더니 매번 이런 식이네', '사람 무시하는 거야 뭐야!', '진짜 생각할수록 열 받네!'

이처럼 욕구로 인한 1차적 감정에 부정적 해석(생각)이 더해지면서, 감정이 격해지고 불필요한 2차적 감정이 일어나게 되는 것이다.

고대 그리스 철학자 에픽테토스(Epictetos)의 말이 맞다.

"인간은 객관적 현실에 의해서 고통받는 것이 아니라, 그것에 대한 '해석'에 의해 고통받는다."

감정의 ABC 모델

합리적 정서행동치료의 창시자, 앨버트 엘리스(Albert Ellis)는 'ABC 모델'을 통해 에픽테토스의 주장을 구체화하였다. A는 '촉발사건(Activating Events)'으로, 삶에 일어난 외부적 자극을 의미한다. B는 일어난 사건(자극)에 대한 심리적 태도 및 사고방식을 결정하는 '신념(Beliefs)'을 뜻하며, C는 그 신념 및 해석으로 인한 '정서적·행동적 결과(Consequences)'를 의미한다[10].

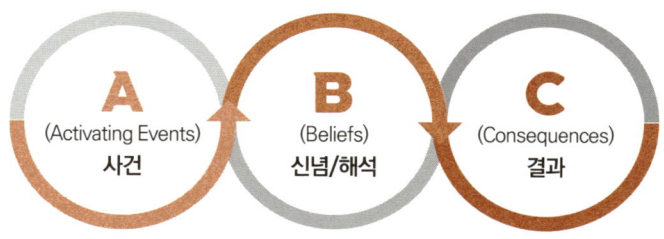

[그림 2-2] 감정의 ABC 모델

이러한 ABC 모델의 핵심은 어떤 사건(자극)에 대한 감정적·행동적 결과(반응)는 '신념(해석)'에 따라 달라진다는 것이다. 예를 들어, 핵심인재로 인정받던 팀원이 낮은 고과를 받았다고 가정해 보자. 그 소식을 들은 한 사람은 '그럼 나는 더 낮을지도 몰라!'라고 생각하면서 '불안감'을 느낄 수 있고, 다른 이는 '그럼 내가 더 높은 고과를 받을 수도 있겠네!'라고 생각하면서 '들뜰 수'도 있다. 또 다른 이는 '이건 분명히 팀장이 불공정하게 평가했기 때문이야!'라고 생각하면서 '원망과 분노'를 느낄 수도 있다.

이처럼 동일한 사건에 대한 각기 다른 해석이 서로 다른 감정 반응을 일으킨다. 이것은 또한, 한 개인이 동일한 상황을 어떻게 해석하느냐에 따라 기쁨을 느낄 수도 있고, 두려움과 분노를 느낄 수도 있으며, 아무런 감정을 느끼지 않을 수도 있다는 것을 의미하기도 한다.

결국, 상황에 대한 해석, 즉 '생각'이 감정을 더 증폭시키기도 하고, 누그러뜨리기도 하는 컨트롤타워인 것이다. 그런데 이 생각을 컨트롤하기가 참 어렵다.

자동적 사고(Automatic Thoughts)

'내가 그렇게 만만한가!', '사람 무시하는 거야 뭐야!'

갈등 상황에서 흔히 할 수 있는 이런 생각들은 불쾌한 감정을 더욱 증폭시킨다. 이러한 생각은 논리적인 사고 과정을 거치지 않고, 자신도 모르게 훅 하고 올라온다. 인지치료의 창시자 아론 벡(Aaron T. Beck)은 이를 '자동적 사고(Automatic Thoughts)'라고 부른다. 자동적 사고는 어떤 사건에 대해 자동 반사적으로 떠오르는 생각을 의미한다[11].

앞에서 설명한 감정의 ABC 모델에서 B(Beliefs)에 해당하는 신념과 해석이 자동적 사고이기도 하다. 즉, 어떤 일에 처했을 때, 그에 대한 평가와 해석이 자동적으로 일어난다는 것이다. 혹은 어떤 특정한 외적 사건이 없는 경우에도, 우리는 감정에 휩싸이곤 한다. 이런 경우는, 어떤 '인지적 사건'(의식의 흐름 속에서 발생한 예측, 생각, 회상, 영상 등)이 감정 반응을 만들어 내는 것이다[11)재인용].

'다음 주 발표 때 실수하면 어떡하지?', '임원진들도 다 들어오는데…(엄숙하고 경직된 임원들의 모습 상상)' 보고서를 쓰다가 이런 생각을 하는 순간, 심장 박동이 빨라지고 몸이 떨리면서 불안감이 엄습해 온다. 또는 '아까 회의실에서 다들 웃고 떠들다가 내가 들어가니까 갑자기 조용해졌어. 분명 내 험담을 하고 있었던 거야. 아무리 잘해 줘도 나를 먼저 챙겨 주는 사람 하나 없네. 정말 외롭다.' 이런 생각이 드는 순간, 갑자기 우울해지고 서글퍼진다. 이처럼 현대인들이 자주 느끼는 보편적 감정인, 불안과 우울은 '생각'이 만들어 내는 것이다. 미래의 일을 최악으로 상상하며 걱정할 때 불안해지고, 과거의 일을 후회하고 부정적으로 해석할 때 우울해진다.

이러한 자동적 사고는 자신의 의지와는 상관없이 순식간에 스쳐 지나가기 때문에 알아차리기 어렵고, 그 결과로 뒤따르는 감정만이 인식된다. 따라서 갈등을 증폭시키는 원망, 화, 증오 등의 부정적인 2차적 감정을 해소하기 위해서는, 감정 직전에 어떤 생각이 떠올랐는지를 파악하는 것이 중요하다. 이를 통해 자신의 자동적 사고에 몇 가지 패턴이 있음을 발견하게 될 것이다.

부정적 감정을 키우는 자동적 사고의 유형

'자기 팀 사람들이 다 이상하다'며 동료에게 분통을 터트렸던, 이불만 팀원의 말을 다시 떠올려 보자.

"월요일 아침 회의는 서로 안부도 물으면서 시작해야 하는데",
"함께하는 프로젝트가 잘되려면 단합이 중요한데"

이러한 말 속에 어떤 공통점이 있는가?

'~해야 한다', '당연히 그렇다'라는 당위적 신념이 담겨 있다. 앨버트 엘리스(Albert Ellis)는 이러한 '절대적이고 당위적인 신념'과 그로 인한 '당위적 요구'가 갈등과 심리적 고통의 근원이라고 보았다.

'친한 사이일수록 편을 들어 줘야지!' vs. '친한 사이일수록 객관적으로 얘기해 줘야지!'

'관계가 성과를 만든다!' vs. '일하는 방식이 성과를 만든다!' 등 우리가 겪는 업무적·관계적 갈등 또한 각자 다른 당위적 신념의 충돌에서 비롯된다고 볼 수 있다.

이 밖에도 아론 벡(Aaron T. Beck)은 현실을 부정적인 방향으로 과장하거나 왜곡하는 '인지적 왜곡'이 부정적 감정을 유발한다고 보았다[5)재인용].

그가 제시한 유형들은 다음과 같다.

1) **흑백논리적 사고(All or Nothing Thinking)**: '그런 식으로 할 거면 안 하는게 낫다!', '성공 아니면 실패', '좋다 혹은 나쁘다' 등 이분법적인 잣대로 중간지대를 생각하지 못하는 것을 말한다. 이럴 경우, 상황을 유연하게 보지 못하고 파국적 사고로 흘러갈 가능성이 높다.

2) **과잉일반화(Overgeneralization)**: "맨날 지각이냐!", "난 항상 되는 일이 없어!" 등 한두 번의 경험을 '항상', '늘' 그렇다는 식으로 일반화하는 경우이다. 이러한 인지 왜곡은 상대의 잘못이나 좋지 않은 상황을 더 크게 인식하게 함으로써, 불쾌한 감정을 증폭시킬 수 있다.

3) **정신적 여과(Mental Filtering)**: "저 사람 지루한가? 왜 자꾸 시계를 보지!" 대다수가 긍정적인 반응을 보임에도 불구하고, 부정적 반응을 보인 일부에게만 주의를 기울여 상황을 부정적으로 평가하고 낙담하는 경우이다. 일명 '터널시야'라고도 불리며, 예를 들어 주변 사람 10명 중에 8명과 사이가 좋음에도 불구하고, 안 좋은 2명만을 의식하면서 못마땅해 하고 그것이 전부인 것으로 평가하는 것을 말한다.

4) **의미확대 및 축소(Maximization and Minimization)**: 부정적인 일의 의미는 크게 확대하고, 긍정적인 일의 의미는 축소하는 왜곡을 말한다. 예를 들어, 상사가 자신에게 한 칭찬에 대해서는 그냥 별 뜻 없이 듣기 좋으라고 한 말로 의미를 축소하는 반면, 비판에 대해서는 그 의미를 곱씹고 확대 해석하는 경우이다.

5) **낙인찍기(Mislabelling)**: '이기주의자', '외골수', '실패자' 등 사람의 특성을 부정적인 명칭으로 이름 붙이는 것을 말한다. 부정적 낙인찍기는 상대에 대한 부정적 인상을 강화시키게 되고, 이로 인해 부정적 감정이 증폭될 수 있다.

6) **감정적 추론(Emotional Reasoning)**: "저번에 그 일 때문에 나를 무시하는 거야!", "속으로는 좋으면서 아닌 척하기는!" 등 명확한 근거 없이 다른 사람의 마음이나 행동을 감정적으로 추측하고 단정하는 경우이다. 이러한 감정적 추론을 사실로 믿고, 이를 전제로 한 판단과 행동을 취하는 오류를 범할 때 갈등의 골은 더욱 깊어진다.

지금까지 살펴본 비합리적 사고 및 인지적 왜곡 유형들은 누구나 무의식적으로 경험해 본 것들일 것이다. 그중에서도 개인에 따라 좀 더 빈번하게 경험하는 특정 유형이 있을 수도 있다. 그것은 개인의 타고난 기질, 양육 환경, 과거의 경험 및 학습 등에 영향을 받는다. 따라서 이러한 생각 자체를 뿌리 뽑을 수는 없다. 그것은 불가능하다. 다만, 가능한 것은 자신도 모르게 불쑥 올라온 왜곡된 생각들로 인해 불쾌한 감정이 들 때, 그것을 '알아차리는 것'이다. 그런 다음, 그 생각을 건강한 방향으로 변화시키는 것이다. 이것이 감정관리의 핵심이다. 이에 대한 구체적인 방법을 다음 장에서 알아보자.

4
생각과 사실을 구별하라

그 생각이 사실인가?
당신은 그게 사실인지 정말로 알 수 있는가?

자동적 사고 vs 통제적 사고

2002년 노벨경제학상을 수상한 대니얼 카너먼(Daniel Kahneman) 교수는 인간의 사고체계를 두 가지로 분류하였다[12]. 빠르고 직관적이며, 무의식적으로 작동하는 '시스템 1(Fast Thinking)'과 느리고 이성적이며, 의식적인 사고과정을 거치는 '시스템 2(Slow Thinking)'가 그것이다. 둘 중 우리를 지배하는 사고체계는 시스템 1이라고 한다. 이는 앞서 설명한 자동적 사고와 같은 의미로 해석될 수 있다. 즉, 우리의 사고와 판단은 대개 무의식적이고 자동반사적이며, 직관적으로 작동한다는 것이다. 따라서 이러한 시스템 1적 사고에 오류가 많을 수 있음을 지적하였다.

카너먼 교수는 자동적·직관적 사고의 오류를 줄이기 위한 방법으로, 시스템 2의 가동을 제안한다. 즉 시스템 1이 만들어 낸 충동과 추측을 억

제하고, 논리적으로 정리하는 통제적 사고인, 시스템 2를 활성화시켜야 한다는 것이다. 이는 앞서 언급한 감정관리의 핵심 방법이기도 하다.

자신도 모르게 불쑥 올라온 왜곡된 생각들로 인해 불쾌한 감정이 들 때, 우리는 시스템 2를 작동시켜야 한다. 자신이 느끼는 감정이 합리적인지, 자신의 생각이 사실인지, 다르게 생각해 볼 수 있는지 등의 통제적 사고를 발휘하는 것이다. 이렇게 자신의 생각을 찬찬히 보다 보면, 생각 사이의 논리적 오류 및 왜곡을 발견할 수 있게 된다. 따라서 이러한 생각을 보다 합리적인 방향으로 바꾸는 노력을 통해 부정적 감정을 줄이고, 문제의 본질에 집중할 수 있게 된다.

현실과 다투는 생각 알아차리기

A	"사람이 말을 하는데, 왜 눈을 안 마주치지?", "기본이 안 되어 있네!" → 못 마땅한 표정
	'대화를 할 때는 눈을 마주쳐야 한다'는 당위적 신념 흑백논리

B	"핵심만 간단히 말할 것이지. 왜이렇게 장황해!", "진짜 무능해!" → 한심한 표정
	'보고는 간단·명료해야 한다'는 당위적 신념, '장황하다는' 평가 낙인찍기

A와 B의 상황처럼 우리는 눈앞에 벌어진 '현실이 다른 모습이기를 바랄 때', 그에 대한 불평과 함께 불쾌한 감정을 느끼게 된다. 또한 그 불평이 앞에서 본 '인지적 왜곡 유형'에 해당될 때, 불쾌한 감정은 더욱 증폭된다. 이러한 생각과 감정은 무의식적인 부정적 반응(표정, 몸짓, 말, 행동 등)을

일으키고, 이런 작용들이 갈등의 시초가 되기도 한다.

"내가 이렇게까지 했는데, 고맙다는 말 한마디도 없네!", "지금 저렇게 잡담할 시간이 있나, 진짜 생각 없다!", "다들 자기 잇속만 챙기고, 정말 이기적이네!", "할 일 없으니까 저렇게 여기저기 기웃거리고 있지!", "아침부터 표정이 왜 저래!" 등과 같이 우리가 느끼는 모든 불만과 스트레스는 지금 있는 현실과 다투기 때문에 일어난다. 있는 그대로의 현실을 못마땅해 하고, 거부하기 때문이다. 또한 그 대상이 자기 일보다 '남의 일'인 경우가 더 많다. 조직생활을 하면서 흔히 하는 생각들인, 위의 예시들 또한 모두 자신이 아닌, 타인에 대한 것들이다.

자신의 신념과 방식을 누구나 당연히 그렇게 해야 하는 보편적 법칙이자 기본 값으로 여길 때, 상대는 더욱 못마땅하게 여겨진다. 모두가 공유하는 조직의 표준 매뉴얼이 아닌 이상, "이건 당연히 이렇게 해야 한다!", "이건 기본 상식이다!"라는 주장은 나만의 진실일 가능성이 높다. 이런 나만의 진실을 당연하게 요구하고 강요할수록 갈등은 깊어진다. 따라서 이러한 당위적 요구를 건강한 소망으로 바꾸는 노력이 필요하다.

시스템 2를 작동시켜라

상대에 대해 못마땅하고 불쾌한 감정이 들 때, 잠시 숨을 고르고 '시스템 2'를 작동시켜 보자. 마음속으로 '내가 지금 무엇을 당연하게 여기고 있는지'를 자문해 보는 것이다. 그런 다음 그 '당연한 것들이 지켜지면 좋겠지만, 아니어도 괜찮다'고 말해 본다. 한결 가벼워진 마음을 느끼게 될 것이다. 또한 불현듯 스친 부정적 생각, 즉 자동적 사고가 앞의 '6가지 인지적 왜곡 유형' 중 어디에 속하는지 체크해 본다. 한두 번 일어난 일을 '늘, 항상, 매번'으로 일반화하고 있지는 않은지, 상대가 한 말을 확대 해석하고 또 다른 스토리를 더해 가며 스스로 화를 키우고 있는 건 아닌지 말이다. 이러한 생각의 왜곡을 객관적으로 바라볼 때, 부정적 생각은 멈추고 감정도 차츰 잦아든다.

이와 같이 시스템 2를 작동시키는 감정관리는 '자신의 내면 상태를 알아차리는 것'에서부터 시작된다. 즉, 심장 박동이 빨라지고, 몸에서 열이 나는 등의 신체 변화와 감정 상태 및 자동적 사고를 '먼저 알아차려야' 관리할 수 있는 것이다. 이를 위해서는 자기 내면에 집중하여 매순간 일어나는 마음의 작용들(몸의 감각, 감정, 생각, 욕구)을 판단하지 않고, 있는 그대로 알아차리는 마음챙김(Mindfulness) 명상이 도움이 된다.

원수를 위한 특별한 작업

미국 캘리포니아 남부 사막지대에 세 자녀를 둔 엄마이자 부동산 중개인으로 살던 한 여성이 있었다. 평범했던 그녀의 삶은 이혼을 계기로 점점 더 심해진 우울증과 분노, 피해망상으로 인해 황폐해져 가고 있었다. 십년 동안 우울증에 시달리며 급기야 죽고 싶은 충동에 사로잡히게 된 그녀는 결국 1986년, 요양원에 들어갔다. 그 뒤 보름이 지난 어느 날 아침, 요양원 다락방에서 홀로 자던 그녀는 홀연히 고통이 없는 절대 기쁨의 상태로 깨어났다. 이 소설 같은 스토리의 주인공은 세계적인 영적 스승이라 불리며 실존하는, 바이런 케이티(Byron Katie)이다. 그녀는 자신의 놀라운 경험을 바탕으로 '작업(the Work)'을 창안하였다. 작업(the Work)은 모든 생각에서 해방되어 완전한 자유와 평화에 이르는 단순하면서도 경이로운 방법이다.[13] 지금부터 그녀의 3단계 작업을 소개하겠다.

- **1단계: 생각을 종이에 옮기기**

작업의 첫 단계는 자신을 힘들게 하는 사람이나 상황에 대한 생각을 종이에 쓰는 것이다. 자신에게 스트레스를 주고, 화나게 하는 사람, 싫어하는 사람에 대해 생각나는 대로 솔직하게 쓴다. 종이에 쓰지 않고 머릿속으로만 작업을 할 경우, 생각이 교묘하게 속여서 원래의 생각에서 벗어나기 쉽다. 그러므로 종이에 쓰는 행위를 통해 생각을 붙잡은 뒤, 조사하는 것이다. 이때 중요한 것은, 떠오르는 생각들을 필터링하지 않고, 즉 덜 자극적인 표현으로 바꾸거나 걸러내지 않고 있는 그대로 솔직하게 쓰는 것이다. 그저 마음껏 비판하고, 가혹하고 유치하게 날것 그대로를 쓴다.

상대에 대한 판단 양식

1. 당신을 화나게 하거나 힘들게 하는 사람은 누구인가? 당신은 그 사람의 어떤 점이 싫은가?

    ex. 나는 팀장이 싫다. 왜냐하면 그는 나를 무시하고, 존중하지 않기 때문이다.

    _____

    _____

2. 당신은 그 사람이 어떻게 바뀌기를 원하는가? 그 사람이 어떻게 해 주기를 바라는가?

　　ex. 나를 좀 믿어 주고, 내가 하고 있는 일에 대해 인정해 줬으면 좋겠다.

　　_____

　　_____

3. 그 사람이 해야 하거나, 하지 말아야 할 것들(행동, 태도, 생각, 감정 등)은 무엇인가?

　　ex. 팀장은 내 말을 중간에 끊지 않고, 건성으로 듣지 말아야 한다. 다른 팀원과 나를 비교하지 말아야 하고, 노력한 결과에 대해서는 그 노고를 인정해 줘야 한다.

　　_____

　　_____

4. 당신이 편안하고 행복해지기 위해 그 사람이 해야 할 필요가 있는 것들은 무엇일까?

　　ex. 팀장은 공과 사를 구분하고, 공정성을 유지해야 한다. 자신의 생각과 맞지 않아도 일단 열린 마음으로 경청할 수 있어야 한다.

　　_____

　　_____

5. 당신은 그 사람을 어떻게 생각하는가? 그 사람을 평가해 본다.

　　ex. 팀장은 다혈질이다. 고집이 세다. 자기주장이 강하다. 편애한다. 권위적이다.

　　_____

　　_____

6. 당신이 그 사람과 다시는 경험하고 싶지 않은 것은 무엇인가?

> ex. 나는 팀장이 보기 싫다. 그 사람 밑에서 일하고 싶지 않다. 더 이상 비교당하고, 무시당하고 싶지 않다.

_____

_____

• **2단계: 4가지 질문 탐색하기**

1. 그게 사실인가?
2. 당신은 그게 사실인지 정말로 알 수 있는가?
3. 그 생각을 믿을 때 당신은 어떻게 반응하는가?
4. 그 생각이 없다면 당신은 누구일까?

'상대에 대한 판단 양식'에 쓴 내용들을 위의 4가지 질문을 통해서 하나씩 조사해 본다.

1. 그게 사실인가?

'팀장은 나를 무시하고, 존중하지 않는다.' 이것이 사실인가? 스스로 질문해 본다. 바로 답을 찾으려 하지 말고, 그저 여러 번 질문을 곱씹어 본다. 그런 다음, 마음에서 대답이 떠오르기를 기다린다.

2. 당신은 그게 사실인지 정말로 알 수 있는가?

'팀장이 나를 무시하고, 존중하지 않는다.'는 것이 사실인지 정말로 알 수 있는가? 나는 다른 사람들이 상대를 무시하지 않고, 존중하는지를 늘 확실히 알 수 있는가?

3. 그 생각을 믿을 때 당신은 어떻게 반응하는가?

'팀장이 나를 무시하고, 존중하지 않는다.'는 생각을 믿을 때, 당신은 팀장을 어떻게 대하는가? 어떻게 행동하고, 말하는가? 또한 자기 자신에게는 어떻게 대하는가? 이에 대해 구체적으로 적어 본다. 하는 행동과 말들(겉으로 한 말과 속으로 하는 말)을 있는 그대로 적어 본다. 그 생각을 믿을 때, 몸에서 느껴지는 감각(통증, 열감, 떨림 등)은 어떠한가? 몸의 어느 부위에서 느껴지는가? 자신의 경험을 천천히 되짚어 가며 조사해 본다.

4. 그 생각이 없다면 당신은 누구일까?

'팀장이 나를 무시하고, 존중하지 않는다.'는 생각을 아예 안 한다고 상상해 본다. 그 생각 자체가 없는 상태에서의 나는 어떠한가? 어떤 모습이 떠오르는가? 어떻게 느껴지는가? 그 생각이 없다면 똑같은 상황에서 팀장을 어떻게 대하겠는가? 그 생각이 없다면 팀장과 자신의 관계가 어떻게 달라질 수 있는지 적어 본다.

- **3단계: 뒤바꾸기**

'상대에 대한 판단 양식' 1번에 대한 4가지 질문 탐색이 끝났다면, 이제 뒤바꿔 보자.

'뒤바꾸기'는 다른 사람의 이름 대신, 자기 이름을 넣는 것이다. 즉, "팀장이 나를 무시하고, 존중하지 않는다."는 말을 뒤바꾸면, "나는 팀장을 무시하고, 존중하지 않는다." 또는 "나는 나를 무시하고, 존중하지 않는다."가 될 수 있다.

당신은 팀장을 무시한 적이 없는가? 팀장을 존중하고 있는가? 또한 당신은 자기 자신을 얼마나 보듬어 주고, 존중하는가? 이에 대해 생각해 본다.

판단 양식 1번에 대한 뒤바꾸기가 끝나면, 이제 판단 양식 2번으로 넘어간다. 이번에는 2번에 적은 내용을 '부정문으로 바꾼 뒤', 4가지 질문을 똑같이 적용해 보고, 뒤바꾸기 한다. 즉, "팀장은 나를 믿지 않고, 내가 하고 있는 일을 인정해 주지 않는다."

이것이 사실인가? 당신은 그게 사실인지 정말로 알 수 있는가? 등 나머지 질문도 탐색해 본다. 그리고 나서 뒤바꾸기 한다. "나는 팀장을 믿고, 팀장이 하고 있는 일을 인정해 주고 있는가?"

이와 같은 방식으로 '상대에 대한 판단 양식'에 쓴 나머지 내용들에 대해서도 4가지 질문을 던지고, 뒤바꾸기 해 보는 것이다. 그 과정에서 심리적 고통을 일으키는 실체를 발견하게 될 것이다.

생각은 그저 생각일 뿐

고통을 일으키는 것은 생각이 아니라, 생각에 대한 집착이다. 생각에 집착한다는 것은 그 생각을 살펴보지 않은 채 사실이라고 믿는 것이다. 믿음은 우리가, 때로는 아주 오랫동안 집착하는 생각이다[13)재인용]. 자신이 당연하게 여기는 모든 판단과 상대에 대한 평가 역시, 사실이 아닌 자신만의 생각(해석)이라는 것을 구별하는 지혜가 필요하다. 자신이 합리적이고 객관적으로 판단한다고 생각할 때조차, 자기만의 생각과 왜곡된 방향으로 그럴 듯한 이야기를 만들어 내고 있는 경우가 많다.

누군가에 대한 미움이 커질 때, 도무지 이해할 수 없는 상대로 인해 화가 나고 괴로울 때, 종이와 펜을 꺼내 들자. 당신이 어떤 생각을 붙들고 있는지, 당신을 힘들게 하는 그 생각을 조사해 보자. 완전히 바꾸고, 뿌리 뽑는 것은 불가능하다. 끊임없이 알아차리고, 조절하며 사는 것이다.

감정 조절을 위한
Respect!

5
감정을 다스리면 장점이 보인다

싫으니까 Respect하자

'존중하다'라는 의미의 영어 'Respect'는 're + spect'로 구성된 표현이다. 're'는 '다시'의 의미가 있고, 'spect'는 '보다'의 의미가 있다. 갈등의 대상이었던 상대를 이해하고 존중하기 위해서는 기존의 생각을 내려놓고, '다시 보는' 노력이 필요하다. 다음의 실험 결과를 통해 그 방법을 알아보자.

거미를 무서워하는 피험자들을 대상으로 거미 공포증을 해소하는 방법에 관한 실험이 진행되었다. '인지 재평가'라고 불리는 첫 번째 접근법은 피험자에게 거미를 위협과 무관한 용어로 표현할 것을 요청했다. "내 앞에 있는 것은 작은 거미인데, 이것은 안전하다." 두 번째 접근법은 피험자에게 거미와 무관한 것에 주의를 기울일 것을 요청하는 '주의 분산법'이다.

세 번째 접근법은 '섬세한 범주화'로서 예컨대 "내 앞에 징그러운 거미가 있다. 이것은 끔찍하고 무섭지만 호기심을 불러일으키기도 한다."[4)재인용]

실험 결과, 세 가지 방법 중 어느 쪽이 거미 공포증을 낮추는 데 가장 효과적이었을까?

답은 '세 번째 접근법'이었다. 무조건 긍정적으로 보거나, 아예 보지 않으려 애쓰는 방법보다 있는 그대로의 모습과 느낌을 균형감 있고 섬세하게 표현하는 방법인 것이다. 즉, 섬세한 범주화가 거미 공포증이 있는 사람들에게 거미를 관찰할 때 덜 불안해 하고, 거미에게 다가가도록 하는 데 가장 효과적이었다.

이러한 섬세한 범주화를 조직에서 보기 싫고, 갈등이 있는 대상에게 적용해 보는 것이다. 상대에 대해 무의식적·자동적으로 올라오는 부정적 평가 자체를 모두 없앨 필요는 없다. 중요한 것은 그 생각(평가)은 사실이 아닌, 자신의 생각임을 알아차리는 것이다. 이렇게 생각과 사실을 구별할 때, 그 생각에 매몰되지 않고 반대편도 바라보는, 즉 다시 보는 힘이 생긴다. 이를 통해 놓치고 있었던 상대의 장점 혹은 도움들을 발견할 수 있게 된다. 이러한 장점도 함께 인식하여 균형 잡힌 시선으로 상대를 섬세하게 바라보자. 이해의 여지가 생기고, 한층 더 가까워질 수 있을 것이다.

욕구를 Respect하자

"저 사람은 어떤 욕구 때문에 저런 말과 행동을 하는 걸까?"

상대를 더 깊이 이해하고 존중하기 위해서는 '욕구'를 볼 수 있어야 한다. 상대의 숨겨진 욕구를 찾아서 공감해 주면 상대는 이해받는 느낌을 갖게 되고, 더 깊은 속내를 터놓게 된다. 욕구에 집중하면, 겉으론 화를 내는 상대를 보더라도, 그 화 이면에 연약한 두려움과 슬픔이 있을 수도 있다는 것을 짐작할 수 있게 된다. 그러면 그를 화내는 사람이라기보다, 두려워하는 사람으로 보게 된다. 어떻게 보느냐에 따라 상대에 대한 나의 감정이 달라진다.

이와 마찬가지로 불쾌한 감정에 휩싸일 때 그 감정에 매몰되지 않고, 자신이 원하는 욕구(기대)를 볼 수 있어야 한다. 내가 진정 무엇을 원하는지 내면의 욕구를 알아차리게 되면, 상대를 비난하고 원망하는 대신 원하는 것을 얻기 위한 방법을 생각하고 선택할 수 있게 된다. 욕구가 달라서 불만이 생기기도 하지만, 서로 다른 욕구 덕분에 좋은 자극을 받기도 하고, 내가 놓치고 있는 부분을 채워 가면서 더 크게 성장할 수 있음을 기억하자. 감정의 철학자, 스피노자의 말이 떠오른다.

"자기 자신과 자기의 감정을 분명히 알수록
 지금 있는 것을 더욱 사랑하게 된다."

Unconflict 언컨플릭

—

03

갈등관리
5가지 기술

사람마다 성격이 다르듯, 갈등을 관리하는 방식도 다양하다. 갈등은 피할 수 없는 조직 생활의 일부지만, 어떻게 관리하느냐에 따라 개인과 조직의 효율성이 달라진다. 따라서 우리는 갈등을 효과적으로 관리하고 건설적인 관계로 전환하기 위한 기술을 익혀야 한다. 이번 챕터에서는 개인과 조직의 성장을 돕는 갈등관리 기술을 살펴보고자 한다.

1
갈등관리, 기술이 필요하다

갈등관리 기술은 개인에게뿐 아니라
일의 효율성 측면에서도 매우 중요하다.

직장생활 속 사소한 갈등

- **yes맨**

  팀 내에서 일명 'yes맨'인 강조아 팀원은 본인의 별명처럼 입사 후 지난 2년간 크고 작은 갈등상황에서 항상 상대방과 회사를 위해 희생하고 양보하며 지내 왔다. 그러나 시간이 지날수록 본인의 업무량은 감당할 수 없을 만큼 늘어 가고 일에 대한 만족도는 줄어들었다. 어디서부터 어떻게 해결해 나가야 할지 몰라 무기력한 상태이다.

- **하기 싫은 건 참을 수 없어**

  신시러 책임이 소속된 팀에는 1년 전부터 그라운드 룰이 있다. '지각하면 팀원들에게 커피를 사 주는 것'이다. 그러던 어느 날 신시러는 처음으로 지각을 하게 되었다. 팀 단체 채팅방에 늦어서 죄송하다는 말을 남겨 놓고 보니, 경제적 부담이 크다는 생각이 들었다. 회사에 도착해서 "나는 아메리카노.", "책임님, 저는 아이스 라떼로 부탁드려요."라는 말들을 듣던 신시러는 갑자기 커피를 살 수 없다며 강경하게 반응했다. 순간, 정적과 긴장감이 흘렀다.

익숙한 갈등 방식에서 벗어나기

당신은 어떻게 갈등을 관리하고 있는가? 사람마다 성격이 다르듯이 서로 다른 방식으로 갈등을 관리한다. 회사 생활에서 경험하는 다양한 갈등이 업무적 갈등이든 관계적 갈등이든 갈등 당사자들은 자신만의 익숙한 방식으로 갈등을 관리한다. '지고는 못 산다'는 사람들은 갈등 상황에서 자신이 원하는 결과를 만들어 내기 위해 노력한다. '참는 게 속이 편하다'는 사람들은 갈등이 계속되지 않도록 순응하고 양보하는 것을 선택한다. 반면 갈등 상황이나 상대방에 따라 대응방식을 달리하는 사람들도 있다[1].

우리는 갈등을 효과적으로 관리하기 위해서 자신의 지배적인 갈등관리 방식을 객관적으로 알 필요가 있다. 자신의 습관적인 방식을 인식하게 되면 갈등을 관리할 때 오류를 범하지 않기 위해 스스로 노력을 할 수 있기 때문이다. 챕터 2에서 설명한 '자동적 사고와 통제적 사고'를 떠올려 보자. 사건에 대해 통제적 사고를 해야 문제의 본질에 집중할 수 있다고 했다.

이와 마찬가지로 갈등 상황에 대한 자동적 반응, 즉 자신의 습관적 방식을 알게 되면 갈등을 관리할 때 더 효과적인 방식을 선택할 수 있다. 갈등 상황에서 본인이 익숙하게 사용해 오던 자동적 방식이 아니라 노력을 통한 통제적 방식을 선택하여 갈등을 긍정적인 방향으로 관리하는 것이다.

갈등관리, 기술이 필요하다

갈등관리 결과에 대한 사람들의 인식을 조사한 설문 조사 결과를 살펴보면, 전체 응답자 중 75.5%는 "갈등을 효과적으로 처리하면 긍정적인 결과도 가져올 수 있다."라는 긍정적인 인식을, 그리고 24.5%는 "갈등의 결과는 항상 부정적이기 때문에 가급적이면 피해야 한다."라는 부정적인 인식을 하는 것으로 나타났다[2]. 설문 조사 결과, 갈등관리에 대해 부정적인 인식보다 긍정적인 인식이 3배 가량 더 높게 나타났다. 이 결과는 우리가 갈등을 단순히 피해야 할 문제가 아니라, 효과적으로 관리함으로써 긍정적인 변화를 이끌어낼 수 있는 성장의 기회로 인식해야 함을 시사한다. 따라서 개인과 조직 모두 갈등관리 기술을 이해하고 적극적으로 활용하는 태도가 필요하다.

도입 부분의 사례를 다시 살펴보자. 'yes맨' 강조아 팀원은 갈등이 지속적으로 관리되지 않아 개인의 정상적인 업무가 힘들어졌다. 또한 '하기 싫은 건 참을 수 없어' 신시러 책임처럼 잘못된 방식의 갈등관리는 팀의 분위기를 냉랭하게 만들고, 나아가 전체를 와해시킬 수 있다. 이렇듯 직장 내에서 생기는 사소한 의견 차이만으로도 업무도 개인의 감정도 힘들어진다. 이는 개인에게뿐 아니라 일의 효율성 측면에서도 매우 중요하다[3]. 그렇기 때문에 개인과 조직의 효율성을 높이는 갈등관리 기술을 충분히 이해하고 효과적으로 다룰 줄 알아야 한다. 그렇다면 갈등을 효과적으로 관리하기 위한 기술에는 무엇이 있을까?

2

갈등관리 5가지 기술

갈등을 효과적으로 관리하기 위한 갈등관리 5가지 기술을 이해하고, 그중 한 가지 기술을 지배적으로 사용하는 직장인과의 인터뷰 내용으로 특징을 정리해 보자.

2가지 차원의 축

다양한 학자들이 조직효과성을 극대화할 수 있는 바람직한 갈등관리 기술에 관한 연구를 진행했다. 여기서는 갈등관리 유형에 대해 가장 포괄적으로 제시한 Thomas & Kilmann의 갈등관리 5가지 기술을 소개한다.

갈등관리 5가지 기술은 2가지 차원의 축으로 설명할 수 있다. 먼저 가로축은 상대방 혹은 조직의 욕구를 충족시켜 주기를 원하는 정도인 협력성이다. 그리고 세로축은 자신의 욕구를 충족시켜 주기를 원하는 정도인 독단성이다. 먼저 5가지 기술을 간략하게 설명하자면 '이기는 게 최고야' 경쟁형, '모두 이익을 보자' 협력형, '서로 조금씩 양보하자' 타협형, '난 몰라' 회피형, '다 양보하는 게 마음이 편해' 순응형으로 분류된다[4]. 이제 5가지 기술을 세부적으로 알아보자.

[그림 3-1] 갈등관리 5가지 기술

*출처: Thomas, K.W., & Kilmann, R.H.(1974). Thomas-Kilmann Conflict-Mode Instrument. Palo Alto, CA: Xicom.
　　박효정(2019), 『조직 갈등관리 트레이닝북』, 서울: brain LEO.
　　유경철(2018), 『완벽한 소통법』, 서울: 천그루숲.
*저자 재구성

기술 1. 경쟁형: 독단적, 비협력적

'이기는 게 최고야' 경쟁형은 자신의 욕구충족에는 독단적이지만 상대방 혹은 조직의 욕구충족에는 비협력적인 태도를 보이는 기술이다. 자기중심이 높고 상대중심은 낮다[5]. 승패의 결과를 만드는 유형으로 상대방을 이기기 위해 자신의 주장이나 의견을 강요한다. 이러한 특징 때문에 '강요형'이라고도 한다. 그래서 일방적 승리인 Win-Lose 결과를 가져온다.

'yes맨' 강조아 팀원이 소속된
팀의 회의시간

장강요 팀장: 다음 달에 고객 프로모션을 진행해야 하는데 누가 담당할래요?

팀장의 한마디에 나서는 사람 없이 모든 팀원이 조용하다.

장강요 팀장: 강조아 팀원이 해 줬으면 하는데, 할 수 있죠?
강조아 팀원: 팀장님, 제가 담당업무가 많아 여유가 없을 것 같습니다.
장강요 팀장: 잘할 수 있을 거야. 곧 추석이니까 시즌 한 달 전까지 기획서 만들어 봐요.
강조아 팀원: 아... 네 팀장님.

경쟁형은 갈등상황에서 자신의 주장을 강조하고 밀어붙이는 스타일이다. 챕터 2에서 언급한 윌리엄 글래서의 '선택이론'에 따르면 타인에게 영향력을 행사하려는 권력(Power) 욕구와 자신의 방식을 지키고자 하는 자유(Freedom) 욕구 충족을 위해 행동하는 유형이라 할 수 있다.[6] 위의 대화의 장강요 팀장처럼 일명 '답정너'와 비슷하다. '답정너'란 '답은 정해져 있고 너는 대답만 하면 돼'라는 뜻으로 주로 자신이 듣고 싶은 대답을 미리 정해 놓고 상대방에게 질문하여 자신이 원하는 답을 하게 하는 행위나 그런 행위를 하는 사람을 말한다.

상사가 주로 사용하는 갈등관리 기술이 경쟁형이라면 이미 결론은 정해져 있다. 그리고 구성원들은 상사의 요구대로 따르기만 하면 된다.

따라서 구성원들은 계속 자신의 의견이 무시당해 순응할 수밖에 없다. 하지만 구성원들은 의사 결정을 할 때 '어차피 내 의견을 말해도 무시당할 거야.'라는 생각으로 침묵을 한다거나 비협력적인 태도를 취할 수 있다. 특히 모두의 욕구를 충족하길 원하는 협력형이거나 서로 조금씩 양보하여 갈등을 관리하고자 하는 타협형들은 경쟁형 스타일에 부담을 많이 느낄 수 있다.

하지만 모든 갈등상황에서 항상 자신은 이기고 상대방은 지는 결과를 기대할 수는 없다. 그래서 경쟁형 기술을 주로 사용하는 사람들은 일방적인 승리를 하기 위해 매우 힘을 쓴다. 또한 자신이 원하는 방식으로 갈등이 해결되지 않으면 패배했다고 느껴 자신이 무능하다고 생각하거나 반대로 분노의 감정을 느낄 가능성이 높다.

한 연구에서 연령, 직급별 갈등관리 유형을 분석해 본 결과, 경쟁형의 경우 연령대가 높아지고 직급이 올라갈수록 차지하는 비중이 증가하는 것으로 나타났다. 이는 수평적인 조직문화로 많이 바뀌어 가는 상황이지만 아직은 위계적이고 보수적인 조직문화의 영향이 크기 때문이다. 비록 독단적이기는 하지만 갈등에 대해 적극적인 해결 의지와 태도를 지닌 경쟁형이 갈등에 대해 소극적이거나 순응적인 태도를 지닌 일부 다른 유형들에 비해 조직몰입이 상대적으로 높게 나타났다. 하지만 우리나라 직장에서 갈등관리 기술로 주로 경쟁형을 사용하는 인구는 높지 않은 편이다[1)재인용, 7)].

기술 2. 협력형: 독단적, 협력적

'모두 이익을 보자' 협력형은 자신의 욕구와 상대의 욕구를 모두 충족시키는 협력적인 방식이다. 협력형은 갈등상황에 직면했을 때 서로의 관심사를 모두 만족시키기 위해서 먼저 문제의 본질을 정확하게 파악한다. 왜 이러한 갈등이 발생했는지, 자신과 상대가 원하는 것은 무엇인지 확실하게 이해하려고 한다. 그리고 서로에게 이익이 되는 통합적 대안을 도출해 내려고 노력한다. 이 방법은 갈등을 겪는 각 당사자가 모두 이익을 보게 되는 Win-Win을 추구한다.

매리 폴레트의 예화, 오렌지 남매 이야기

남매가 오렌지 하나를 두고 서로 갖겠다고 다투고 있다. 어머니는 서로 조금씩 양보해서 나눠 가지라고 타이르기도 했고, 아버지는 자꾸 싸우면 둘 다 못 갖게 한다고 위협도 해 봤지만 소용없었다. 이 상황을 지켜보던 큰누나는 두 남매에게 질문한다.

"너는 왜 오렌지가 필요하니?"

남매 중 누나는 오렌지 하나를 통째로 다 먹고 싶다고 대답했고, 남동생은 오렌지 껍질이 필요하다고 답변했다.

위 이야기는 갈등관리학으로 유명한 매리 폴레트의 예화이다. 오렌지 하나를 놓고 남매가 다투지만, 알고 보니 서로가 궁극적으로 원하는 것은 오렌지 전부가 아니었다. 한 명은 오렌지 알맹이, 다른 한 명은 오렌지 껍질이 필요한 것이었다. 이 예화 속 갈등은 서로가 진정으로 원하는 것을 확인하고 남매 모두에게 긍정적인 결과로 마무리되었다. 비폭력 대화 방법을 알려 유명해진 마셜 로젠버그 박사는 서로의 욕구를 확인하게 되면 갈등은 쉽게 해결될 수 있다고 말했다.

갈등관리가 어려운 데는 다양한 이유가 있지만, 대부분 겉으로 드러난 주장이나 요구사항을 중심으로만 갈등을 해결하려 한다는 것이다. 이런 경우, 갈등은 해결되지 않고 서로 감정싸움, 혹은 힘 대결로 치달아 피해만 볼 뿐이다. 표면적인 주장의 이면에 있는 '서로가 진정으로 원하는 것'에 초점을 맞춰야 한다. 그런 다음 그것을 함께 이룰 방법을 모색해야 비로소 문제가 풀릴 수 있다[8].

챕터 1의 사례 중 고객사와의 가격협상 사례를 기억하는가? 가격을 협상하는 과정에서 입장 이면의 이해관계를 파악하고 결과적으로 양쪽 모두 원하는 것을 취할 수 있었던 '집기양단'의 사례 말이다. 이러한 방법으로 갈등을 관리하는 유형이 협력형이다. 그래서 갈등관리기술 중 가장 이상적인 방식으로 협력형을 꼽는다[9]. 특히 상사의 주된 갈등관리기술이 협력형이면 다른 기술을 주로 사용하는 상사들보다 구성원이 인지하는 조직공정성에 긍정적인 영향을 미친다[10].

협력형의 방식을 주로 사용하는 사람은 직장에서 책임감이 강하고, 개인과 조직의 발전을 위해 적극적으로 노력하는 경향이 있다. 갈등관리 기술과 조직몰입도 및 직무만족도와의 관계에 대한 연구를 살펴보면, 협력형 갈등관리 기술을 주로 사용하는 사람은 다른 유형에 비해 갈등 당사자 간 이해관계 차이를 조정하려는 의지를 더 갖는다. 또한 갈등상황에서 모두에게 도움이 되는 결론을 만들어 내고자 노력하고 그로 인해 자신의 직무에 대해 상대적으로 높은 만족감을 보이기도 한다[7)재인용].

협력형의 기술을 잘 사용하기 위해서는 몇 가지 전제가 필요하다. 첫 번째, 갈등 당사자가 서로 손해 없이 모두 좋은 방향으로 갈등을 해결하겠다는 의지가 중요하다. 두 번째, '내가 원하는 것'과 '너가 원하는 것'을 확인하기 위해 충분한 대화가 이루어져야 한다. 마지막으로, 상대방과 편안하게 이야기를 나눌 수 있는 직장 내 환경이 필요하다. 이를 통해 상호 도움이 되는 결과를 만들어 낼 수 있는 것이다. 그러므로 다른 기술들에 비해 갈등을 해결하는 데 오랜 시간이 걸리기도 한다. 하지만 서로에게 초점을 맞추고 함께 해결책을 만들었기 때문에 만족도가 높다.

기술 3. 타협형: 균형을 지키려는 기술

'서로 조금씩 양보하자' 타협형은 자신의 욕구충족과 상대방 혹은 조직의 욕구충족 간의 균형을 지키려는 유형이다. 타협의 사전적 뜻은 '어떤 일을 서로 양보하여 협의한다'는 것이다. 의미대로 자신과 상대방이 관심사를 양보하여 적당한 수준에서 절충시키는 것이다. 그래서 자기중심과 상대중심이 적절하다. 협력과 독단이 중간 정도로 서로 원하는 것을 조금씩 양보한다는 관점에서 반은 이기고 반은 패한 Mini win-Mini lose의 상황이다[1)재인용].

하기 싫은 건 참을 수 없어:
신시러 책임, 그 후 이야기

지각한 신시러 책임은 갑자기 커피를 살 수 없다며 강경하게 반응했다. 순간, 정적과 긴장감이 흘렀다. 그때 정의리 책임이 그 정적을 깼다.

정의리 책임: 이제까지 지각한 팀원들 커피는 잘 마셔 놓고 정작 본인은 사기 싫다는 게 말이 돼요? 도저히 이해가 안 되네요.

감정적으로 고조된 신시러 책임과 정의리 책임, 둘로 인해 팀 분위기가 냉랭해지자 윤공평 팀장은 둘을 회의실로 따로 불러냈다. 신시러는 '한 번의 지각으로 경제적인 부담이 너무 크다'는 입장이고, 정의리는 '다들 좋아하고 잘 지켜졌던 룰은 계속 지켜져야 한다'는 입장이다. 팀장은 팽팽한 둘의 입장을 듣고 최대한 합의점을 찾고자 했다. 원래대로 오늘은 커피를 사고, 차후 경제적 부담이 적은 방향으로 그라운드 룰을 다시 협의해 보자는 결론이다.

윤공평 팀장은 대화의 시간을 만들고 서로 조금씩 양보하게 해서 타협점을 찾아 문제를 해결했다. 이처럼 타협형의 방식은 갈등 당사자 양쪽이 요구하는 바가 다를 때 선택하는 기술이다. 갈등 당사자 간 문제를 해결하기엔 입장이 팽팽해서 제3자가 개입하기도 한다. 흔히 조정자라고도 불리는 제3자의 도움으로 조금씩 양보하도록 하여 합의점을 찾는 것이다.

신시러 책임의 사례와 같이 이 기술은 당사자들이 다른 목표를 갖고 있거나 협상, 표결, 또는 제3자의 개입에 의해 갈등이 관리되는 것이 보통이다. 또는 비슷한 힘을 갖고 있을 때 선택되기도 한다. 타협은 서로의 '파이 싸움'과도 같다. 먼저 자신의 가치를 아는 것이 중요하고 상대방의 욕구에 대한 분석도 필요하다. 그래야 양측 모두 선택의 만족도를 높일 수 있다. 하지만 '최선'보다는 '차선'을 선택하기 때문에 언젠가는 갈등이 재발할 우려도 배제할 수 없다.

우리나라 직장인들은 조직 내 갈등 상황에서 타협형 갈등관리 기술을 가장 많이 사용하는 것으로 나타났다. 타협형을 선호하는 사람들은 다른 방식의 갈등관리 기술을 사용하는 사람들보다 직무성과가 높고, 이직 의향이 낮은 경향을 보인다. 이는 타협형 갈등관리 기술을 사용하는 개인이 상대방과의 이해관계를 조율하며, 자신의 주장을 과도하게 드러내기보다 서로가 받아들일 수 있는 수준에서 합의를 도출하기 때문이다. 결국 이러한 태도와 행동이 안정적인 관계 유지와 조직 내 성과 향상으로 이어지는 것은 어찌 보면 자연스러운 결과라 할 수 있다[11].

기술 4. 회피형: 비독단적, 비협력적
'난 몰라' 회피형은 자신의 욕구충족과 상대방 혹은 조직의 욕구충족에 모두 비협력적이고 비독단적인 태도를 보이는 기술이다. 이 기술은 자신과 상대방 욕구를 모두 채우지 못하고 갈등상황에서 벗어나고자 하므로 Lose-Lose 결과를 가져온다. 갈등문제를 무시하거나 회피하는 것으로서 자기중심이 낮고 상대중심도 낮다.

신사업 1팀과 2팀의 갈등상황

새로운 프로젝트 담당 문제로 신사업 1팀과 2팀 사이에 갈등상황이 발생했다. 서로 이번 프로젝트를 맡겠다고 한 것이다. 어느 팀도 양보의 기미가 보이지 않자, 갈등을 해결하고자 각 팀의 선임이 대표로 만났다. 1팀의 양타협 선임이 이번에는 우리가 맡을 테니 다음엔 2팀이 맡으면 안 되겠냐고 말하자 2팀의 이회피 선임은 정확한 답변을 하지 않고 내일 다시 이야기하자고만 한다. 결국 양타협 선임은 화가 났다.

양타협 선임: 그냥 하겠다고 하든가. 그것도 싫으면 우리 팀한테 양보하든가. 아니면 왜 그러는 건지 말을 하든가. 답답하네. 진짜. 이 선임님, 지금 나 무시해요?

양타협 선임은 '이번엔 우리, 다음엔 너희'라며 타협형의 기술로 갈등을 관리하려고 하고 있다. 하지만 이회피 선임은 '내일 이야기 하자'라며 의견을 정확하게 말하지 않거나, 답변을 보류하고 있다. 회피형의 기술을 사용하고 있는 것이다. 결국, 양타협 선임은 이회피 선임이 자신을 무시한다고 생각한다. 양타협 선임은 대화를 통해 갈등을 풀어내고 싶은데 이회피 선임은 이를 외면하기 때문이다. 이렇게 명확하지 않은 회피는 상대방에게 부정적인 추측을 만들어 오해를 낳을 수 있다. 차후 이회피 선임의 이야기를 들어 보니, 그 자리에서 결론을 내기엔 충분한 준비가 되어 있지 않았다고 말했다.[12]

회피형이 높은 사람과의 인터뷰 내용을 살펴보면 다른 사람들의 문제에 큰 관심이 없다거나 그 에너지를 차라리 본인의 일을 하는데 쏟는 게 더 좋다고 생각한다. 그리고 과거 갈등상황에서 적극적으로 행동했다가 겪었던 부정적인 경험 등을 통해 의도적으로 갈등을 회피하려는 경우, 갈등관리 후의 이득보다 손해가 더 크다고 생각하는 경우 등 다양한 이유가 있다.

한 연구 결과에 따르면 회피형을 지배적인 갈등관리 기술로 사용하는 사람의 비율은 8% 이내로 그리 높지 않다. 그리고 다른 기술을 사용하는 사람들보다 업무성과가 낮고 이직의도가 높다. 즉 자신의 욕구를 충족하는 데에도 관심이 없고 상대방의 이해관계에도 관심이 없는 경우, 상대적으로 조직에 부정적인 영향을 미치는 것을 알 수 있다[가)재인용].

기술 5. 순응형: 비독단적, 협력적

'다 양보하는 게 마음이 편해' 순응형은 자신의 욕구충족에는 비독단적이지만 상대방 혹은 조직의 욕구충족에 대해서는 협력적인 갈등관리 기술이다. 갈등상황에서 상대가 요구하는 것에는 순응하고 자신이 원하는 것은 포기하고 양보하기 때문에 '양보형'이라고도 하며 Lose-Win의 결과를 가져온다. 즉 자기중심은 낮고 상대중심은 높다.

SBS 드라마 〈스토브리그〉
연봉협상 상황

담당자: 장진우 선수, 올해 고과는 지난 시즌 성적만 기준으로 해서 측정했습니다.
장진우: 네, 뭐 매해 연봉은 조정되는 것이니까요.
담당자: 저희가 책정한 금액은 5천만 원입니다. 제시하고 싶은 금액이 있습니까?
장진우: 아... 네...
담당자: 상황이 안 좋을 뿐이지, 장진우 선수가 필요하지 않은 상황은 아닙니다.

작년 연봉이 1억 3천만 원이었던 장진우 선수는 많은 고민 끝에 본인이 원하는 바를 요구하지 않고 소속팀의 제안을 받아들인다.

장진우 선수는 순응형 갈등관리 방식을 사용하는 사람이다. 상대방의 요구를 우선시하며 계약서에 서명함으로써 상황은 일단 마무리된 듯 보인다. 그러나 자신의 요구를 표현하지 못한 그는 내면적으로 갈등을 경험한다. 즉, 겉으로는 문제가 해결된 것처럼 보이지만 실제로는 갈등이 완전히 해소되지 않은 상태인 것이다. 이처럼 순응형 갈등관리 기술을 지배적으로 사용하는 경우, 표면적인 평화 뒤에 감정적 불만이나 긴장이 남을 수 있음을 주의해야 한다.

팀 내에서 항상 희생하고 양보하며 회사 생활을 해왔지만 늘어난 업무량과 일에 대한 만족도는 점차 줄어들어 결국 무기력한 상태가 된 'yes맨' 강조아 팀원의 사례를 기억하는가? 이처럼 사회초년생의 경우 주로 사용하는 갈등관리 기술이 순응형인 경우가 48%로 과반수에 가까운 비중을 차지하고 있다. 이러한 결과는 20대가 조직에 적응하는 데 있어 보이는 특징이다. 연령이 높아질수록 차지하는 비중이 상대적으로 감소한다.

  구성원이 순응형 갈등관리 방식을 주로 사용하는 경우, '답정너' 성향의 경쟁형 상사에게 선호되는 경향이 있다. 그러나 상사가 순응형일 경우, 구성원들은 오히려 어려움을 겪게 된다. 타 부서와의 갈등 상황에서 우리 부서의 이익을 충분히 대변하지 못하거나, 업무 부담이 과도하게 늘어나는 상황이 발생할 수 있기 때문이다. 이러한 상황은 구성원들이 불합리한 일처리에 시달리게 되는 결과로 이어진다.

  순응형과 회피형을 갈등상황에서 주로 사용하는 사람은 경쟁형과 협력형보다 조직몰입이 상대적으로 낮은 편이다.^가)재인용. 소극적이거나 현실 순응적인 태도로 조직 내 갈등을 관리하는 것은 적극적인 해결 의지와 태도에 비교해서 자신이 속한 조직에 대한 애정과 헌신의 정도가 낮다고 할 수 있다.

왜 이 기술을 주로 사용하세요?

갈등관리 5가지 기술 중 한 가지 기술을 지배적으로 사용하는 직장인과의 인터뷰 내용이다. 모든 사람을 대변할 수는 없겠지만, 아래의 내용을 읽으며 각 기술의 대표적인 특징을 정리해 보길 바란다.

· **경쟁형: 30대**

"어차피 갈등이 생기면 해결해야 하잖아요. 이왕이면 저에게 이익이 되는 방향으로 마무리하는 게 좋죠. 상대방이 무엇을 원하는지 하나하나 따져 가며 풀려고 하면 시간도 오래 걸리고 서로 시간 낭비라고 생각해요. 그렇다고 싸우자는 것은 아닙니다. 물론 상대방이 오해하는 경우가 종종 생기기는 하더라고요."

· **협력형: 40대**

"갈등을 잘 관리하는 데 충분한 대화가 중요한 것 같아요. 간혹 서로 오해해서 생기는 갈등이 있더라고요. 그럴 때 대화를 하지 않으면 더 큰 오해가 생겨 감정싸움까지 납니다. 이건 제 경험입니다. 예전에 저희 팀장님이 저와 동료와의 갈등을 대화로 잘 풀어 주셨는데, 그때의 긍정적인 경험으로 관리자가 된 지금 구성원들의 갈등을 대화로 잘 풀어 가려고 노력하고 있습니다. 그러면 결론적으로 양쪽 모두에게 도움이 되는 결과가 생깁니다."

· **타협형: 40대**

"서로 손해를 바라면서 갈등을 해결하려고 하지는 않잖아요. 그래서 저는 일단 갈등이 생기면 상대방의 이야기를 들어 보려고 노력합니다. 듣다 보면 각자의 입장이 다 그럴 만하더라고요. 그렇게 대화를 나누면서 양보할 건 조금씩 양보하면서 최대한 절충점을 찾아요. 그러면 모두 완전하게 만족스럽지는 않더라도 손해는 덜 봅니다."

· 회피형: 20대

"제가 해야 할 일만 잘하면 되는 것 아닐까요? 괜히 갈등에 휩싸이면 저만 힘들어요. 어차피 제가 말해 봤자 소용없습니다."

· 순응형: 30대

"저는 갈등 자체를 싫어합니다. 서로 이기겠다고 주장하는 분위기를 견디는 게 오히려 힘들어요. 사실 갈등 이후가 더 걱정됩니다. 관계적으로 나빠질까 봐 두려운 게 큰 것 같아요. 그냥 웬만하면 하자는 대로 양보하는 게 마음이 편해요."

지금까지 갈등관리 5가지 기술을 세부적으로 알아봤다. '이 기술은 내가 주로 사용하는 건데.'라며 공감했을 수도 있다. 또는 이 기술은 우리 상사가, 혹은 이건 우리 구성원이 주로 사용해서 힘들다거나 좋다고 생각했을 수도 있다. 중요한 것은 자신과 타인의 습관적인 갈등관리 기술을 아는 것에서 그치는 것이 아니라 갈등상황을 더 효과적으로 관리할 수 있는 기술을 선택할 수 있어야 한다. 다음 주제에서 그 답을 찾아보자.

조직효과성을 극대화할 수 있는 절대적 기술은 없다. 조직 내 갈등 상황에 따른 가장 적합한 기술을 소개한다.

3

갈등관리 5가지 기술의 최적 활용

절대적 기술은 없다

　갈등관리 기술 활용의 궁극적인 목적은 갈등을 겪는 당사자에게는 업무와 관계적 측면에서 긍정적인 결과를 만들고, 최종적으로 조직의 효율성을 높이는 것이다. 그러기 위해서는 5가지 기술 중 어떤 기술이 갈등을 관리하는 데 가장 적합할까? '너'도 좋고 '나'도 좋은, 즉 갈등 당사자 간 이해관계 차이를 조정해서 모두에게 이익이 되는 결론을 만들어 내고자 노력하는 협력형 기술이 가장 이상적이다.

　하지만 모든 갈등상황에 협력형 기술이 가장 좋은 답인 것은 아니다. 상황에 따라 더 적합한 기술이 있기 때문이다. 예를 들어, 의사 결정을 신속하게 해야 할 때는 다른 기술들에 비해 다소 시간이 걸릴 수 있는 협력형은 효율적이지 않다. 그러므로 어느 한 기술이 절대적이라 할 수 없다. 갈등 상황에 따라 적합한 기술을 활용할 수 있어야 한다.

경쟁형 최적 활용

자기 욕구를 채우는 경쟁형 기술이 필요한 경우는 언제일까? 말 그대로 자신의 이익이 앞서는 상황이다. 예를 들어 같은 목적으로 우리 회사와 경쟁사가 서로 이기기 위해 경합해야 할 때 경쟁적인 태도가 우선해야 한다. 또는 긴급한 비상상황을 생각해 보자. 이때 중요한 것은 빠르게 의사결정을 하는 것이기 때문에 신속하고 결단력 있는 경쟁형 기술이 적합하다. 갈등상황이 조직에 중대한 영향을 끼칠 수 있는 문제일 경우, 갈등을 회피하는 것보다는 자신의 방식이 옳다면 이를 적극적으로 추진하는 것이 도움이 될 수 있다.

단, 경쟁형 기술은 직장 내에서 선택적으로 활용하길 바란다. 습관적인 경쟁형 기술은 본인이 원하는 방식으로 문제가 해결되지 않으면 패배했다는 생각으로 무기력해지거나 분노의 감정을 느낄 가능성이 높다. 이로 인해 구성원들의 내적 동기화를 저해하며 심지어 적대적 관계가 만들어질 수 있기 때문이다. 특히, 경쟁형인 상사라면 지배적으로 사용하던 방식에서 벗어나 갈등상황을 객관적으로 인식하고 적합한 기술을 선택해야 한다. 강요형이라고도 불리는 경쟁형 기술은 음식에 비유하자면 '정크 푸드'다. 편리하게 먹을 수 있지만, 몸에 좋지 않듯이 장기적으로 구성원들의 건강한 동기유발을 방해한다[13].

협력형 최적 활용

협력형은 가장 이상적인 기술이라고 앞서 설명했다. 갈등관리 시 서로에게 이익이 되는 대안을 추구하기 위해 대화를 나누고 경청하고 이해하고 공감하는 과정이 필요하다. 그래서 시간과 노력이 요구되지만, 신뢰 관계를 형성하는 데 가장 도움이 되는 기술이다. 이는 장기적으로 조직문화에 긍정적인 결과를 가져올 수 있다. 그런 관점에서 경쟁형 상사의 갈등관리 방식이 '정크 푸드'라면, 협력형 기술은 '헬스 푸드', 즉 건강식품이다.

다양한 아이디어를 기반으로 문제를 해결할 때 우리는 협력한다. 서로의 능력이나 전문성을 인정하고 의견을 취합하며 함께 대처하기 위함이다. 이 사안이 매우 핵심적인 경우라면 더욱 협력형의 기술이 필요하다. 갈등 당사자 간 지속적인 관계를 위해 적극적인 해결이 필요할 경우도 협력적인 태도가 적합하다. 협력형의 기술을 주로 사용하는 40대 직장인과의 인터뷰 내용을 기억하는가? 동료와의 갈등이 감정싸움이 됐고 협력형의 기술을 통해 잘 해결했다는 인터뷰 말이다. 긍정적인 관계 형성에 걸림돌이 되는 감정상의 문제를 극복하기 위해서도 협력형의 기술은 필요하다.

타협형 최적 활용

타협형의 기술이 적합한 갈등상황을 설명하는 핵심 키워드는 '임시'와 '절충'이다. 시간이 충분하지 않거나 사안이 복잡하여 임시적인 해결책을 도출하는 경우와 갈등 당사자 간 취할 것은 취하고 버릴 것은 버려서 절충하는 것으로 나누어 볼 수 있다.

먼저, 임시적인 해결책이 필요한 직장 내 갈등상황을 살펴보자. 시간이 급박해 빠른 갈등 해결이 필요할 때 완전하지 않더라도 타협형의 기술을 사용한다. 또는 갈등을 오래 끄는 것보다 차라리 임기응변적인 해결안이 필요할 때 적합하다. 그리고 여러 부서 간 협의가 필요한 복잡한 사안에 대해 잠정적인 해결책을 얻으려고 하는 경우 적절하다.

절충하는 것이 적합한 갈등상황은 비슷한 힘을 가진 상대방과 공통적인 목표가 아닌 상호 배타적인 목표를 달성해야 할 경우다. 서로의 욕구가 팽팽하게 맞서 협력형의 기술이 불가능할 때 양보할 것과 그렇지 못하는 것을 하나씩 절충해 가는 것이다. 갈등상황에서 처음부터 타협형의 기술을 활용하기보다는 협력형을 우선하되 시간적 여유와 통합적인 대안이 없을 때 선택하는 것이 바람직하다.

회피형 최적 활용

회피형은 다른 기술에 비해 상대적으로 조직에 부정적인 영향을 미친다. 자신의 욕구도 상대의 욕구도 조직의 이해관계에도 관심이 없기 때문이다. 갈등관리 과정에서 회피만을 고집하면 책임감이 없다는 인식을 만들 수 있고, 불필요한 회피는 오해를 만들어 갈등의 골을 더 깊게 한다. 그렇기에 갈등상황에서 습관적으로 회피형의 기술로 대처했다면, 과연 적합한 방식이었는지 성찰하고 다시 살펴볼 필요가 있다.

하지만 회피형의 기술을 선택적으로 활용해야 할 때가 있다. 갈등상황에서 생각을 가다듬어야 하고 정보를 더 수집해야 하는 경우이거나 제3자가 갈등을 더욱 잘 해결할 수 있다면 회피하는 것은 좋은 방법이 된다. 또 사안이 사소해서 무시할 만한 것일 때 적합한 기술이 될 수 있다. 그러나 대부분 직장에서 겪는 갈등, 특히 업무와 관련한 갈등은 중요하지 않거나 무시할 만한 것이 아니기 때문에 회피형 기술은 장기적으로 효과적인 갈등관리 기술이 될 수 없을 것이다. 그러므로 직장 내 갈등이 발생했다면 이를 무시하지 말고 해결해 나갈 방안을 마련하는 것이 필요하다[9)재인용].

순응형 최적 활용

순응형 기술은 관계 지향적이다. 챕터 2에서 설명한 윌리엄 글래서의 '선택이론'에서 다른 사람과 친밀함을 주고받고 집단에 소속되고자 하는 사랑(Love) 욕구가 강할 때 주로 선택한다. 향후 업무, 승진, 보상, 친분 유지 등의 이유로 상대와의 조화가 특히 필요한 경우 이 기술을 주로 선택한다. 예를 들어, 현재의 갈등보다 다음 단계에서 더 큰 문제가 발생할 가능성이 있을 때, 지금 당장은 다소 손해를 보더라도 상대방의 신뢰를 얻는 것이 더 중요하다고 판단하는 경우가 있다. 또 상대방의 이익이 자신의 이익보다 더욱 중요할 경우 조직 내 갈등에 대해 순응적인 성향을 보인다. 이 기술이 전략적으로 적합한 상황도 있다. 자신의 의견이 더 바람직하지만 이를 끝까지 고수해도 상대방과 갈등이 쉽게 해결되지 않을 것 같을 때 일단 양보한다. 그래서 상대방이 시행착오를 겪고 스스로 무엇인가 느끼게 하고자 하는 경우 활용한다.

양보하면 그 순간 마음이 편할 수 있다. 주변 사람들로부터 너그러운 사람이라는 평가를 받기도 한다. 하지만 모든 갈등상황에 다 순응하고 양보하면 장기적으로 자신에게 가장 힘든 결과를 가져올 수 있다. 자기 의지에 따라 일을 하고 행동의 원천이 자신이란 느낌이 없기 때문이다. 'yes맨' 강조아 팀원처럼 말이다. 이는 조직에도 부정적인 영향을 미친다.

최적 활용 정리

기술	특징	최적 활용 상황
경쟁형	자기방식을 취하는 기술	- 비상상황에서 신속하게 의사결정이 필요한 경우 - 규칙준수와 같이 인기 없는 사안을 시행해야 할 경우 - 조직 전체에 중대한 영향을 끼치는 중요한 문제일 경우
협력형	신뢰 형성에 가장 이상적인 기술	- 매우 중요한 문제에 대해 통합적 해결안이 필요한 경우 - 다양한 아이디어를 기반으로 갈등을 해결해야 할 경우 - 지속적인 관계가 필수적인 경우 - 감정상의 문제를 극복해야 할 경우
타협형	'임시'와 '절충'의 기술	- 복잡한 문제에 잠정적 해결이 필요한 경우 - 동등한 협상력을 가진 서로가 배타적인 목표를 가질 경우 - 임기응변적인 해결안이 필요한 경우
회피형	갈등상황에 관심이 없는 기술	- 문제가 사소하고 다른 논제가 더 긴급한 경우 - 생각을 가다듬거나 정보를 더 수집해야 할 경우 - 제3자가 갈등을 더욱 효과적으로 해결할 수 있는 경우
순응형	관계지향적 기술	- 다음을 위해 상대의 신뢰 획득이 필요한 경우 - 이슈의 중요성이 상대에게 훨씬 큰 경우 - 상대와 조화가 특히 필요한 경우 - 시행착오를 통해 상대방 스스로 무엇인가 느끼게 하려는 경우

[표 3-1] 갈등관리 5가지 기술의 최적 활용 정리

*출처: 박효정(2019), 『조직 갈등관리 트레이닝북』, 서울: brain LEO.
　　　Thomas, K.W., & Kilmann, R.H.(1974). Thomas-Kilmann Conflict-Mode Instrument. Palo Alto, CA: Xicom.
　　　은재호(2011), "중앙부처 공무원의 갈등대처 유형에 관한 연구: 갈등대처유형과 조직몰입도 및 직무만족도와의 관계",
　　　한국행정연구원, 2011(0), 1-214.
*저자 재구성

4
갈등, 피할 수 없다면 '기술'로 유연하게 즐겨라

습관적인 자신의 갈등관리 방식에서 벗어나 상황에 따라 유연하게 갈등관리 기술을 활용하자.

위에서 짓눌러도 티 낼 수도 없고
아래에서 치고 올라와도 피할 수 없네
무섭네 세상 도망가고 싶네
젠장 그래도 참고 있네 맨날
아무것도 모른 채 내 품에서 뒹굴거리는
새끼들의 장난 때문에 나는 산다
힘들어도 간다 여보 애들아 아빠 출근한다
가수 싸이의 '아버지' 노래 중에서

직장 생활은 노래 가사처럼 상사와 갈등하고, 후배와 갈등하는 연속이다. 그 갈등을 피하고 싶어도 피할 수 없는 곳이 바로 직장이다. 갈등을 완전히 없앨 수는 없지만, 최소화할 수 있다면 그것이 가장 좋은 방법일 것이다. 하지만 "피할 수 없다면 즐겨라"라는 말처럼 갈등을 피할 수 없다면 '기술'로 즐겨 보는 건 어떨까? 직장 내 갈등이 반드시 부정적인 것만이 아니라 적절하게 잘 관리될 경우 오히려 개인과 조직에 긍정적인 영향을 미칠 수 있기 때문이다. 이러한 관점에서 지금까지 갈등을 효과적으로 관리하는 5가지 기술을 충분히 이해하고 자신의 지배적인 갈등관리 방식을 확인했다. 그리고 갈등에 대한 자신의 습관적 반응이 아니라 상황에 따라 탄력적으로 대처할 수 있도록 갈등상황별 적합한 기술도 살펴봤다.

갈등상황을 기술로 즐기기 위해서는 '유연함'이 필요하다. 유연하다는 것은 한쪽으로 치우치지 않고 융통성이 있다는 의미이다. 갈등이 싫어서 무조건 'Yes'만 해 왔다면 자신의 습관적 생각과 행동에서 벗어나, 경우에 따라 'No'라고 표현할 줄 알아야 한다. 내 의견만 고집했다면 다른 사람의 주장도 들어 보고자 해야 한다. 그때그때의 상황에 따라 적절하게 대처하는 것이 바로 유연한 갈등관리 기술이다.

골프채인 '클럽'은 종류가 다양하다. 골퍼는 상황마다 클럽을 바꿔서 선택한다. 공을 보내야 하는 거리, 골퍼의 비거리, 잔디의 길이, 코스의 특징 등에 따라 클럽을 다르게 사용하는 것이다. 같은 종류의 아이언 클럽이라 하더라도 번호에 따라 비거리가 다르고, 같은 번호의 클럽을 사용하더라도 골퍼에 따라 비거리는 달라질 수 있다. '이런 상황엔 이 클럽을 사용하는 것이 좋다'라는 평균적인 기준은 있지만, 그 기준은 사용자인 골퍼와 상황에 따라 달라질 수 있다.

갈등관리의 기술도 마찬가지이다. 절대적인 갈등관리 기술은 없다. '이런 상황엔 무조건 이 기술'이라는 무조건적 정답도 없다. 오히려 정답을 갖는 게 더 위험하다. 상황에 맞게 유연하게 대처해야 한다. 예를 들자면 의사 결정의 신속성, 이슈의 중요성, 상대방과의 관계성 등 상황에 따른 갈등관리 기술을 사용하는 것이 이상적이다. 그러므로 습관적인 자신의 문제해결 방식에서 벗어나 상황에 따라 유연하게 갈등관리 기술을 활용하길 바란다.

Unconflict 언컨플릭

04

상사와 후배의 갈등관리

조직 갈등관계에 관한 설문조사를 살펴보면 대부분 1위는 상사와 후배 간의 갈등이다. 한 배에 같이 탄 동료가 아니라 스트레스의 근원이자, 퇴사의 원인이라고 한다. 그러나 갈등 상황 속에서도 각자의 역할을 인식하고, 갈등관리 5가지 기술을 적절하게 사용한다면 상호 WIN WIN하는 관계로 발전할 수 있다. 같은 배에 탄 상사와 후배, 그리고 갈등. 과연 함께할 수 있을까?

1
상사와 후배, 왜 갈등하는가

수직적 기업문화와 세대의 차이로
상사와 후배는 갈등할 수밖에 없다.
그러므로 더욱 슬기로운 갈등관리가 필요하다.

친한 친구와 동업하지 않는 이유

"아무리 친한 사이라도 절대 동업하지 마라."

가까운 지인이 동업한다고 하면 이 말부터 떠오른다. 우리 사회의 오래된 금기 중 하나이다. 함께 일을 할 때의 시너지보다 갈등을 더 염려하는 것이다.

사업을 시작한 한 부부가 있다. 평소 사이가 좋았던 그들은 환상의 호흡을 자랑했다. 사업은 초반부터 자리를 잡아 갔다. 그러나 함께 사업을 한 지 1년이 지난 지금, 잉꼬부부의 명성은 사라진 채 이제는 어떻게 하면 따로 떨어져서 일할 수 있을지가 고민이라고 한다. 필자에게 부부 동업은 절대 하지 말라는 충고와 함께 말이다.

　이처럼 함께 일을 하면 더 많은 갈등이 발생하는 이유는 무엇일까? 바로 성향이나 가치관 차이의 관계갈등은 물론 업무 처리 방식, 의사 결정 방향 등의 업무갈등까지 일어날 확률이 높아지기 때문이다. 특히 조직 같은 경우 부서 내, 부서 간, 고객 간, 협력사 간 갈등의 대상이 훨씬 다양하여 그만큼 이해관계가 복잡할 수밖에 없다. 함께 일하는 조직 내 갈등은 피할 수 없는 운명과 같다.

지금도 상사와 후배는 갈등하고 있다

　그렇다면 챕터 1에서 제시된 것처럼 조직에서 유독 상사와 후배의 갈등이 많은 이유는 무엇일까? 위계가 강한 수직적 조직문화, 간극이 극적으로 큰 조직 내 세대 차이를 이유로 들 수 있다. 2020년 대한상공회의소가 발표한 '한국기업의 세대갈등과 기업문화 종합진단보고서'에 따르면 직장인의 10명 중 6명이 세대차이를 느낀다. 상명하복식 수직적 업무방식과 소통관행 탓에 위 세대보다 아래 세대가 업무 부정적 영향도를 더 크게 느끼고 있었다[1].

　이러한 수직적 조직 문화는 상사와 후배의 갈등관리 기술에도 영향을 미친다. 앞에서 언급한 바와 같이 조직 내 상급자일수록 경쟁형 갈등관리 기술을 사용한다[2]. 팀 내 의사 결정자는 다양한 의견을 하나의 방향으로 모아야 하기에 늘 쉽지 않은 상황에 직면한다. 특히 한정된 시간과 자원

속에서 빠르고 효율적인 결정을 내려야 할 때, 팀원의 특성이나 갈등 상황을 충분히 고려하지 못한 채 익숙한 '경쟁형' 갈등관리 방식에 의존하기 쉽다.

반면, 조직 내 하급자인 경우 상급자에 비해 회피형 갈등관리 기술을 더 많이 사용한다. 습관적인 회피는 업무 생산성 저하는 물론 이직의도, 즉 퇴사에 큰 영향을 미친다[3]. 잡코리아의 조사에 따르면 직장인의 퇴사 사유 1위는 '상사, 동료와의 갈등'이었다. 여기서 주목해야 할 점은 갈등으로 인해 사표를 제출했음에도 '상사에게 그 사유를 밝히지 않았다'는 비중이 무려 52.1%였다. 퇴사 사유를 밝히지 않은 이유는 '알린다고 해도 달라지는 것이 없을 것 같아서'가 가장 많이 꼽혔다[4]. 이렇듯 수직적인 조직 문화와 경직된 갈등관리는 상사와 후배를 더욱 갈등하게 만든다.

상대와 상황에 따라 유연하게 관리하기

상사라고 해서 무조건 강력한 리더십만을 발휘하거나, 또 후배라고 모든 갈등을 회피하지 않는다. 그러나 앞서 언급한 바와 같이 조직에서 맡은 역할에 따라 경직된 갈등관리 기술을 사용할 수 있다. 그러므로 스스로 갈등관리 기술을 점검하며, 5가지의 갈등관리 기술을 유연하게 활용할 수 있도록 노력하는 것이 중요하다. 현 업무도 벅찬 상황에서 상사가 급하게 또 다른 업무를 지시한다고 가정하자. 추가된 업무를 '한다 or 안 한다'의 흑백논리적 사고로 과한 경쟁이나 회피적인 태도를 보이기보다는 먼저 상사의 성향, 업무 지시 배경과 긴급도, 대안 유무, 업무 조정 가능성 등을 분석해 보는 것이다. 그렇다면 업무량이나 마감 일정을 조정하거나, 여유가 되는 동료와 처리하는 등 보다 더 합리적인 갈등관리 방안이 나올 수도 있다. 갈등관리에 정답은 없다. 하지만 상대와 상황을 파악하고 유연하게 접근한다면 분명히 갈등은 슬기롭게 관리될 수 있다. 지금부터 사례를 통해 상사와 후배 간 갈등을 함께 풀어 보자.

2
자신의 의견만 주장하는 상사와의 갈등관리

자기주장이 강한 상사와 일하고 있는가?
상사의 의견을 존중하는 태도와 논리적인 자료로
다시 한번 제안해 보자!

"팀장님, 제 의견도 좀 들어 주세요!"

화장품 마케팅팀에 근무하는 이열정 팀원은 김소심 팀장과 제품 홍보 기획 및 모델 캐스팅 관련 회의를 하고 있다.

> 이열정 팀원: 팀장님. 저희가 지금까지 신예 배우를 섭외했었는데, 이번에는 뷰티 유튜버로 섭외하는 건 어떨까요?
>
> 김소심 팀장: 뷰티 유튜버? 누구요? 대표작이 뭔가요?
>
> 이열정 팀원: 요즘 20~30대 여성 사이에서는 굉장히 핫한 인물인데 OOO라고 합니다. 유튜브 구독자가 73만이고요. 저희 팀원들도 구독 중입니다.
>
> 김소심 팀장: 일반인을 모델로 쓰는 게 난 좀 낯설게 느껴지네요. 요즘 친구들이 많이 아는 모델 맞아요?
>
> 이열정 팀원: 그럼요! 영상 하나 보여 드릴까요? (영상 시청) 이렇게 홍보영상과 이미

지 광고 촬영까지 해서 비용은 1,XXX만 원이라고 합니다.

김소심 팀장: 네??? 아니, 무슨 배우보다 가격이 더 높아? 모델료 제대로 알아본 거 맞습니까? 이럴 바에는 아무래도 배우가 낫겠어요. 신선한 마스크의 배우를 찾아서 다시 회의하도록 하죠.

이열정 팀원: 지금까지 신예 배우로 했었는데 별로 광고효과 없지 않았습니까?

이열정 팀원은 자신의 주장만 되풀이하는 김소심 팀장 때문에 불편한 감정이 훅! 올라왔다. '새로운'이라는 말이 무색하게 '기존의 방법과 모델이 제일 낫겠다'며 이열정 팀원의 의견을 전혀 수렴하지 않았기 때문이다. 부정적인 감정이 올라왔을 때 바로 대화를 나누는 것은 갈등관리에 효과적이지 않다. 감정적인 대화는 상대를 비난하는 에너지로 쓰게 될 확률이 높기 때문이다. 결국 그 대화의 끝은 싸우거나 도망가게(fight or flight) 될 가능성이 높다. 싸우게 되면 '아, 이 말은 하지 말 걸.' 도망가게 되면 '아, 이 말은 했어야 했는데'라는 후회가 머릿속을 떠나지 않는다. 지금부터 객관적인 시각으로 갈등 전체를 분석한 후 김소심 팀장과의 후회 없는 전략적 갈등관리 방안을 찾아보자.

상사와 의견을 맞춰 가는 갈등관리 전략 수립하기

1) 입장: 대화를 통해 각자의 요구 정리하기

대화를 통해 드러난 각자의 입장을 정리해 보자. 이때 유의할 점은 내 선입견이나 편견으로 상대의 입장을 왜곡하거나 생략하지 않는 것이다. 또한 나 역시 상대방이 왜곡, 생략될 수 있게 표현하지 않았는지 곰곰이 생각해 볼 필요가 있다[5]. 김소심 팀장은 제품 홍보방안으로 기존 방법을 유지하길 바랐다. 모델 역시 이전처럼 대중성이 있는 신예 배우를 고용하자는 의견을 내세웠다. 반면, 이열정 팀원은 주고객층의 특성에 맞춰 유튜브 영상광고와 인플루언서 모델을 활용한 홍보 방안을 제시했다. 이것이 이 회의를 통해 두 사람이 표면적으로 드러낸 입장이다.

2) 이해관계: 김소심 팀장이 진짜 원하는 욕구 파악하기

챕터 1에서 언급한 바와 같이 이해관계(Interest)는 그 사람이 그런 입장을 표현한 감정, 욕구, 상대의 상황을 의미한다. 상대의 이해관계를 최대한 파악하고, 이해하고, 공감하는 것이 갈등관리의 기본이자 핵심이다.

그러나 이해관계는 입장의 이면에 숨겨져 있는 경우가 대부분이다. 일이 남아 야근을 하는 상사가 후배에게 "이 대리는 먼저 퇴근해."라고 말해 놓곤 후배가 정말 퇴근하면 '가란다고 진짜 가네'라고 생각하는 것처럼 말이다. 심지어 본인의 이해관계를 인식하지 못하기도 한다. 이런 경우 앞뒤 없이 고장난 녹음기처럼 자신의 입장만 주장한다. 그러므로 상대는 물론 본인의 이해관계까지 명확히 파악하는 것이 중요하다.

위 사례의 이해관계를 살펴보자. 보수적인 성격의 김소심 팀장은 이열정 팀원과의 대화에서 "일반인을 모델로 쓰는 게 난 좀 낯설게 느껴지네요. 요즘 친구들이 많이 아는 모델 맞아요?"라며 낯선 기획안에 대한 경계심을 보였다. 평소에도 팀의 책임자로서 새로운 기획을 시도하는 것을 부담스러워했을 것이다. 특히 예산을 넘는 비용을 감수하면서 새로운 기획안을 추진하는 것은 김팀장에게 매우 큰 도전일 것이다. 반면 이열정 팀원은 아이디어가 많고 업무에 적극적이다. 해당 제품에 대한 자신감도 있다. 제품은 좋으나 홍보방안이 탁월하지 못했다는 평가는 부서 내에서 지배적이다. 그러나 이를 알면서도 기존 방법만 고수하는 상사가 답답하다. 또한, 본인이 올해 승진 대상자이기 때문에 제대로 된 성과를 내고자 하는 욕구가 있다.

3) 갈등관리 실전: 서로 원하는 것을 최대한 충족하기

서로 다른 입장과 이해관계를 가지고 있지만 궁극적으로 두 사람 모두 효과적인 홍보를 기획하고 싶다. 다만 김소심 팀장은 개인적 업무 성향과 팀장이라는 위치로 인해 '새로운 기획'에 대한 '불안'과 '부담'을 갖고 있다. 그러므로 새로운 기획안에 대한 확신만 제대로 준다면 팀장도 팀원도 모두가 만족하는 결과를 얻을 수 있을 것이다.

김소심 팀장에게 인플루언서, 유튜브는 '새로움'을 넘어 '낯설게' 느껴진다. 낯선 것은 막연한 두려움을 준다. 기획안을 김팀장에게 설명할 때에는 전체적인 개념을 이해할 수 있도록 배경 정보를 준비하는 것이 필요하다. 가장 중요한 것은 팀장의 의견을 존중하며 갈등의 승패를 두지 않는 유연한 자세이다.

갈등관리 프로세스에 따라 분석해 본 두 사람의 입장과 이해관계, 갈등관리 전략은 아래와 같다.

구분	김소심 팀장	이열정 팀원
해결해야 할 문제	효과적인 홍보 기획 및 모델 캐스팅하는 것	
입장	기존의 방법 유지, 대중성 있는 배우를 캐스팅하는 것이 효과적이다.	주 고객층에 맞게 유튜브 및 인플루언서를 활용한 광고가 효과적이다.
이해관계	리더로서 새로운 프로젝트를 진행하고, 이를 책임져야 하는 것이 불안하다. 추가 예산을 받는 것이 부담스럽다.	광고효과가 없는 기존방식은 하고 싶지 않다. 새로운 기획안으로 실력을 인정받고 싶다.
김소심 팀장과의 갈등관리 전략	- 서로 해결해야 할 문제와 목표가 같다는 것을 상기시킨다. - 상사의 의견에 동의하지 않더라도 그 의견 자체는 존중한다. (의견의 다양성을 존중한다.) - 유튜브 크리에이터, 인플루언서에 대해 팀장이 충분히 이해할 수 있도록 설명 자료를 준비한다. - 유사업계의 광고 성공 사례(매출, 검색어 순위 상승 등)를 비롯한 객관적인 설득 자료를 준비한다. - 광고예산을 파악하여 추가예산 없이 진행할 수 있는지 확인한다.	

"팀장님, 제 생각은 이렇습니다!"

그렇다면 팀장의 불안한 마음을 해소시키는 동시에 더 준비된 자료를 바탕으로 홍보 기획을 다시 한번 제안해 보는 이열정 팀원의 전략을 살펴보자.

이열정 팀원: 팀장님께서 말씀하신 신예 배우 중 저희와 잘 맞을 것 같은 모델은 이렇습니다. 그런데 저번에 말씀드린 유튜버 모델에 대해서도 좀 더 보완해

봤습니다. 한번 더 재고해 주셨으면 합니다.

김소심 팀장: 그래요? 그럼 기획안 다시 봐 보죠.

이열정 팀원: 요즘 유튜브가 개인 방송국이라고 할 만큼 전문성과 시장성이 확대되었어요.(인플루언서 및 유튜버의 개념 설명, 주 고객층의 유튜브 시청 시간, 인플루언서의 시장 경쟁력 등) 이러한 근거로 이번에는 새롭게 홍보 방안을 추진해 보는 것이 분명 더 의미가 있을 거라고 생각합니다. 실제 저희 경쟁업체인 A는 유명 유튜버 ***와 광고를 진행했습니다. 결과적으로 매출과 검색어 순위가 상승되었고 추가적인 홍보 포스팅, 영상이 업로드 되는 등 좋은 성과가 있었습니다. 물론 예산을 초과하는 부분을 무시할 순 없기 때문에 긍정적으로 검토해 주신다면 에이전시 쪽이랑 다시 이야기해 보겠습니다. 혹시 에이전시 쪽에서 절대 협의가 어렵다고 하면 저희 예비비와 판촉 제작비를 이번 광고로 집행하는 게 가능한지도 검토 부탁드립니다.

김소심 팀장: 이열정 팀원이 준비를 많이 했네요. 사실 나는 유튜브를 잘 안 봐서 홍보로 효과가 있을까 싶었는데…. 타사 광고도 그렇고 한번 고려해 볼 만한 사항인 건 분명해 보이네요. 다시 검토해 보겠습니다.

이열정 팀원: 네, 팀장님. 감사합니다. 혹시 필요한 자료가 있으면 언제든 말씀 부탁드립니다.

이 정도면 이열정 팀원이 할 수 있는 한 '최선'을 다한 갈등관리가 아닐까? 그러나 협력하는 것만이 답이 아닐 수 있다. 오히려 협력을 요청할수록 상사가 더 부정적으로 반응할 수도 있다. 그렇다면 다시 한번 상사의 입장과 이해관계, 갈등이 발생한 요인들을 고려하여 갈등관리 전략을 수

정한다. 그런데도 팀장이 자신의 주장대로만 이끌어간다면 이를 순응하는 것도 갈등관리의 방법이다. 나의 제안이 꼭 받아들여져야 한다는 전제를 갖지 않는 것 또한 갈등관리에서 중요한 마음가짐이다. 홍보 예산이 부족하다면, 현 예산에 맞는 새로운 인플루언서 고용으로 타협하는 것도 하나의 방법이다.

3
갈등도 책임도 피하려는 후배와의 갈등관리

문제나 갈등해결에 소심한 후배가 있는가?
대화의 타이밍과 속도를 맞춰
명확하게 피드백해 보자!

도대체 무슨 생각하고 있는 겁니까?

보험 영업팀에서 근무하는 초예민 팀장은 새로 출시된 보험 상품 리플릿 제작을 이소리 선임에게 맡겼다. 신상품 출시 때마다 해 오던 작업이었다. 보험 상품 리플릿은 인쇄 후 전사로 배포되었지만 상품명에 치명적인 오타가 있었다. 이소리 선임은 리플릿을 받은 직후 발견했지만 몇 시간이 흐른 뒤에야 팀장에게 보고했다.

초예민 팀장: 이 선임, 리플릿 작업이 간단하다고 대충 만들 자료가 아니잖아요. 설계사 분들은 물론이고 고객에게까지 전달되는 자료인데 지금 뭐하자는 건가요?

이소리 선임: 죄송합니다...

초예민 팀장: 죄송한 게 아니고 상품명에 오타난 거 알았으면서 왜 바로 보고 안 했습니까? 바로바로 보고해야지 내가 발견할 때까지 기다렸습니까?

이소리 선임: ...

초예민 팀장: 도무지 이해가 안 되네... 일을 어려운 걸 시킨 것도 아니고, 실수했으면 빨리빨리 처리해야지 이렇게 말 안 하고 있으면 나 보고 어떻게 하라는 겁니까? 전사에 다 배송됐는데!

이소리 선임: 죄송합니다...

초예민 팀장: 아니 됐고, 인쇄업체에 내가 연락할 테니 다음부터 이런 일로 실망시키지 맙시다.

이소리 선임: 네...

처음 문제라고 생각한 것은 이소리 선임의 리플릿 제작 실수였다. 그러나 초예민 팀장이 곰곰이 생각해 보니 이소리 선임은 평소에도 중간보고나 본인 의견표현이 없는 편이었다. 팀장으로서 업무적 피드백을 할 때에도 유독 당황하고 불편해했다. 즉, 원활하지 못한 업무대화 자체가 더 큰 문제라고 생각이 들었다.

그렇다면 다시 갈등 상황으로 돌아가 원활한 대화를 통해 상사와 후배가 함께 문제해결에 참여할 수 있는 방안을 찾아보자.

후배와 함께 문제를 해결하는 갈등관리 전략 수립하기

1) 입장: 대화를 통해 각자의 요구 정리하기

두 사람의 대화로 다시 되돌아가 보자. 직전 사례와는 다르게 입장을 정리하기가 어렵다. 왜냐하면 이소리 선임의 대화에서 "네... 죄송합니다..." 외에는 본인의 입장을 표현하지 않았기 때문이다. 본인의 실수로 인해 경직된 분위기 속에서 이소리 선임은 말을 할 수가 없었다. 반면 초예민 팀장은 이소리 선임의 태도에 대해 자동적 사고(Automatic Thoughts)가 일어난 대로 표현을 했다. 업무를 대충하고, 실수를 숨기려 했다는 감정적 추론으로 이소리 선임을 비난했다.

2) 이해관계: 이소리 선임이 진짜 원하는 욕구 파악하기

사실 이소리 선임도 할 말이 없어서 안 한 것은 아니다. 최종 시안을 인쇄업체에 넘긴 직후 오타를 발견하여 인쇄업체 담당자에서 수정을 요청했었다. 수정해서 출력하겠다는 담당자의 말만 믿고 최종 확인을 하지 않은 실수는 스스로도 인정하고 있다. 그러나 초예민 팀장에게 보고하기 전 인쇄업체와 통화하여 이 문제를 가장 합리적으로 해결할 수 있는 방안을 강구하느라 보고 시간이 다소 늦어졌던 것이다. 일부러 넘어 가려는 마음은 절대 아니었다. 이 상황을 보고하면 화부터 낼 초예민 팀장의 성격을 알고 있기에 입이 떨어지지 않았던 것도 사실이다. 그러나 평소 소심하고 갈등상황을 극도로 꺼려 하는 이소리 선임은 상대방과 자신의 욕구에 관심을 두기보다는 갈등의 분위기에서 빨리 벗어나고 싶어 한다. 게다가 다소 감정적인 표현으로 쏘아붙이는 초예민 팀장과의 갈등상황에서는 더욱 빨리 벗어나고 싶었을 것이다.

초예민 팀장이 진짜 원하는 이해관계는 무엇일까? 과연 이소리 선임을 다그치고 혼내는 것일까? 아니다. 발생된 문제를 합리적으로 해결하는 것이다. 더 나아가 원활한 대화로 이소리 선임이 더욱 적극적으로 문제해결에 참여하길 바란다.

3) 갈등관리 실전: 안전한 분위기로 대화하기

혈액의 원활한 흐름은 전신이 온전한 기능을 수행하게 하는 가장 기초적인 조건이다. 이처럼 조직이 온전한 기능을 수행하기 위한 기초적인 조건은 바로 원활한 커뮤니케이션이다. 조직 내 원활하지 못한 커뮤니케이션은 단순한 정체현상과 마비로 그치는 것이 아니라 조직을 망가뜨리게 되는 주요인이 된다.

원활한 커뮤니케이션을 위해서 '내가 비난받지 않을 것'이라는 믿음을 주는 '심리적 안전감'은 필수이다. 조직 내 문제가 발생했다 하더라도 비난은 금물이다. 피드백은 문제에 초점을 맞추지만 비난은 사람에게 초점을 맞춘다. 비난으로 둔갑한 피드백은 문제해결에 전혀 도움이 되지 않는다. 갈등관리 측면에서 비난은 업무갈등에서 벌어진 문제를 관계갈등으로 악화시키는 원인이 된다. 문제를 발생시킨 후배와 대화할 때 이를 유념해야 한다[5)재인용].

갈등관리 프로세스에 따라 분석해 본 두 사람의 입장과 이해관계, 갈등관리 전략은 아래와 같다.

구분	초예민 팀장	이소리 선임
해결해야 할 문제	오타가 발생한 상품설명 리플릿을 수정하여 재배포하는 것	
입장	간단한 일을 왜 실수하는지 답답하다. 왜 보고하지 않았는지 이해가 안 간다. 문제는 본인이 직접 해결하겠다.	죄송합니다.
이해관계	이소리 선임이 보고를 바로 하길 바란다. 문제를 합리적으로 해결하고 싶다. 평소 업무적 대화가 원활하기 바란다.	상사가 무섭다. 갈등 상황을 빨리 넘기고 싶다. (입장과 이해관계를 파악하기 어려움)
이소리 선임과의 갈등관리 전략	- 이소리 선임의 이야기를 듣기 전에 문제상황을 주관적으로 판단하지 않는다. - 자신의 감정과 경험을 먼저 공유한다. - 적절한 질문을 활용하여 주고받는 대화를 유도한다. - 문제에 대한 지적보다는 문제해결 중심으로 대화한다. - 초예민 팀장이 발언 기회 및 시간을 독점하지 않도록 유의한다. - 갈등에 대한 부정적인 인식을 전환시킨다. - 이 선임을 문제해결에 참여시킨다. - 이 선임이 문제해결에 대한 의견을 제시했을 때 가능한 범위 내에서 최대한 수용한다.	

이 문제에 대해 어떻게 생각하나요?

지금부터 문제를 발생시킨 '사람'을 비난하는 대화가 아닌 가장 합리적인 '문제해결'에 집중한 대화를 살펴보자.

초예민 팀장: 이소리 선임, 리플릿 자료 어떻게 된 거예요?

이소리 선임: ...

초예민 팀장: 상황에 대해서 잘 설명해 줄수록 우리가 더 효과적으로 문제를 해결할 수 있어요. 문제를 지적하려는 게 아니라 해결하려는 거니까 편하게 이야기해 주세요.

이소리 선임: 제가 최종본을 확인 안 한 실수입니다. 죄송합니다.

초예민 팀장: 인쇄업체가 우리 회사 것만 작업하는 게 아니니까 간단한 작업이라도 꼼꼼히 확인해야 합니다. 그리고 보고가 조금 늦은 거 같은데 무슨 일이 있었나요?

이소리 선임: 인쇄사와 통화해서 어떻게 된 건지 확인해 보고 빠른 인쇄가 가능한 방법을 확인해 보느라 늦었습니다. 죄송합니다.

초예민 팀장: 그랬구나. 앞으로는 이런 긴급하고 중요한 사안은 즉시 보고해야 합니다. 이 선임이 책임감 있게 하는 건 좋지만 서로 이야기하다 보면 혼자 생각한 것보다 더 좋은 해결 방법이 나오기도 하니까요.

이소리 선임: 네, 알겠습니다. 죄송합니다.

초예민 팀장: 자 그럼 이제 어떻게 할까요? 신제품 출시일에 맞춰 리플릿은 나가야 하는데 인쇄업체에서는 뭐라고 했죠?

이소리 선임: 인쇄업체 쪽에 확인해 본 결과, 내일 오전까지는 어렵고 대신 무광택 용지로 출력하면 오늘까지 가능하다고 합니다.

초예민 팀장: 음... 대안책이 몇 가지 있을 거 같은데, 이 선임은 어떤 게 가장 좋을 거 같나요?

이소리 선임: 당장 설계사님들이 사용해야 하니까 일단 이틀 정도 사용할 수 있는 분량은 무광택으로 주문하고 나머지 수량을 원래 주문했던 코팅용지로 다시 보내는 게 어떨까 싶습니다.

초예민 팀장: 그래요. 그게 가장 합리적일 것 같네요. 이번에는 차질 없도록 잘 처리해

주고, 문제 발생하면 바로바로 소통합시다. 그럼 마무리하고 오늘까지 다시 보고하세요.

이소리 선임: 네 팀장님. 다음부터 더 꼼꼼하게 진행하겠습니다.

평소 문제나 갈등상황을 피하는 것에 익숙한 '회피형' 직원과 대화를 나누는 것은 쉽지 않다. 발생한 문제가 중대하지 않다면 오히려 한 번 쯤은 눈감아 주는 것도 갈등을 관리하는 방법일 수 있다. 대화 시 가장 중요한 것은 후배의 대화 타이밍을 만들어 주고, 기다려 주는 것이다. 피드백을 할 때에는 사람(누가 그랬어?)이 아닌 문제(무슨 일이지?)에 집중한다. 문제해결 관점에 우리가 해야 할 것과 하지 말아야 할 것을 피드백하는 것이 가장 기본이자 중요한 원칙임을 잊지 말자.

4
왜 노력해도 갈등이 관리되지 않을까

갈등을 관리해도
문제가 크게 개선되지 않는 상사와 후배!
개인, 상황·구조, 관계, 업무 요인으로
다시 한번 갈등을 분석해 보자.

창의적 갈등관리를 위해 고정된 프레임에서 벗어나자

갈등관리를 위해 최선을 다해도 해소되지 않을 때가 있다. 입장이나 이해관계에 대해 깊게 고민했음에도 말이다. 그 이유는 무엇일까?

갈등의 원인은 하나로 특정 지을 수 없으며 복합적이다. 대표적인 원인에만 초점을 맞춰 단순하게 대응하는 방법은 갈등관리에 효과적이지 않다. 대부분 관계 갈등은 사람으로, 업무 갈등은 업무로 접근해 관리하려고 한다. 그러나 갈등의 원인이 사람 간의 관계로 지목되더라도, 사실은 조직문화나 업무의 특성이 관계에 영향을 미치는 경우도 많다[6]. 그러므로 갈등은 다각적으로 분석하고 접근하는 것이 필수이다.

그렇다면 다음 주어진 갈등 상황과 관리 방안을 살펴보고 더 나은 갈등관리 방안을 함께 고민해 보자.

사례1. 상사와 후배의 연차 사용에 관한 갈등

**팀원들과의 갈등으로 지친
유보수 팀장의 이야기이다.**

"지난주에 주말 붙여 연차를 사용한 신이나 팀원이 갑자기 내일 당장 이틀 간 연차를 또 사용하겠다고 하더군요."

유보수 팀장: 이렇게 갑작스럽게 이틀이나 연차를 사용하는 이유는 뭔가요?
신이나 팀원: 개인적인 사유라 말씀드리기 어렵습니다.
유보수 팀장: 그렇군요... 그럼 업무에는 차질 없는 거죠? 이 대리와는 상의했습니까?
신이나 팀원: 네. 문제없습니다.
유보수 팀장: 연차 쓰는 건 좋은데 가능하면 미리미리 공유합시다! 지난주에도 연차 썼는데 이렇게 갑자기 이틀이나 쓴다고 하니 동료들에게도 보기 좋지 않을 수 있어요.
신이나 팀원: 팀장님, 제가 업무 차질 없다고 말씀드렸고, 동료들과도 협의한 사항이고, 제 연차 범위 내에서 사용하는데 그렇게 말씀하시니까 조금 당황스럽습니다. 요즘 다른 팀들은 업무 지장 없는 범위 내에서 자유롭게 연차 사용한다는데 저희 팀만 유독 연차에 민감한 거 같습니다.
유보수 팀장: 아니, 내가 다 신 팀원 걱정되어서 말하는 겁니다. 연차 가지 말라는 말이 아니라!

신이나 팀원: 네. 말씀은 잘 이해했습니다. 연차 결재해 주신 걸로 알겠습니다. 감사합니다.

"이러고는 휙~ 가 버리는 겁니다. 뭐 요즘 친구들 본인 연차 중요하게 생각하는 거 아는데 그렇게 정색하면서 말하는 게 맞습니까? 정말 저 때와 다른 거 같습니다. 제가 주임 눈치를 다 보고 있네요. 그래서 제가 연차 사용에 대한 가이드를 정리해서 메일로 보내 줬습니다. 그런데도 연차를 너무 본인 마음대로 쓰니까 뭘 더 어떻게 해야 할지 모르겠네요."

조직 내에서 흔히 볼 수 있는 상하 간의 갈등사례이다. 본 사례를 2×2 매트릭스로 갈등 요인을 분석해 보면 다음과 같다[7].

상황·구조적 요인

2. 구조적 관계갈등
- 공정성 등 팀문화에 예민할 수밖에 없는 팀장 VS 개인 워라밸에 예민한 팀원

1. 구조적 업무갈등
- 공식적인 연차문화 없음
- 타 팀에 비해 보수적인 연차문화

관계 ──────────── **업무**

3. 개인적 관계갈등
- 직설적인 후배의 말투
- 자신의 생각을 은연 중 강요하는 팀장의 성격

4. 개인적 업무갈등
- 연차 사용에 대한 상사와 후배의 생각 차이 (차질 없는 업무와 조직 단합력을 중시하는 팀장, 법적으로 보장된 개인의 자유를 누리고 싶은 팀원)

개인적 요인

[그림 4-1] 갈등원인 분석을 위한 2×2 매트릭스_사례 1

이 갈등을 해결하고자 유보수 팀장은 본인이 생각하는 연차 사용 가이드를 팀원들에게 제공하였다. 그러나 협의하지 않은 기준은 강요일 뿐이다. 이러한 갈등관리 방법은 더 큰 불만과 갈등으로 번질 것이다.

연차 사용에 대한 생각이 팀장마다 달라 의도치 않은 팀 간 불공평이 발생했다면 후배들의 노력으로 개선하기 매우 어렵다. 그러므로 조직적 차원에서 개선하는 것이 가장 효과적이다. 실제로 많은 기업들이 팀장의 KPI(Key Performance Indicator, 핵심 성과 지표)에 연차 소진율 반영, 5일 연속 연차 소진을 의무화, 연차 본인 결재와 같이 제도적인 방법으로 불필요한 갈등을 관리한다. 하지만 조직의 변화는 더 많은 시간과 노력이 필요하다. 언제까지 조직의 변화만 기다릴 수는 없다. 그렇다면 팀 회의를 통해 우리 팀만의 그라운드 룰을 만들어 보는 것이다. 이전처럼 팀장의 일방적인 생각을 가이드라인으로 제공하는 것이 아니다. 말 그대로 팀 그라운드 룰. 팀원 전체가 함께 고민하여 합의된 룰을 정하는 것이다. 이때 서로 다른 생각이나 의견들을 공유하고 가장 합리적인 룰을 도출하여 불필요한 갈등의 요소를 사전 제거하는 것이 바람직하다.

사례2. 후배의 업무 미숙으로 선배의 멘토링 포기 선언

**팀원들 간 갈등으로 중간에서 난감한
하소연 팀장의 이야기이다.**

"이번에 저희 팀으로 2명이 부서 이동을 왔습니다. 팀에서 일 잘하는 2명 직원이 있어서 멘토로는 딱이다 싶어 1:1 멘토링을 실시했는데요. 멘토를 맡은 한 친구가 와서는 멘토링 못 하겠다고 하더라고요."

하소연 팀장: 그럼 이 팀원을 어떻게 하나. 어렵겠지만 지금 가르쳐 놔야 결국 차 책임도 편하다는 걸 알지 않습니까?

차가은 책임: 도대체 얼마나 쉽게 풀어서 설명을 해야 하는지… 2주가 지난 지금도 전혀 업무 숙지가 안 됐습니다. 뭔가 발전하는 모습이 보여야 저도 할 의욕이 생기죠. 게다가 제가 팀에서도 업무가 많은 편이라는 거 팀장님 아시지 않습니까. 멘토링까지 너무 버겁습니다.

하소연 팀장: 그럼 업무 조율을 조금 해 볼까요?

차가은 책임: 더 솔직히 말씀드리면 업무도 업무지만 제가 이 팀원하고 성격도 잘 안 맞는 거 같아요. 이 주임이 잘못했다는 게 아니라 그냥 계속 제 옆에 두고 가르쳐야 하는 게 너무 불편해요. 꼭 1:1멘토링 제가 해야 합니까? 차라리 업무를 더 하겠습니다. 저는 정말 못 하겠어요.

"계속 못 하겠다고 하는 것을 제가 거의 사정하다시피 어르고 달래서 업무를 조율하기로 하고 돌려보내긴 했습니다. 괜히 멘토, 멘티끼리 갈등이 생기는 건 아닐까 걱정이 되면서도 막상 다른 차선이 없으니 답답합니다."

갈등의 중간에 선 팀장의 고민이 깊게 느껴진다. 대화를 통해 2×2 매트릭스로 갈등의 요인을 분석해 봤을 때 아래와 같이 파악할 수 있다.

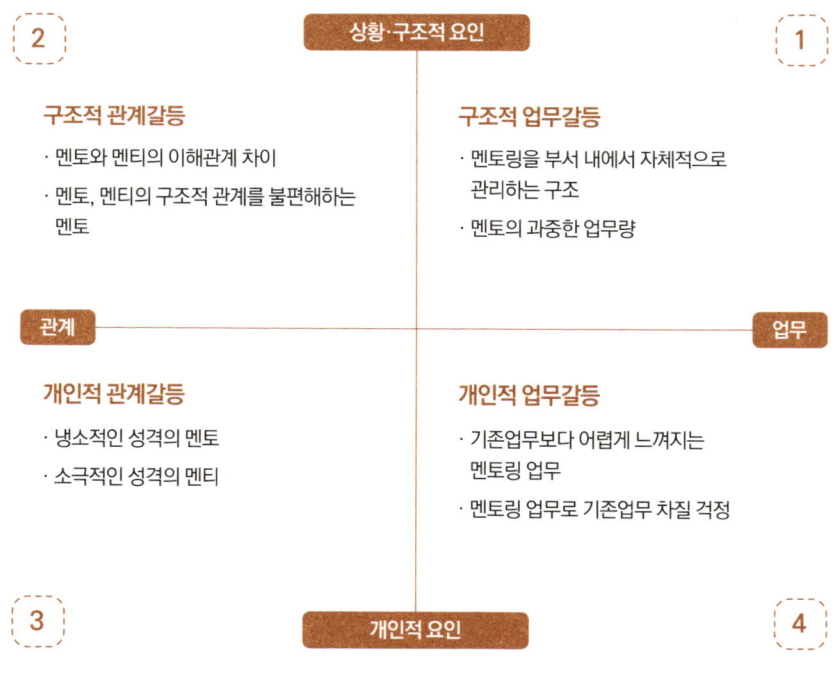

[그림 4-2] 갈등원인 분석을 위한 2×2 매트릭스_사례 2

팀장은 멘토를 맡고 있는 직원에게 부탁과 설득을 통해 갈등을 해소하고자 했다. 또한 멘토의 과중한 업무의 양을 가능한 범위 내에서 조율하였다. 그럼에도 멘토와 멘티의 갈등은 해소되지 못했다.

이 갈등에는 가장 중요한 본질적인 요인이 간과되었다. 바로 해당 부서의 업무 경험이 없는 직원이 부서 이동을 왔을 때, 모든 교육을 멘토에게 떠넘긴 구조적인 업무 갈등이 잠재된 것이다. 업무를 잘하는 직원이라도 후배를 멘토링하는 능력과는 또 다른 영역이다. 처음 해 보는 멘토링 때문에 더욱 많은 에너지를 소모했을 것이다. 이런 요인이 차가온 책임을 정신적으로나 업무적으로 여유 없게 만들어 버리진 않았을까?

구조적 문제해결을 위해서는 전사적으로 활용할 수 있는 OJT프로그램과 코칭 교육이 필요하다. 당장 활용해야 한다면 교육팀에게 멘토링 커리큘럼을 요청해 볼 수 있다. 또는 인사고과 혜택을 주는 것도 하나의 방법이다. 팀 내에서 할 수 있는 갈등관리 방안을 생각해 보자. 멘토와 멘티가 편안한 관계가 될 수 있도록 식사, 소모임 같이 친밀감 형성에 도움이 되는 이벤트를 마련해 주는 것도 좋다. 멘토링의 효과를 높일 수 있는 환경을 조성하는 것이 필요하다. 하루 20~30분이라도 별도의 시간을 정해 코칭한다면 업무와 멘토링의 효율이 올라갈 것이다.

이처럼 우리가 대표 원인에만 집착하는 갈등관리에서 벗어나 개인, 상황, 구조, 관계와 업무까지 고려한 다각적인 갈등관리 방안 수립이 필요하다. 갈등의 원인을 개인에게 찾는 프레임에 가두지 않고 조직 내 '잘못된 룰'을 찾아 구조를 바꾸는 사고의 전환을 잊지 말자.

5

상사와 후배, 갈등과 함께하기

갈등상황 속에서 유연한 갈등관리 기술과 함께 각자의 역할을 이해한다면 상사, 후배, 갈등은 함께할 수 있다.

갈등상황에서 상사의 역할

갈등은 모든 조직에 있다. 표면으로 드러나는가, 그렇지 않은가의 차이일 뿐이다. 그렇다면 갈등과 공존하기 위한 상사와 후배의 역할은 무엇일까?

상사의 권력은 갈등과 매우 긴밀한 관계가 있다. 특히 갈등상황을 승패로 인식하는 경쟁형 상사일수록 자신과 후배의 권력 차이에 집중한다. 권력의 차이가 클수록 자신도 모르게 그 권력을 남용하게 되고 결국 풀지 못할 갈등상황까지 도달하게 만든다[8].

하지만 권력은 에너지와 같다. 일을 할 수 있는 능력으로 정의된다. 즉, 갈등상황에서도 권력이 있는 사람이 훨씬 수월하게 갈등을 풀어갈 수 있다는 의미이다[8)재인용]. 그러므로 상사가 포용의 마음을 가지고 갈등관리에 더욱 적극적으로 임하는 태도가 필요하다.

갈등은 관리만큼 중요한 것이 예방이다. 갈등을 예방하기 위한 다양한 기술들은 이후 챕터에서 다루겠지만 지금 강조하고자 하는 것은 바로 리더 신뢰형성이다. 불확실하거나 위험한 상황에서도 상사의 행동이 일관되고, 조직에게 도움이 될 것이라고 생각하는 구성원의 기대 또는 믿음을 의미한다. 신뢰형성을 위해 평소 조직원 간 명확한 목표 공유와 수평적인 대화를 나눠야 한다. 서로 간의 신뢰는 그 어떤 기술보다도 유용한 갈등예방책일 것이다[9)].

갈등 상황에서 후배의 역할

"여름은 더워서 싫어! 여름이 없어졌으면 좋겠어!"라고 백날 외쳐 봤자 여름은 사라지지 않는다. 조금이라도 덜 덥게, 이왕이면 시원하게 생활하기 위해 가벼운 옷을 입고, 에어컨을 사용하고, 너무 뜨거운 시간에 활동하지 않는 등의 노력을 한다.

상사도 내가 싫다 한들 사라지지 않는다. 즉 바꿀 수 있는 조건이 아니다. 내게 주어진 환경이다. 굴복하고 순응하라는 말이 아니다. 바꿀 수 없는 것에 집중하지 말고 바꿀 수 있는 것에 집중하자는 것이다. 더운 여름을 시원하게 나기 위해 우리가 매일 노력하는 것처럼 말이다.

상사를 설득하는 것도 개인의 역량이다. 상사를 설득하지 못하는 것이 상사의 고집일 수도 있지만 한편으로는 후배가 면밀하게 준비하지 못했다는 방증일 수도 있다. 카네기 멜론 대학의 로버트 캘리(Robert. E. Kelly)는 팔로워십의 모범형 유형의 조건으로 독립적, 비판적 사고(Independent, Critical Thinking)를 제시했다. 이처럼 갈등상황에서 무조건 회피하기보다는 독립·비판적인 사고를 바탕으로 논리적으로 설득해 보자.

요즘 후배직원 때문에 힘들어하는 상사의 하소연을 들어 보면 세대갈등을 빼놓을 수 없다. 물론 자신의 프레임에 갇혀 기존의 방식만 고수하는 기성세대의 이슈도 있지만, 또 다른 자신만의 프레임에 갇혀 기존 방식을 무조건 거부하는 후배 세대의 이슈도 간과해서는 안 된다. 자기 논리의 함정에 빠져 객관적인 시각을 잃지 않도록 겸손을 잃지 않는 태도가 필요하다[10].

상사와 후배의 갈등관리 3가지 Tip

첫째, 서로 구조적 관계가 다름을 인정하라.
상사와 후배는 구조적 관계로 이미 업무를 바라보는 관점이 다를 수밖에 없다. 다름을 부정적으로 인식한다면 갈등의 씨앗이 될 것이다. 그러나 인정하는 순간, 더욱 창의적이고 효과적인 업무 성과를 창출할 수 있다.

둘째, 수평적인 소통을 하라.

대화가 많은 상사와 후배는 수평적인 조직문화의 증거이다. 수평적인 소통의 핵심은 양보다 질이다. 소통의 질은 내용도 중요하지만 누가, 얼마나 발언하는지가 결정한다. 한쪽만 말하는 대화는 양만 많을 뿐 실속이 없다[11]. 물론 수평적인 소통문화의 조직이라도 갈등은 발생한다. 그러나 평소 대화가 많았던 조직은 서로의 개인적, 업무적 성향을 잘 알기 때문에 보다 유연한 갈등관리가 가능하다.

셋째, 갈등의 원인과 해소방안을 다각적으로 분석하라.

갈등의 원인이나 해소방안을 갈등 당사자에게서만 찾는 경우가 많다. 그러나 조직 내 갈등은 구조적인 요인에서 시작되는 경우도 상당히 많다. 상사와 후배가 서로에게 갈등관리를 요구하기보다는 머리를 맞대어 함께 갈등을 바라본다면 생각보다 쉽게 갈등이 관리될 수 있을 것이다.

이렇게 서로의 다름을 인정하는 태도를 가지고 충분한 대화를 나눈다면, 행여 갈등이 발생한다 하더라도 다각적인 분석을 통해 유연하게 대처할 수 있다.

Unconflict 언컨플릭

—

05

부서 간의
갈등관리

조직에서 부서 간의 갈등이 발생하는 원인은 무엇일까? 부서 간의 갈등 상황은 유관 부서와의 협업과 협조 그리고 업무 요청을 거절할 때이다. 위와 같은 3가지 상황에서 부서 간의 갈등을 예방하고 관리할 수 있는 방법에 대해 자세히 알아보자.

1
부서 간 갈등의 심각성과 관리의 중요성

부서 간 갈등이 발생하는 원인과 갈등을 관리하지 않았을 때 초래되는 문제점을 알아보자.

직장인 60% 이상, 부서 간의 갈등경험 있다

기획팀 VS 디자인팀

기획팀: 기획한 대로 디자인된 거 맞나요? 기획서 다시 검토해 보세요.

디자인팀: 저희가 할 수 있는 범위 내에서 적용한 건데, 뭐가 마음에 안 드시는 거죠? 구체적으로 말씀해 주세요.

판촉팀 VS 서비스팀

판촉팀: 이번 서비스는 위에서 지시한 대로 진행해 주세요.

서비스팀: 왜 항상 저희 팀과는 상의 한마디 없나요? 매번 윗선에서 이야기 끝내고 저희는 배경도 모른 채 지시하는 대로 협조만 하면 되는 건가요?

위 사례에서 기획팀과 디자인팀은 협업 시 각 팀에서 추구하는 목표와 이해관계가 달라 발생하는 갈등 상황이다. 그리고 판촉팀과 서비스팀은 협조 요청 시 유관부서에게 부탁이 아닌 명령과 지시하듯이 강요하기에 발생하는 갈등상황으로 해석될 수 있다. 이처럼 부서 간의 갈등은 협업 및 협조 시에 흔히 발생한다.

여러 설문조사에 따르면, 직장인 60% 이상은 "현재 본인이 근무하는 회사 내부에서 부서 간 갈등이 존재한다."라고 답했다. 또한 부서 간 갈등으로 인해 "회사의 손실을 겪고 있다."라고 했다. 그 손실로는 부서 간 편가르기로 인한 업무협조의 어려움, 부서 간 마찰로 인한 퇴직과 이직 등의 인력 유출 그리고 생산성 및 매출에 대한 악영향 등이다[1]. 위와 같은 부서 간 갈등을 잘 관리하지 않으면 개인뿐만 아니라 조직과 회사에 부정적 영향을 미친다. 따라서 개인의 성장과 조직의 성과를 위해 부서 간의 협업과 협조 시 발생하는 갈등을 반드시 관리해야 한다.

부서 간 갈등의 대표적인 원인 '사일로 효과(Silos Effect)'

조직 내 각 부서는 회사의 공동목표를 이루기 위해 협업과 협조를 해야 한다. 그러나 다음과 같은 원인으로 협업과 협조의 어려움이 발생한다. 기업의 규모가 거대해질수록 조직은 분업화되고 전문성을 강조하게 되었다. 또한 각 부서가 의사결정권을 지니는 분권화 조직, 각각의 사업부가 별도의 독립회사처럼 운영되는 사업부 제도, 각 사업부가 부서의 성과에 따라 인센티브를 받는 제도 등이 활성화되면서 부서 간의 경쟁이 심화되었다. 이러한 경쟁은 실적이나 성과를 집착하게 만들면서 부서 간의 이기주의 현상으로 이어지며 협업과 협조 시 필요한 소통을 방해하게 된다. 이를 경영학 용어로 '사일로 효과'라고 한다.

사일로 효과로 인해 커다란 기업위기를 겪었던 대표적인 회사는 소니이다. 워크맨과 플레이스테이션으로 1990년대를 장악했던 소니는 급속한 환경변화에 발 빠르게 대처하기 위해 각 사업부를 독립회사처럼 운영하는 '컴퍼니' 제도를 도입했다. 하지만 이러한 제도가 역효과로 적용되면서 경쟁사인 애플사로부터 시장 점유율을 빼앗기며 몰락하게 된다. 소니가 도입한 '컴퍼니' 제도의 역효과를 『사일로 이팩트』의 저자 질리언 테트는 다음과 같이 이야기했다. "소니는 타 부서와 아이디어를 공유하지 않았고 우수 직원을 빼앗기지 않으려 애썼다. 협력과 실험, 장기 투자도 멈췄다. 그리고 누구도 리스크를 감당하려 하지 않았다."[2]라고 말하며, '서브 컴퍼니'가 무려 50여 개가 되는 '사일로'들이 소니 몰락의 원인이라고 말했다.

이처럼 제한된 보상으로 인한 부서 간의 경쟁 심화 그리고 권력 상실의 두려움으로 인한 아이디어 비공유 등은 이기주의 현상을 키우고 이는 부서 간의 갈등을 발생하게 하는 대표적인 원인이 된다. 이 밖에 직장인들이 생각하는 조직 내 갈등의 큰 원인으로는 '부서 간 커뮤니케이션 부재로 인한 오해 누적'을 꼽았다. 이어 '부서장들 간의 권력싸움', '부서 간 업무분장 미비로 인한 책임전가' 등이 뒤를 이었다[3]. 또한 이러한 갈등 속에서 부서 간의 갈등을 관리하기 위한 제도적인 부분 또한 부족한 것으로 나타났다.

부서 간 갈등관리는 열린 소통 방식에서부터 시작

"웅변은 은이고 침묵은 금이다."라는 서양 속담은 말보다 경청의 중요성을 강조한다. 때로는 갈등상황에서 여러 말을 늘어놓는 것보다 상대방의 입장에서 공감하고 다른 의견을 존중하는 자세로 경청하는 것이 문제해결에 도움이 된다. 하지만 조직 내에서 구성원의 침묵은 오히려 '독'이 되는 경우가 있다. 공동의 목표를 달성하고 성과를 내기 위해서는 상대방이 불편함을 느끼더라도 더 나은 의사결정을 돕기 위해 객관적인 정보를 바탕으로 자신의 의견을 적극적으로 말할 필요가 있다.

"기업에서 침묵은 금(Gold)이 아니라 싸늘함(Cold)이다." 이 말은 김영세 이노디자인 대표가 회사 내 침묵에 대해 남긴 말이다. 그는 세계적인 기업 3M의 문화를 예로 들어 '토크(Talk), 토크(Talk), 토크(Talk)'라는 원칙으로 부서 간의 장벽을 없애는 노력이 필요하다고 주장했다.

이처럼 부서 간의 갈등을 관리하기 위해서는 부서 간 이기주의의 장벽을 없애고 원활한 소통을 하는 것이 중요하다. 이번 챕터에서는 부서 간의 갈등이 가장 자주 일어날 수 있는 상황인 협업과 협조 그리고 거절 시 올바른 소통 프로세스를 제시하면서 갈등을 관리하는 방법을 살펴보겠다.

2
협업 시 부서 간 갈등관리

협업은 조직의 공동목표를 달성하기 위해 반드시 필요하다. 부서 간의 유연한 소통방법을 통해 갈등을 관리하자.

조직에서 협업이란 무엇인가

컬래버레이션은 다양한 분야에 쓰인다. 오케스트라는 관악기, 현악기, 타악기가 모여 하나의 웅장한 하모니를 만든다. 축구에서는 포지션에 따라 수비수, 미드필더, 공격수, 골키퍼 선수들이 각자의 위치에서 최선을 다해 최고의 팀워크를 만든다. 이들의 공통점은 목표가 하나라는 점이다. 음악은 하모니를 통해 청중을 감동시키고, 축구는 팀워크를 통해 경기에서 승리를 이룬다. 하모니와 팀워크는 그 자체가 목적이 아니라 목표를 달성하기 위한 수단인 것이다.

조직도 마찬가지이다. 각 분야의 전문가들이 서로 팀을 이루고 그 팀들이 모여 조직의 성과를 위해 협업한다. 협업은 조직의 성과를 내기 위한 수단인 것이다. 이러한 관점에서 미국 UC 버클리대의 모튼 한센(Morten

Hansen) 교수는 다음과 같이 협업을 정의했다.

"협업이란 각 이해관계자들이 소통과 협력을 통해 공동의 목표를 달성하고 성과를 창출하는 행동이다."

이처럼 조직에서의 협업은 다양한 분야의 전문가들이 서로 협력하여 시너지를 창출하고 조직의 성과를 달성하기 위해 필요하다. 즉 협업은 각자가 따로따로 최선의 성과를 내는 부분의 최적화가 아니라, 각자의 역할을 책임감 있게 수행하면서 전체의 최적화를 위해 조화롭게 협력하는 활동인 것이다.

조직에서 협업할 수밖에 없는 이유

실리콘 밸리를 대표하는 경영 컨설턴트이자 전략 자문가인 테아 싱어 스피처는 『협업의 시대』라는 책을 통해 협업하는 이유를 다음과 같이 설명했다.

"만 년 전인 초기 농경시대부터 사람들은 집단을 이루고 살았으며 협업했다. 혼자 일하는 것보다는 능력과 자원을 한 데 모을 때 더 나은 결과를 이룰 수 있다는 것을 오래전부터 알고 있었다. 즉, 협업은 인간의 본성이며 적자생존의 세계에서 인류가 최상위의 먹이 사슬에서 살아남게 된 이유이다."[4]

또한 IGM(세계경영연구원) 홍석환 교수는 조직에서 협업하는 이유를 게임을 통해 설명했다.

내가 찬성하고 상대방이 반대하면 상대방이 모든 돈을 가져간다. 만약 둘 다 찬성하면 돈을 나눠 갖고, 둘 다 반대하면 아무것도 없다. 이 게임을 3번 한다고 가정해 보자. 한 명이 찬성하고 한 명이 반대했다면, 찬성한 사람이 3번 연속 찬성할 가능성이 있을까? 그럼 이번에는 3번이 아니라 천 번 이상을 한다고 가정해 보자. 그들은 계속 반대할 수 있을까? 아니다. 둘은 계속 반대하면 아무것도 얻을 수 없기 때문에 이전의 기분 상함은 뒤로하고 찬성으로 의견을 모을 것이다. 그래야 서로 이익을 낼 수 있기 때문이다. 이처럼 조직 또한 부서 간의 이익을 위해 협업할 수밖에 없다[5].

협업할 수밖에 없는 마지막 이유는 시대의 변화이다. 과거의 대량생산이 중요하게 여겨지는 산업사회 초기에는 분업과 전문성이 강조되었다. 하지만 제4차 산업혁명 시대는 대량생산보다 다품종 소량의 고객 맞춤형 제품과 서비스가 강조되고 있다. 또한 정보통신기술, 즉 인터넷과 스마트 기술이 발달하면서 정보의 공유가 쉬워지고, 다양한 분야의 접근이 좋아지면서 공유와 융합이 강조되는 시대가 되었다. 각 분야의 전문가들이 서로 머리를 맞대고 협업할 때 좋은 시너지 효과가 나는 시대로 협업의 중요성이 더욱 강조되는 시대인 것이다.

협업 시 부서 간의 역할 인식과 가치 차이로 발생하는 갈등

협업은 각 부서의 전문성을 공유하고 융합함으로써 새로운 가치를 만들어 내는 과정이다. 협업을 통해 만들어지는 결과물은 분명 조직을 한층 더 성장시키는 데 중요한 부분이다. 그러나 서로 다른 직무와 다른 부서의 사람들이 함께 일하는 일은 결코 쉽지 않다. 각 부서가 달성해야 하는 목표가 있고 역할 인식의 차이가 있기 때문이다.

신제품 개발로 시장을 장악하는 것이 목표인 기획팀과 개발팀의 갈등 상황

> 기획팀: 이번 신제품에 ○○○기능을 추가하는 것이 어떨까요? 최근에 ○○기술이 중요해지고 있고 우리도 제품을 업그레이드하기 위해서 필요한 부분이라 생각합니다.
>
> 개발팀: 무슨 뜻인지 알겠습니다. 하지만 현재의 기술을 더 발전시키는 것이 우선인 것 같은데요.
>
> 기획팀: 그 기술은 이미 출시된 거 아닌가요? 신제품을 만들기 위해서는 미래의 가치에 투자해야 합니다.
>
> 개발팀: 그럼 기획팀이 주장하는 그 기술이 미래에 가치가 있다고 장담할 수 있나요? 현재 잘 팔리고 있는 제품을 더 발전시키는 것이 중요하지 않을까요?
>
> 기획팀: 답답한 소리 하시네요. 이래서 늘 경쟁사 따라잡기만 하는 거 아닙니까?
>
> 개발팀: 지금 그것이 개발팀의 잘못이라고 말하는 건가요? 기획팀에서 주장하는 신기술이 미래에 가치가 된다는 확실한 근거를 먼저 제시해 보시죠.

위 사례에서 보듯이 공동 목표는 신제품 개발이다. 그러나 각 부서의 역할과 목표가 다르다는 것을 알 수 있다. 기획팀은 새로운 것을 만드는 큰 범위의 개발, 개발팀은 현재 기술을 발전시키는 작은 범위의 개발이 목표인 것이다. 또한 기획팀은 미래의 기술을 분석하여 그 가치를 예측하는 것이 역할이며, 개발팀은 현재의 기술을 발전시켜 안정적인 개발을 통한 성과를 내는 것을 역할로 인식하고 있다. 즉 혁신과 개선의 차이라고 볼 수 있다. 이처럼 부서 간의 협업 시 역할 인식, 목표 그리고 기준의 차이가 발생하며, 그 차이를 인정 및 수용하지 않고 고집만 부릴 경우 부서 간의 갈등은 악화될 수 있다. 이러한 부서 간의 갈등을 관리하지 않으면 안건을 조율하기 위한 회의와 토론이 증가하고, 결국 시간과 비용을 낭비하게 된다. 그러므로 갈등관리 5가지 유형을 상황에 맞춰 유연하게 적용하는 것이 중요하다. 예를 들면, 우리 부서의 중대한 문제이고 아이디어에 확신이 있다면 갈등관리 유형 중 경쟁의 기술을 통해 타 부서를 설득한다. 만약 각 부서의 중대한 문제고 시간이 많다면 충분한 대화와 창의적인 아이디어를 통해 각 부서에게 좋은 방향으로 해결하는 협력의 방법을 활용하면 된다. 다음은 부서 간의 원활한 협업을 위한 유연한 소통 프로세스를 제시한다.

협업 시 부서 간의 갈등관리 '골'내지 말고 'GOAL'을 내라

'골내다'는 '비위에 거슬리거나 마음이 언짢아서 성을 내다'라는 말이다. 위 사례에서 살펴봤듯이 협업 시 서로의 주장만 고집하여 감정이 상해 버려 협업을 방해하는 '골'내는 상황을 만들지 말고, 목표를 달성하기 위한 'GOAL'을 내어 조직의 성과를 이루자는 것이 이 챕터에서 강조하는 바이다. 'GOAL'의 알파벳에 의미를 담아 협업 시 갈등을 관리하는 소통 프로세스를 제시한다.

1) G: Goal, 공동의 목표를 공유하고 개인과 부서 간의 목표와 연결시켜라.

1960년대 초반, 미국은 우주개발 경쟁에서 소련에 밀렸다. 그 이유는 미국 항공우주국(NASA) 내부에서 책임을 다른 부서로 떠넘기는 부서 간 이기주의 즉 사일로 효과가 나타났기 때문이다. 이를 해결하기 위해 케네디 대통령은 "10년 안에 우리는 인간을 달에 보낼 것이다."라는 공동의 목표를 강조하였다. 그 확고한 목표가 그들을 협력하고 협업하게 만들었다[6].

위 사례처럼 부서 간의 협업을 이끌어 내기 위해서는 공동의 목표를 강조하고 공유함으로써 협업의 중요성과 필요성을 구성원들이 분명하게 인식하는 것이 중요하다. 개인의 목표가 부서 간 공동의 목표로 이어질 때 더욱 협업을 이끌어 낼 수 있다. 왜냐하면 개인의 목표달성이 곧 부서의 목표, 더 나아가 전체 조직의 목표를 만들기 때문이다. 공동의 목표를 공유하는 것만으로도 부서 간의 장벽을 허물고 협업하게 할 수 있다.

2) O: Opinion, 의견을 나눠라.

목표가 공유되고 부서와 개인의 목표까지 설정되었다면, 협업 시 발생할 수 있는 애로사항이나 요구사항에 대한 의견을 나누는 것이다.

이러한 과정은 프로젝트 진행 때 발생할 수 있는 갈등의 범위를 좁히고, 서로 의견을 맞춰 가면서 발생할 수 있는 문제 요인을 제거하는 것이다. 그러나 의견을 나눌 때는 유의할 점이 있다. 타 부서 이야기를 들을 때의 태도와 우리 부서 이야기를 할 때의 방법이다. 타 부서의 의견을 들을 때는 '역지사지'의 마음으로 공감하면서 경청한다. 타 부서의 입장을 헤아려 중간에 말을 끊지 않고 메모하면서 적극적인 자세로 듣는다.

애로사항과 요구사항을 말할 때에도 방법이 있다. 애로사항을 말할 때는 구체적으로 명확한 상황을 말하는 것이 좋다. 왜냐하면 타 부서가 들었을 때 어떤 부분이 어려운지 정확히 알 수 있기 때문이다. 요구사항을 말할 때는 이유와 대안을 제시하여 적극적으로 도움을 받을 수 있도록 한다. 2단계 의견을 나눌 때는 경쟁하는 자세로 좀 더 적극적이고 솔직하게 이야기한다.

3) A: Agreement, 합의를 이루어라.

『논어』 자로편에 "군자는 화이부동(和而不同)하고 소인은 동이불화(同而不和)한다."라고 했다. 다른 사람과 생각을 같이하지는 않지만 이들과 화목할 수 있는 군자의 세계를 말한다. 밖으로는 같은 생각을 가진 것처럼 보이나 실은 화목하지 못하는 소인의 세계를 이야기하는 것이다. 이처럼 부서 간 다른 의견이 있더라도 갈등을 두려워하지 말고, 업무적으로 잘 해결한다면 조화로운 협업을 통한 조직의 성과를 이룰 수 있을 것이다.

2단계에서는 의견을 나누면서 수용할 내용과 수용하지 못할 내용으로 나뉘었다면, 3단계는 수용하지 못할 내용에 대한 합의를 이루는 것이다. 무조건 경쟁적으로 반대 의견을 제시하기보다는 이유와 대안을 제시하면서 서로 타협하고 순응하며 대화하는 자세가 중요하다. 또한 합의가 가능한 범위를 정해 놓고 이야기하는 것도 좋은 방법이다.

4) L: Logic, 논리적 구조를 만들어라.

공동의 목표를 위해 의견을 나누고 제시한 사항에 합의했다면, 마지막으로 논리적 구조를 확실히 하는 것이다. 논리적 구조란 실행계획과 업무분담을 하는 것을 말한다. 이러한 부서 간의 논리적 구조를 통해 협업 시 발생할 수 있는 갈등을 최소화할 수 있다. 예를 들어 보자. 실행계획이 명확하지 않아 업무 시일을 맞추지 못해 일정에 차질이 생기면 서로 불편한 감정이 들 수 있다. 그러므로 현 상황을 수시로 체크할 수 있는 구체적인 실행계획을 세우는 것이 도움이 된다. 또한 명확한 업무분담을 하지 않는다면 책임회피, 반복, 누락 같은 비효율적인 업무 진행이 발생하고 이는 갈등을 유발한다. 그러므로 실행계획과 업무 분담을 통해 논리적 구조를 명확히 하고 서로 협력한다면 부서 간의 갈등을 예방 및 관리할 수 있다.

[그림 5-1] 협업의 갈등관리 프로세스 'GOAL'

지금까지 부서 간의 협업 시 발생하는 갈등을 관리하기 위한 프로세스 'GOAL'에 대해 이야기했다. 서로 다른 역할과 목표를 가진 부서 간의 협업은 어려움이 분명 존재한다. 하지만 'GOAL' 프로세스를 통해 갈등을 잘 관리하고 예방한다면 협업을 통한 부서 간의 좋은 시너지 효과가 날 것이다.

3
협조 시 부서 간 갈등관리

협조는 명령과 지시가 아닌 요청하는 것이다.
유관부서와의 소통하는 방법을 알아보자.

어디선가 누구에게 무슨 일이 생기면
틀림없이 나타나는 '지원 요청' 이제 그만

- **영화: 홍반장 〈Mr. Hong, 2004〉**

  이 영화에서는 마을의 일이라면 무슨 일이든 나서서 도와주고 해결해 주는 남자 주인공 홍두식(故김주혁)과 서울에서 마을로 내려와 치과를 개업하고 아직 적응하지 못한 윤혜진(엄정화)과의 갈등이 주된 축이다. 마을 일에 오지랖이 넓은 홍두식은 윤혜진에게도 마을의 발전을 위해서 모든 일에 참여하기를 바라고 윤혜진은 그런 홍두식을 내심 못마땅하게 생각하면서 두 사람의 갈등이 발생하게 된다. 예컨대 홍두식은 이른 아침에 자고 있는 윤혜진을 찾아와 "마을 청소에 참여하라."라고 독촉한다. 마을의 발전을 위해서 헌신하고 돕는 것을 당연하게 생각하는 홍두식의 논리 때문에 윤혜진과의 갈등은 커진다.

부서 간 협조 시 발생하는 갈등 역시 다음과 같이 다르지 않다.

기획팀: 사장님 지시사항인데 이렇게 협조가 안 되나!
영업팀: 사전 공유 없이 이렇게 전날 요청하는 게 어디 있어!
기획팀: 이번 고객 행사는 사장님께서도 강조한 기업 전체의 중요한 사항입니다. 영업팀은 고객과의 관계도 있고 관련성도 높아 보이는데 바쁘다는 이유로 참여하지 않는 것은 아니지 않습니까? 일손도 부족한데 협조하셔야죠!
영업팀: 아니 저희 팀도 일정이 있는데 사전에 일정 공유도 없이 갑자기 협조라니요! 중요한 행사였다면 꼼꼼하게 사전에 공지하고 일정을 체크했어야죠! 전날 이게 무슨 일입니까? 저희 팀 입장에서는 당황스럽네요.

이처럼 기획팀은 기업의 발전을 위해 고객과의 행사를 기획했고, 이를 위해서 타 부서의 협조를 당연하게 생각한다는 논리에서 발생한 갈등이라 볼 수 있다. 하지만 영업팀 입장에서는 우리와 관련 없는 행사이고 이렇게 강요하면서 지시하듯이 말하는 기획팀의 태도에 화가 난 상황에서 발생한 부서 간의 갈등이다.

타 부서의 협조 요청 시
이런 태도 때문에 'NO' 하고 싶다

실제로 업무 요청을 거절하고 싶을 때를 묻는 설문조사에서 '본인의 일까지 떠넘기는 것 같을 때'(59.6%, 복수응답)가 가장 많았다. 그다음으로 '당연하게 지시할 때'(53.6%), '퇴근시간쯤 요청할 때'(49.8%), '배경 설명 없이 자기 용건만 말할 때'(40.7%), '바쁘다며 처리 시한을 급하게 잡을 때'(39.1%), '본인의 것을 우선순위로 요청할 때'(31.8%), '상사의 지시라며 무조건 하라고 요청할 때'(26.6%) 등의 순위로 꼽았다. 또한 이러한 거절로 인해 응답자의 88.1%는 부서 간 비협조로 일이 진척되지 않는 것을 경험했다고 답했다[7].

위 사례처럼 기획팀과 영업팀의 갈등에서도 살펴볼 수 있듯이 영업팀 입장에서는 기획팀의 행사가 일손이 부족한 이유로 우리 팀에게 떠넘기는 상황이라 판단할 수 있다. 또한 사장님 지시사항이니 반드시 협조하라고 명령하는 것처럼 보일 것이다. 그리고 자세한 행사의 목적과 이를 도왔을 때 영업팀이 갖는 의미를 설명하지 않았기 때문에 더 협조해야 할 이유를 찾지 못했을 것이다. 이처럼 타 부서에 협조를 요청할 때 경쟁적인 방법을 사용한다면 갈등 상황이 발생할 수 있다. 이와 같은 갈등을 관리하기 위해서는 경쟁의 도구를 활용하는 것보다는 타협과 순응 그리고 협력의 도구를 활용하는 것이 좋다. 이를 적절히 적용하여 다음과 같은 프로세스를 소개한다.

협조 요청 시 타 부서를 'Assistant'가 아닌 'H.E.R.O'로 만들어라

타 부서에 업무 협조를 요청할 때, 요청받는 사람들이 기꺼이 협조하겠다고 대답한 이유는 '지시가 아닌 정중하게 요청할 때'(59.3%, 복수응답)를 첫 번째로 꼽았다. 이어 '협조가 필요한 이유를 명확히 알려줄 때'(50.5%), '필요한 것만 체계적으로 요청할 때'(45.3%), '처리 시한의 여유를 두고 요청할 때'(34.2%), '정리된 문서 등 공식적으로 요청할 때'(22.7%) 순으로 꼽았다[8].

이처럼 타 부서에게 업무 협조 요청 시 정중하게 이유를 설명하고 공문으로 공식화한다면, 타 부서의 협조가 원활하게 진행될 것이다. 또한 지원부서의 도움으로 업무가 잘 처리된 상황이라면 고마운 마음을 전하고 지원부서의 능력을 인정해 준다면, 더 이상 지원부서는 보조원(Assistant)이 아닌 우리 부서의 어려움을 해결해 준 영웅(Hero)이 될 것이다.

이로써 부서 간 협조 시 발생할 수 있는 갈등을 원만하게 관리할 수 있는 지원 부서를 'HERO'로 만들어 주는 업무협조 프로세스를 다음과 같이 정리한다.

1) H: Help, 도움은 명령하는 것이 아니라 요청하는 것이다.

기획팀 A: 사장님 지시사항이에요. 내일 행사에 모두 참여하세요.

기획팀 B: 이번 행사는 기업 VIP 고객 대상으로 진행되는 중요한 행사입니다. 영업팀에서 내일 오전 8시에 행사 준비 과정을 도와주시면 감사하겠습니다.

이와 같은 상황에서 어떤 팀장의 부탁을 들어 주고 싶은가?

"사람은 90% 심리로 움직이고, 심리는 90% 말로 움직인다."[9]

일본의 심리학박사 나이토 요시히토는 『말투 하나 바꿨을 뿐인데』 책을 통해 말의 중요성을 강조했다. 즉 협조 요청 시 어떻게 표현하느냐에 따라 'Yes'와 'No'에 영향을 미친다는 것이다. 부서 간의 협조는 지원하는 부서의 시간과 노력 그리고 능력을 가져오는 일과 같다. 그러므로 명령이 아닌 정중한 표현을 통해 요청해야 한다.

또한 협조 요청 시 유의 사항으로 기한이 여유롭게 남았을 때 사전에 요청하는 것이다. 아무리 정중하게 요청했다고 해도 시한이 여유롭지 않다면 간단한 요청도 들어주기 힘들다. 왜냐하면 지원부서의 일정에 따라 업무의 협조가 가능하기 때문이다. 최대한 협조 부서의 일정을 배려해 주는 예의를 갖춰야 한다.

2) E: Explanation, 일의 목표와 배경 그리고 중요성을 설명하라.

목표 공유는 팀원들의 수행 능력과 동기유발에 영향을 미친다. 예컨대 한 실험(Latham & Saari, 1982)에서 '하루 운행 횟수를 늘린다'는 목표를 설정한 트럭운전자 A와 목표를 설정하지 않는 트럭운전자 B의 생산성을 비교했다. 실제로 18주 생산성을 비교해 보니 목표를 설정한 A운전가가 B운전자보다 생산성을 크게 증가시켰다. 이처럼 목표 설정이 초래한 생산성의 증가는 트럭 회사로 하여금 무려 270만

달러(대략 32억 원)를 절약하게 만들었다. 그 이유는 목표가 목표와 관련된 행위를 이끌고 관련 없는 행위는 제거하기 때문이다[10].

이처럼 부서 간에도 협조 요청 시 일에 대한 목표를 협조 부서에게 설명함으로써 동기를 유발시키고 자발적인 참여를 통해 더 좋은 성과를 낼 수 있다. 또한 같은 맥락으로 요청하게 된 배경과 중요성을 설명해줌으로써 지원부서가 협조해야 하는 이유를 이해시키도록 해야 한다.

3) R: Relevance, 업무 관련성을 통해 그 부서의 능력이 필요함을 이야기하라.

코넬대학교에서 부탁과 관련된 연구를 한 결과 처음 보는 사람의 부탁을 승낙한 경우가 무려 예상보다 48% 높았다고 한다. 그 이유는 부탁을 받은 것이 본인의 능력과 가치를 인정하는 것이라고 생각하기 때문이라고 한다[11].

업무 협조도 이와 다르지 않다. 왜냐하면 타 부서의 협조가 필요한 이유는 바로 그 업무에 대한 관련성이 높고 그 분야의 전문가일 경우가 많기 때문이다. 예컨대, 신제품 디자인 기획 시 고객의 의견을 반영하고 개선하는 게 목표라면 디자인팀은 영업팀 또는 고객서비스센터에 의견을 요청할 수 있을 것이다. 왜냐하면 고객의 니즈와 불편함을 직접 듣고 고객 의견에 따른 좋은 아이디어도 가지고 있을 경우가 높기 때문이다. 이처럼 우리 부서의 문제를 해결하기 위해 요청할 때에는 다음과 같은 내용이 포함되면 좋다. "현재 문제를 해결하기 위해 해당 부서의 전문성이 무엇보다 필요합니다." 또는 "이 문제를 해결할 수 있는 부서는 ○○부서뿐입니다." 등 그 부서의 능력을 인정하고 신뢰한다는 표현을 통해 협조 부서의 마음을 여는 것이 좋다.

4) O: Official paper, 협조전으로 협조 내용을 공식화하라.

업무 협조에 대한 타 부서와의 합의가 구두로 이뤄졌다면, 협조전을 작성한다. 단순히 구두로만 할 경우에는 서로의 책임이 명확하지 않아 서로 일을 떠밀게 되는 상황이 발생하여 2차 갈등이 발생할 수 있다. 또한 신속한 처리가 어렵고, 협조 요청받은 사실을 잊어버리게 된다면 업무에 큰 차질이 발생하여 조직 손실에 영향을 미칠 수 있다.

이러한 상황을 예방하기 위해서는 요청 부서와 협조 부서 간의 구체적인 업무 내용과 절차를 담은 협조전을 작성해 근거를 확보하고 책임을 명확히 하는 것이 좋다.

협조전 내용 구성은 아래와 같다[12].

① 발신자 정보: 협조를 요청하는 소속, 부서, 직위 등
② 수신자 정보: 협조하는 부서, 담당자, 직위 등
③ 협조 요청 사항: 목적, 배경(현황), 이유, 내용(자료, 처리, 의견 등의 요청), 처리 기한 등
④ 협조 요청일: 협조문을 발송한 날짜를 기재

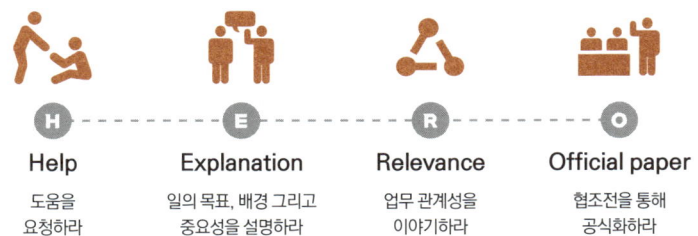

[그림 5-2] 협조의 갈등관리 프로세스 'HERO'

이렇게 협조 시 발생할 수 있는 갈등 상황을 알아보고 갈등을 관리하는 'H.E.R.O' 프로세스를 알아보았다. 끝으로 타 부서의 도움을 통해 일을 잘 마무리하였다면 업무 결과를 공유하고 감사한 마음을 전하면 어떨까? 이러한 마음의 전달을 통해 서로의 든든한 지원군이 되어 성장하는 조직을 만들 수 있을 것이다.

4 거절 시 부서 간 갈등관리

거절에 대한 부정적 인식을 바꾸고, 다양한 방법을 연습하여 거절 시 발생할 수 있는 갈등상황을 현명하게 관리하자.

거절이 어려운 이유

1938년부터 美 하버드대에서는 '성인들의 삶의 연구'를 주제로 지금까지 724명의 인생을 추적해 왔다. 그 결과 삶의 질을 높이는 데 가장 큰 영향을 미치는 것은 '관계'였고, 죽음에 이르게 하는 것은 '외로움'이라고 밝혔다[13].

이처럼 우리는 관계 속에서 성장하고, 원활한 관계가 성공의 기준이 되기도 한다. 예컨대 우리는 어렸을 때부터 부모 말을 잘 들으면 '착한 아이'라고 칭찬받았고, 학교에서는 선생님의 말을 잘 따르면 '모범생'이라는 평가를 받았다. 이처럼 우리는 부모와 선생님으로부터 칭찬과 좋은 평가를 받기 위해 노력해 왔고 이러한 노력은 좋은 관계를 유지하기 위함이었다. 또한 우리는 수없이 '베풀고 또 베풀어라', '착한 사람이 복 받는다'라는 말을 들으며, 상대에 대한 호의를 베풀고 도와주는 삶이 훌륭한 삶이라 배웠다. 이러한 관계에 대한 노력과 호의적인 삶의 배움은 자신의 의견을 내세우기보다 상대의 기분에 맞춰 말하고 행동하게 만들었다. 이러한 삶의 태도는 조직에서도 마찬가지다. 어떠한 일에서도 'YES'를 외치는 사람에게는 '능력 있고 긍정적인 사람'이라고 평가한다. 이러한 평가로부터 갖는 관계의 만족감과 성공의 잣대가 업무 요청 시의 거절을 어렵게 만든다.

실제로 설문조사 플랫폼 '틸리언 프로(Tillion Pro)'가 전국 성인 남녀 1036명을 대상으로 '일상생활에서 거절하는 데 어려움을 겪는가'를 조사한 결과 72%가 "그렇다"라고 답했다. 그러면 '반드시 거절해야 할 땐 어떻게 하는가'라는 질문에는 36%만이 "이유를 들어 거절한다"라고 답했고, 대부분은 거짓말, 핑계 만들기, 말끝 흐리기 그리고 상대가 부탁하기 전에 먼저 선수 친다 등의 순으로 우회적인 방법을 통해 거절한다고 꼽았다[14].

거절하지 못하면 발생하는 갈등 사례

거절 못 하는 김수락 팀장은 착한 팀장인가 호구 팀장인가

차도진 선임: 홍보팀이 요청한 주말행사 있잖아요. 김수락 팀장님께서 저희 팀이 돕겠다고 하셨다면서요?
박터져 팀원: 네, 정말 왜 그러시는 건지... 작년에도 저희 팀이 지원 나갔죠? 왜 매번 홍보팀은 우리 팀에만 요청하는 걸까요?
김세라 선임: 몰라서 물어요! 김 팀장님 거절 못 하는 거 알고 우리 팀에 요청하는 거잖아요.
차도진 선임: 왜 팀장님은 우리 팀 일정은 아랑곳하지 않고 무조건 알겠다고 하시는지...
김세라 선임: 그러니까 홍보팀이 우리를 호구로 알고 무슨 일만 생기면 도와달라고 요청하는 거라니까요!

"호의가 계속되면 그게 권리인 줄 알아요."

영화 〈부당거래, 2010〉에서 검사 주양(류승범 역)이 했던 대사의 일부이다. 이 대사 내용처럼 무조건 'YES'를 외치는 호의적인 김수락 팀장 때문에 팀원들은 골치가 아프다. 홍보팀은 김 팀장의 호의에 늘 고맙게 생각하고 있지만 팀원들은 홍보팀에 대한 감정이 좋지 않다. 매번 무슨 일이 생기면 도움을 요청하는 홍보팀이 얄밉기도 하고 우리 팀을 호구로 생각한다며 감정까지 상해 버린 것이다. 그러한 좋지 않는 감정이 쌓이게 되면서 팀원들은 홍보팀으로부터 가벼운 요청이 와도 흔쾌히 승낙하지 않고 불만만 늘어놓은 채 거절하게 된다. 그러한 태도에 홍보팀은 협조적이지 않다며 불편한 감정을 들어낸다. 이로써 두 부서 간 갈등은 심해지기 시작한다.

거절을 해야 하는 이유

부서 간 갈등을 관리하기 위해서는 호의적인 태도로 협업하고 협조하는 것이 좋은 해결책이 될 수 있다. 하지만 과도한 업무로 인한 과부하가 걸렸을 때 그리고 전문성이 필요한 일에 대해 관련 부서가 아닌데 협조 요청이 들어왔을 때에는 거절하는 것이 오히려 요청한 부서를 도와주는 일이 될 수 있다.

협조가 잘 이뤄지지 않아 화가 난 기획팀

기획팀: 제가 이번 상품 기획에 있어 소비자 의견에 대한 자료 요청한 거 있잖아요. 요청한 시한이 지났는데 아직까지 안 되었나요?

서비스팀: 저희 팀도 급하게 처리해야 할 일이 있어서 현재 자료 정리가 어렵습니다.

기획팀: 그럼 처음부터 바쁜 일정 때문에 안 된다고 말씀해 주셨어야죠. 그러면 저희가 다른 팀에 자료를 요청했거나, 저희 팀이 자료만 받고 정리하면 되었을 텐데요. 중요한 프로젝트 일정에 차질이 생겨 버렸네요.

서비스팀: 저희도 요청한 자료 수집하느라 급하게 처리해야 하는 일을 놓쳤습니다. 그렇게 말씀하시니 섭섭하네요.

위 사례는 타 부서의 요청에 무조건 순응 자세인 'Yes'로 인해 업무 과부화가 걸려 본인 업무뿐 아니라 요청한 부서의 일까지 해결하지 못해 발생한 갈등이다. 오히려 선의가 악의가 되어 버릴 수 있는 상황이다.

애덤 그랜트 와튼스쿨 교수는 이러한 상황을 논문『제대로 선행하는 법을 아는 리더들』에서 '호의 탈진'이라고 이야기했다[15]. 즉 타인의 요청을 거절하지 못해 쌓여 가는 일로 인한 스트레스로 탈진해 버리는 상황을 이야기한다. 이러한 상황은 본인과 타인에게도 좋지 않은 영향을 끼칠 수 있다. 그러므로 오히려 거절하는 것이 서로를 위하는 길이다. 그럼, 거절을 어떻게 해야 관계를 해치지 않고 부서 간 갈등을 관리할 수 있을까?

거절의 노하우, 태도와 방법을 배워라

거절도 소통의 기술 중 하나이다. 소통도 여러 방법이 있듯이 상대를 배려하면서 거절하는 노하우도 존재한다. 업무 요청을 거절할 때 태도와 방법에 대해 소개한다.

1) 태도: 거절하기 전에 바꾸고, 갖추고, 세워야 하는 3가지

상대도 자신도 다치지 않으면서도 잘 거절하기 위해서는 선행되어야 하는 것이 있다. 우선 거절에 대한 두려움을 없애기 위해 거절에 대한 부정적 인식을 바꿔야 한다. 또한 상대에게 예의 갖춰 거절하기 위해서는 왜 거절해야 하는지 이유와 그 문제를 도와줄 수 있는 대안이나 해결책이 있다면 제시하는 것이 좋다. 그러한 정보를 알기 위해서는 상대의 이야기를 적극적으로 경청하고 관심을 갖는 태도를 갖춰야 한다. 마지막으로 거절해야 하는 상황에 대한 기준을 명확히 세우는 것 또한 거절하는 두려움을 해소할 수 있는 방법이다.

① **거절에 대한 부정적 인식을 바꿔라.**
부탁하는 사람은 상대가 거절할까 봐 부탁하기를 두려워하지만 거절하는 사람도 마찬가지로 거절에 대한 두려움이 있다. 거절하면 상대가 자신에 대한 실망으로 관계가 나빠지지 않을까 하는 두려움이 생긴다. 또한 업무적인 문제라면 능력이 없어 거절하는 것으로 평가되어 부정적인 인식이 생길까 봐 걱정한다. 하지만 거절은 그 문제를 거절하는 것이지 사람을 거절하는 것이 아님을 인식해야 한다. 즉 문제와 사람을 분리해서 생각해야 한다. 또한 그 순간의 어색함과 불편함 때문에 거절하지 못하는 것은 오히려 제2차 갈등이 발생할 수 있다. 그러한 갈등이 오히려 관계를 해칠 수 있다. 반대로 거절을 통해 상대를 도와줄 수 있는 현명한 방법이라는 인식을 하는 것이 거절에 대한 두려움을 해소하는 데 도움이 될 수 있다.

② **거절하기 전에 상대를 배려하는 경청의 자세를 갖춰라.**
상대가 도움을 요청하면 진심으로 들어 주는 적극적인 자세가 필요하다. 어떤 이유로 요청하는 건지, 왜 우리 부서여야 하는지, 그럼 어디까지 도와주길 바라는지, 요청하는 부분에 대한 다른 해결책은 없는지 등을 꼼꼼하게 체크하면서 듣는 것이다. 또한 질문을 통해 함께 알아가는 것도 방법이다. 이러한 정보는 거절 시 대안 및 해결책으로 활용할 수 있으며, 상대는 거절이 거절로 느껴지지 않을 것이다. 오히려 적극적으로 관심을 가지고 진심으로 도와주려는 태

도에 고마움을 느끼고 서로의 관계에 도움이 되는 상황으로 전환될 수 있다.

③ 거절의 기준을 세워라.

현재 업무 상황에서 도움을 줄 수 있는가? 그 문제를 해결할 적임자가 자신인가? 요청하는 문제가 꼭 도움이 필요한 상황인가? 시급성을 다투는 일인가? 등의 기준을 세우는 것이다. 그러면 거절에 대한 애매모호한 상황을 극복할 수 있다. 이러한 기준이 거절 시 현명한 대처 방안이 될 것이다.

2) 방법: 감사, 대안, 이유와 함께 거절하라.

거절은 상대도 자신에게도 유쾌한 일은 아니다. 하지만 어떻게 거절을 표현하느냐에 따라 결과는 달라질 수 있다. 그 방법을 3가지로 소개한다.

① 감사인사와 함께 거절하는 방법

업무 협업을 요청한 상대에 대한 감사의 마음을 표현하고 거절하는 방법이다.

"우선 저를 믿고 요청해 주셔서 감사합니다."
"이 문제를 함께 해결함으로써 배울 수 있는 기회를 주셔서 감사합니다."
"현 프로젝트에 적임자라고 저를 먼저 떠올려 주셔서 감사합니다."

등의 감사표현을 전하는 것이다. 그러면 거절을 받더라도 자신의 부탁이 상대에게 무례하지 않고 오히려 호의로 받아들여진 것에 대한 고마운 마음이 들 것이다.

② **대안과 해결책을 제시하면서 거절하는 방법**

앞서 상대의 이야기에 적극적으로 경청했다면, 현 상황에 대한 정보를 수집하고 해결할 수 있는 대안들이 떠올랐을 것이다. 이를 활용해서 거절하는 방법이다.

"제가 도움을 드리고 싶은데, 요청하신 시한보다 3일 더 주시면 어떨까요?"
"의견을 수집해서 정리까지는 도움을 드릴 수 있습니다."
"이 문제는 전문성을 갖춘 부서에게 도움을 요청하는 것이 어떨까요?"
"자리를 비울 수 없어서 회의에 참석은 어렵지만, 전화나 화상회의로는 가능합니다."

등의 도움을 줄 수 있는 대안이 있다면 제시하거나 다른 해결책을 통해 거절이 아닌 도움을 주는 방법으로 거절을 하는 것이다.

③ **긍정적인 표현과 함께 거절의 이유를 설명하는 방법**

MBC 예능 프로그램 〈놀면 뭐하니?〉에서 유재석이 작곡가 뮤지에게 신곡 발표할 노래를 의뢰했다. 뮤지는 자신이 준비한 노래를 들려주기 전에 주의 사항이 있다면서 "별론데, 아닌 거 같은데" 등과 같은 부정적인 표현은 안 된다고 이야기했다. 대신 "좋은데, 괜찮은데, 이 노래도 좋지만"이라고 긍정적 표현 후에 노래를 선택하지 않는 이유를 설명하기를 당부했다.

이처럼 조직에서도 마찬가지다. 요청한 부분에 대해 부정적인 표현보다는 긍정적인 표현을 먼저 하고, 왜 거절할 수밖에 없는지 이유를 설명하는 것이다.

"좋은 제안이지만, 저희 팀에서 현재 진행하는 프로젝트 시한이 얼마 남지 않아 도움을 드리기가 어렵습니다."

"제시하신 방법도 효과적이라 생각합니다. 하지만 저희가 이번 기획에서 목표를 두는 것과는 맞지 않는 거 같아 그 방법을 활용하기는 어렵습니다."

거절은 부정적인 상황을 만들고 갈등을 발생시킨다고 생각할 수 있지만 이는 거절에 대한 오해일 뿐이다. 현명하고 올바른 방법을 통해 거절을 한다면 오히려 상대 문제를 해결하는 데 도움을 줄 수 있을 뿐 아니라 더 나아가 좋은 관계 유지에 도움이 될 수도 있다. 거절을 더 이상 두려워하지 말고 앞서 제시한 태도와 방법을 습득하여 거절 시 기술을 연습해 발생할 수 있는 갈등을 관리하기 바란다.

5
부서 간의 갈등관리는 경쟁과 협력의 조화로부터

부서 간의 경쟁과 협력은 반드시 필요한 요소로 조화롭게 추구하는 것이 갈등관리의 핵심이다.

'코피티션'이란 경쟁과 협력의 합성어로 예일대 배리 J. 네일버프 교수와 하버드대 애덤 M. 브랜든버거 교수에 의해 처음 만들어진 용어이다. 이는 조직의 성장을 위해 부서 간의 경쟁도 협력도 반드시 필요하기 때문에 조화롭게 추구할 것을 강조한다[16].

그러나 조직에서 성과에 따른 인센티브 제도가 활성화되면서 부서 간의 경쟁을 더욱 부추기고 협력을 방해한다. 이로써 부서 간의 이기주의가 심화되고 갈등도 심각해지고 있다. 그러므로 부서 간의 이기주의를 허물고 갈등을 관리하기 위해서는 경쟁과 협력을 조화롭게 추구해야만 한다.

경쟁으로 인한 갈등관리는 관계 인식 개선부터 시작

"라이벌입니까, 적입니까?"[17]

동물은 하루를 경쟁 속에서 살아간다. 살기 위해 쫓고 쫓기는 하루를 반복하면서 지낸다. 만약 경쟁하지 않는다면 동물은 생존에 위협을 느낄 것이다. 인간도 마찬가지다. 태어나면서부터 경쟁을 배우고 경쟁 속에서 성장하고 발전한다. 그럼 조직은 어떨까?

조직은 공동의 목표를 달성하기 위해 부서 간의 관계가 유기적으로 연결되어 있다. 그래서 협업과 협조를 할 수밖에 없는 구조이다. 또한 부서의 존재가 성과와 연관되어 있기 때문에 타 부서 간의 경쟁도 피할 수 없는 구조이다. 이처럼 동물도 사람도 조직도 경쟁 속에서 살아가고 생존을 위해 때로는 치열한 경쟁도 한다. 그러나 잘못된 경쟁의 방법은 서로를 위험에 빠트리게 할 수 있다. 예컨대, 성과 중심의 조직 문화가 자리 잡으면서 부서 간의 경쟁이 치열해지고 부서 간의 이기주의를 만들어 냈다. 이는 조직의 공동 목표를 보지 못하게 만들고 부서 간의 협업과 협력의 관계를 흐릿하게 만드는 원인이 된다. 이로써 발생하는 갈등은 부서 간의 관계를 라이벌이 아닌 적으로 만든다. 그러므로 부서 간의 관계를 적이 아닌 서로 공존공생하기 위해 때로는 대립하지만 때로는 협력해야 하는 라이벌로 인식한다면 조직에서 경쟁으로부터 발생하는 갈등상황을 관리하는 데 도움이 될 것이다.

원활한 협업을 위한 시스템을 구축하라

앞서 '커뮤니케이션 부재로 인한 오해 누적'이 부서 간의 갈등을 발생시키는 첫 번째 원인으로 조사된 것처럼 소통의 장벽은 부서 간의 갈등을 더욱 악화시킨다. 그래서 많은 기업들은 협업 시 소통의 부재를 개선하기 위해 다양한 협업 툴을 도입하고 있다. 실제로 나이키와 구글이 사용하고 있어 유명해진 데이터가 연동되는 올인원 툴, '클릭업'은 다양한 기능의 서비스를 제공한다. 내부 직원 간의 원활한 소통을 위한 채팅, 할 일 관리를 위한 리스트 생성, 프로젝트 관리를 위한 카반 보드와 간트 차트 그리고 공유 캘린더 등을 제공함으로써 협업 시 발생하는 소통의 장벽을 해소하는 데 도움이 되고 있다[18]. 또한 협업을 활성화시키기 위한 성과제도를 개선하는 기업들도 생겨나고 있다. 실제로 포스코는 '협업포인트제도'를 2020년 4월에 도입했다. '협업포인트제'란 타부서 직원들 간에 협동 업무를 수행하거나 지식이나 정보를 상호 간 공유한 뒤 포인트를 선물할 수 있는 제도를 말한다. 포스코는 회사 경쟁력의 핵심인 각 공정·부서 간 협업을 촉진하기 위해 2020년부터 임직원 평가에 '협업KPI'를 도입하고 '협업포인트'를 적극 반영하고 있다고 말했다[19].

지금까지 부서 간의 협업, 협조 그리고 거절 시 발생하는 갈등을 관리하기 위한 소통 프로세스 방법을 알아보았다. 또한 부서 간의 관계 인식의 개선과 원활한 협업을 위한 협업 툴과 성과제도 개선에 대해 소개했다. 이처럼 부서 간의 갈등을 관리하기 위해 노력하는 이유는 단 한 가지이다. 부서 간의 갈등을 유연하게 관리함으로써 기업의 긍정적 효과를 이뤄 모든 부서가 공동의 목표인 기업의 성과향상을 이루기 위함이다. 열린 마음으로 부서 간의 갈등을 슬기롭게 관리하자.

Unconflict 언컨플릭

06

갈등관리의 길잡이 조정, 그 역할과 방법

사람들이 모여 일을 하다 보면 갈등이 생기기 마련이다. 구성원 간의 원활한 갈등관리를 위한 조정의 의미는 무엇일까? 성공적인 조정을 위한 커뮤니케이션 스킬은 무엇일까? 갈등조정을 위한 프로세스에는 무엇이 있을까? 조정자는 어떤 마음으로 조정에 임해야 하는가? 리더뿐 아니라 구성원 모두가 조정의 역할을 수행할 수 있게 갈등관리의 역량을 키워 보자.

1 조직 내 갈등관리, 안녕한가?

조직 내 조정의 필요성을 이해하고 조정이 잘 이뤄지고 있는지 알아보자.

조직 내 조정의 필요성

만약 당신이 아래 사례의 나몰라 팀장이라면 어떻게 해결할 것인가?

어느 날 김독단 선임이 찾아와 나몰라 팀장에게 말했다.

> 김독단 선임: 팀장님, 이요리 선임하고 일 같이 못 하겠습니다. 프로젝트 마감일은 다 가오는데, 맡은 일은 안 하고 요리조리 피할 궁리만 하여 진도가 안 나갑니다. 차라리 신입사원이랑 교체해 주세요.

그런데 다음 날 함께 점심을 먹자는 이 선임이 식사 자리에서 또 이렇게 말하는 게 아닌가?

이 선임: 팀장님, 김 선임이 독단적으로 일을 처리합니다. 함께하는 프로젝트인데 의견을 구하지도 않고 업무 공유도 이루어지지 않아 아주 답답합니다. 욕심 많은 김 선임과 일 못 하겠습니다.

갈등 당사자들의 상반된 이야기를 들은 나 팀장의 고민은 깊어졌다. 나 팀장 어떻게 하면 좋을까?

1. '갈등은 좋지 않은 거야. 피하는 게 상책이지.'라는 생각으로 화제를 전환하려 한다.
2. '같이 일하다 보면 갈등이 생길 수도 있지. 시간이 지나면 괜찮아질 거야.'라며 방관한다.
3. '당사자들이 해결하기 힘들겠군. 중간에서 내가 조정해야겠어.'라고 생각한다.

나 팀장은 조직원들의 업무 몰입과 안녕을 위해서는 3번을 선택할 것이다. 하지만 평소 갈등관리에 소극적인 모습을 보인 나 팀장은 이번에도 1, 2번 사이에서 방황을 하고 있다. 결국 팀원들의 불만은 극에 달했고 급기야 팀장의 자질에 대한 문제가 제기되기 시작했다.

조직의 갈등관리 필수 역량, 갈등조정

여러 사람이 모여 일하는 조직에서는 갈등을 피하기 어렵다. 동료 직원들 사이의 마찰, 상사에 대한 불신, 팀과 팀 사이의 갈등 등 크고 작은 문제들이 생긴다. 이는 개인의 심리적 부담을 넘어 결근·이직과 같은 생산성 저하로 이어질 수 있다. 팀장의 갈등관리 방법이 구성원의 이직의도와 직무몰입에 미치는 영향을 분석한 연구에 따르면 리더의 대안 제시, 갈등조정 능력은 팀원들에게 긍정적인 영향을 미치는 것으로 나타났다[1]. 이 연구에서 흥미로운 점은 갈등관리 과정에서 일방적으로 자기 주장을 하고 팀원을 통제하려고 하는 팀장이 일부 팀원의 직무몰입에 긍정적 영향을 미친다는 것이다. 이는 갈등관리에 수동적이고 무관심한 리더보다 갈등을 관리하는 방법이 다소 불합리하더라도, 갈등을 장기화하지 않고 해소하여 일상의 업무에 집중할 수 있도록 하는 것을 더 선호한다는 뜻이다[1)재인용]. 이는 리더의 적극적 갈등 해결 의지 자체가 직무 몰입에 영향을 주며, 그 방법이 탁월하다면 조직 만족도 또한 높아질 수밖에 없다는 의미다.

물론 조직에서 리더만이 갈등을 조정해야 하는 것은 아니다. 상황에 따라 구성원도 동료 간의 갈등, 선후배 사이의 갈등, 고객과의 갈등 등 다양한 갈등의 조정자가 될 수 있다.

따라서 이번 챕터에서는 구성원들이 갈등조정을 위해 알아야 할 조정의 의미, 갈등 조정 시 알아 두면 도움이 되는 커뮤니케이션 스킬, 조정의 프로세스를 살펴보도록 하겠다.

2
조직 내 조정이란?

조정의 의미와 조정을 방해하는 장애물,
조정 시 잊으면 안 될 3대 원칙을 알아보자.

조직 내 조정의 의미

 직무와 전문지식이 세분화되면서 협업의 중요성이 커지고 있다. 조직은 생존과 발전을 위해 이런 환경 변화에 개방적이고 능동적으로 대응해야 한다. 협업 시 조직원 간의 마찰로 인한 피해를 줄이고 시너지를 발휘할 때 공동의 목표를 이룰 수 있다. 하지만 구성원의 개인적 경험, 견해, 가치관 등의 차이에 의해 감정의 긴장상태가 유지되며 갈등은 언제든 발생할 수 있다. 이때 중립적인 제3자가 갈등 당사자들의 문제 해결에 도움을 주는 것을 조정이라고 한다.

 전통적인 조직의 형태에서는 리더나 중간 관리자가 조정자의 역할을 수행하지만, 수평적인 조직에서는 누구든 조정자의 역할을 할 수 있고, 또 해야만 한다. 조정(Mediation)이란 '조정하다'라는 뜻의 영어 단어

'Mediate'에서 유래했다. Mediate는 '중간에 있다'는 뜻으로 조정인은 '갈등의 중간에 있음'을 의미하고 결정의 권한은 없는 것을 의미한다. 즉 중립적인 제3자가 갈등 당사자의 문제해결을 돕는 과정이다.

제3자가 개입되는 또 다른 방법이 있다. 바로 중재(Arbitration)이다. 중재는 중립적인 제3자가 개입되는 갈등해결의 한 형태로 조정과 혼동할 수 있다. 하지만 조정과 다른 가장 중요한 차이는 제3자에게 권한이 있다는 것이다. 조정은 소통을 촉진하고, 제안하고, 당사자들이 수용 가능한 합의점을 찾아내도록 도움을 주지만 구속력 있는 결정을 내리지는 않는다. 그러나 중재자는 갈등에 대한 판정을 내린다. 이는 법원의 확정 판결과 동일한 효력을 갖는다[2].

이 챕터에서는 조직 내 갈등관리의 형태 중 조정에 대해 다룬다. 물론 심각하고 복잡한 갈등의 경우, 전문적인 훈련을 받은 조정자가 다양한 기법으로 당사자들의 문제를 해결해 줄 수 있을 것이다. 하지만 조직에서 자주 발생하는 업무갈등 및 관계갈등은 일반 구성원도 조정의 의미와 방법을 학습하고, 현장에 적용해 본다면 효과적인 방향으로 갈등을 관리하는 데 도움이 될 수 있다.

탁월한 조정자의 마음가짐

회식을 마치고 집에 가기 위해 택시운전을 요청했다. 택시기사가 말한다.

택시기사 A: 이 시간이면 강변북로가 안 막히니 그 길로 가겠습니다.

경험 많은 택시기사의 촉이 좋아 길이 막히지 않으면 편안한 귀갓길이 되겠지만, 그날의 강변북로는 붉은 빛 주차장이다. 피곤한 당신은 이런 마음이 든다. '강변북로가 더 먼 길인데…. 일부러 대리비 더 받으려고 그런 것 아니야?'

같은 상황에서 노련한 택시기사 B는 이렇게 묻는다.

택시기사 B: 평상시에 강변북로로 다니세요? 올림픽대로로 다니세요? 아니면 내 비게이션이 안내하는 데로 갈까요?

잠시 고민하다 평상시 다니던 강변북로로 가 달라 이야기한다. 하지만 곧 꽉 막힌 강변북로를 만나게 된다. 그때 당신 머릿속에 드는 생각은? 아마 첫 번째 상황과 생각이 다를 것이다. '내가 가자고 한 건데 할 수 없지 뭐.'라고 자신의 판단을 받아들인다.

같은 상황 다른 생각, 이유는 무엇일까? 첫 번째 상황은 택시기사 A의 일방적인 판단에 의한 결과였지만 두 번째 상황은 스스로 결정에 참여했기 때문이다. 이것이 조정자의 핵심 마인드이다. 탁월한 조정자일수록 갈등 당사자들이 스스로 문제를 해결했다고 느끼게 만든다. 문제해결 과정에 참여했다고 느낄 때 결과를 받아들일 확률이 높아지기 때문이다. 하지만 가끔은 뻔한 문제로 갈등이 있는 당사자들을 볼 때 '답'을 주고 싶은 본능에 휩싸인다. '맞다' '아니다' '잘되었다' '잘못되었다' 판단을 내려 주고 싶지만 참고 기다려야 한다.

스스로 답을 찾을 수 있는 환경을 만들고, 자신이 판단한 결과에 책임을 져야 한다는 생각이 들 수 있게 자극하는 것, 그것이 '탁월한 조정'이다.

조정의 3가지 장애물

답이 아닌 스스로 판단하고 결정할 수 있게 만들어 주어야 하지만 그것을 가로막는 장애물이 있다. 바로 조정자의 생각이다. 조정자가 가지고 있는 다양한 생각의 편견이 올바른 조정을 방해할 수 있다. 여기서 조정자가 가질 수 있는 3가지 편견에 대해 알아보자.

첫째, 갈등에 대한 편견이다. '갈등은 나쁜 것, 그렇기 때문에 생기기 전에 막아야 한다'라는 생각에 당사자들을 불러 답을 주는 것이 갈등해결의 방법이라 오해한다. 또는 시간이 해결해 줄 것이라는 생각에 그냥 두거나 갈등이 시너지가 될 수도 있다는 얕은 지식으로 갈등을 악화시킬 수 있다. 갈등이 시너지가 되려면 업무갈등인지 관계갈등인지를 면밀하게 살핀 후 조정하는 스킬이 필요하다.

둘째, 사람에 대한 편견이다. 사회생활을 하다 보면 같은 사람을 두고 정반대의 의견을 주고받을 때가 있다. 내가 봤을 때는 일을 꼼꼼하게 처리한다고 생각하는데 다른 누군가는 답답하다고 생각하는 경우가 있다. 사람은 상대방을 평가할 때 내가 어떠한 관점을 가지고 있느냐가 큰 영향을 준다. '일 처리는 꼼꼼해야지'라는 '정확'의 관점으로 본다면 일 잘하는 사람이지만, 반대로 '신속'의 관점으로 본다면 답답한 사람으로 보인다는 말이다. 그러므로 나의 관점과 감정은 최소화하고 편견 없이 갈등 당사자를 보는 것이 중요하다.

셋째, 해결에 대한 편견이다. 해결책이 보이는 문제로 갈등하는 당사자들을 보면 답을 주고 싶은 마음이 든다. 특히 리더의 입장이라면 나의 사회적·인간 관계적 경험과 지식을 바탕으로 적절한 해결책을 주고 싶을 것이다. 또는 리더가 올바르다고 생각하는 해결책으로 이끌어 갈 수도 있다.

'답정너'라는 줄임말처럼 답을 미리 정해 놓고 끌고 가려는 모습은 조정의 의미를 훼손시킨다. 조정자의 가장 중요한 역할은 갈등 당사자들이 문제를 스스로 풀어 가도록 돕는 역할이지 답을 주는 역할이 아니기 때문이다. 이러한 3가지 편견에서 당신은 얼마나 자유로운지 생각해 보고 이를 줄여 나가는 노력이 필요하겠다.

조정의 3대 원칙

 갈등해결에 대한 팀원들의 불만을 알게 된 나몰라 팀장은 갈등관리에 대한 중요성을 인식하고 공부하기로 결심한다. 갈등에 관한 책을 읽으며 이제껏 갈등에 대한 편견이 있었다는 것을 깨달은 나 팀장은 조직원들의 갈등관리에 적극적인 태도를 보이겠다고 다짐한다. 그러던 어느 날 박진지 책임이 찾아와 이렇게 말한다. "팀장님, 아무래도 정답답 선임은 이 업무와 맞지 않은 것 같습니다. 1년을 알려 주고 기다렸는데 아직 자료조사 수준에서 벗어나지 못해 답답합니다. 다른 업무가 더 맞을 것 같습니다." 이렇게 허심탄회하게 자신의 속 이야기를 한 박 책임, 정 선임과 이야기해 보겠다는 나 팀장의 말을 믿고 기다리는데…. 며칠 후 동료 책임이 커피 한잔하자며 찾아와 이렇게 말한다. "나 팀장에게 정 선임 발령 요청했다며? 좀 더 참지 그랬어. 사람은 착하던데." 박 책임은 순간 당혹스럽고 억울한 감정이 밀려왔다.

 무엇이 잘못되었을까? 조정을 가로막는 3가지 장애물이 있다면 올바른 조정을 위한 3가지 원칙이 있다. 바로 자율성(Voluntariness), 중립성(Impartiality), 비공개(Confidentiality)이다. 나 팀장은 이 3가지 원칙 중 무엇을 놓쳤는지 생각하며 각각의 의미를 이해해 보자[3].

 첫째, 당사자의 자율성이다. 조정은 갈등 당사자가 자발적으로 참여해 모든 결정을 내리며 해결책을 찾아가는 과정이다. 당사자가 갈등을 해결하기 위해 동의해야 조정이 시작될 수 있다(심한 갈등으로 그 피해가 너무 큰 경우에는 예외적으로 당사자에게 권고하거나 강제하기도 한다). 조정 과정에서도 당사자들의 자율성은 최대한 존중받아야 한다. 갈등 논의에 대한 결정권은 당사자에게 있으며 최종합의도 자율적 결정에 따른다.

둘째, 조정자의 중립성이다. 중립성은 조정의 필수조건이다. 그래서 갈등 조정자는 갈등 당사자들의 의견, 가치, 입장, 의미부여 등에 우열을 가리거나 옳고 그름을 판단하지 않는다. 조정을 할 때 어느 한쪽에 치우침 없이 진행되는지 항상 생각해야 한다. 그래야만 당사자 모두 만족할 만한 해결책을 찾도록 도와줄 수 있다. 편파적으로 이루어진다면 조정의 효과는 상실된다. 하지만 자로 잰 듯 완벽한 중립은 현실적으로 불가능하다. 공정한 중립을 지키려 애쓰지만 아슬아슬한 외줄타기처럼 어느 쪽으로 치우칠 수 있다는 말이다. 때문에 중립을 유지하기 위한 기본적이고 확실한 방법을 기억해야 한다. 바로 갈등사안의 내용에 관여하지 않고 갈등을 풀어 가는 절차에 집중하는 것이다. 갈등사안 자체나 해결책은 당사자들에게 맡기고 갈등을 어떻게 풀어 나갈지의 절차에 능력을 발휘해야 한다. 이 챕터에서 마지막 부분에 설명할 조정 프로세스를 잘 참고하길 바란다.

셋째, 과정의 비공개이다. 조정자는 조정과정에서 나눈 모든 대화 내용은 공개하지 않는 것이 원칙이다. 하지만 어느 정도 공개가 필요할 경우 당사자의 동의를 얻어야 한다. 이는 모두가 지켜야 할 원칙이다. 그래야 당사자들이 본인의 속마음을 이야기할 수 있다. 정보의 교류가 자유롭고 풍성하게 이루어져야 그 원인과 해결책을 찾을 수 있다[3)재인용].

나 팀장에게 찾아가 갈등사안을 말한 박 책임은 '과정의 비공개 원칙'

이 훼손되면서 올바른 조정이 이루어지지 않았다. 조정은 어떠한 이유에서든 갈등 당사자들의 이야기는 공개되지 않는다는 믿음이 있어야 성공할 수 있다는 것을 잊지 않기를 바란다. 지금까지 조정을 방해하는 장애물과 성공적인 조정을 위한 원칙을 알아보았다. 이제 현장에서 쉽게 적용해 볼 수 있는 조정의 기본 스킬들을 습득해 보자.

3. 성공하는 조정의 LTE 커뮤니케이션 스킬

조정 시 대화를 안전하게 이끌어 나갈 수 있는 LTE 커뮤니케이션 스킬을 알아보자.

갈등조정의 핵심, 커뮤니케이션 스킬

"최선의 무기는 함께 앉아 이야기 나누는 것이다." 남아프리카공화국 최초의 흑인 대통령이자 흑인 인권운동가인 넬슨 만델라의 말이다. 마주 앉아 이야기하는 것에서 갈등해결은 시작되고, 갈등해결의 과정은 곧 대화의 과정이라는 의미이다. 우리는 대화를 통해 서로를 이해하고 문제의 원인을 파악하여 함께 해결책을 만들어 나갈 수 있다.

하지만 대화라는 것이 평상시에 잘됐다가도 갈등 상황이 생기면 어렵기 마련이다. 오히려 도와준다는 것이 긁어 부스럼이 될 때도 있다. 때문에 갈등이 있을 때 조정자로서 어떻게 하면 대화를 안전하게 이끌 수 있을지 커뮤니케이션의 구성요소와 성공하는 조정의 LTE 커뮤니케이션 스킬을 알아보자.

커뮤니케이션 구성요소

커뮤니케이션은 언어적 요소와 비언어적 요소로 구분할 수 있다. 1971년 UCLA 심리학과 명예교수 앨버트 매라비언의 연구는 커뮤니케이션 이론에 중요한 영향을 주었다. 매라비언 박사는 사람들이 대화할 때를 관찰하여 첫 만남에서 상대방에 대한 인상을 결정 지을 때 어떤 요소가 영향을 주는지를 분석했다. 연구결과 가장 큰 영향을 주는 것은 비언어적 요소였다.

상대방의 표정, 아이 콘택트, 제스처 등이 55%, 목소리의 톤, 말의 빠르기, 운율감은 38%, 말의 내용은 7% 영향을 미쳤다고 분석됐다. 때문에 갈등조정 시 불편한 감정을 느끼는 갈등 당사자에게 신뢰감과 안정감을 주는 조정자의 비언어적 대화 스킬이 중요하다 말할 수 있다.

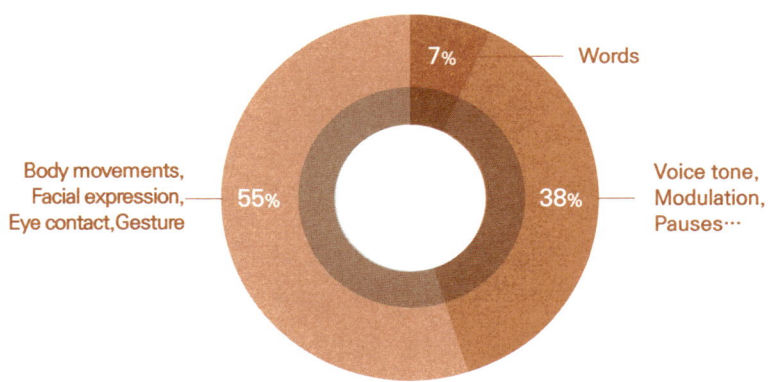

[그림 6-1] 매라비언 법칙

LTE 커뮤니케이션 스킬

일상생활에서 끊김 없는 안전한 통화 품질로 우리에게 도움을 주는 LTE(Long Term Evolution) 기술처럼 조정에도 안전하게 대화를 이끄는 LTE(Listening, Thinking, Expressing) 커뮤니케이션 스킬을 제안하고자 한다. 갈등관리를 위한 조정자로서 조정 시 필요한 기술인 듣고, 생각하고, 말하는 방법을 알아보겠다. 앞에서 언급했지만 조정자는 문제를 해결하는 사람이 아니라 갈등 당사자들이 스스로 답을 찾을 수 있게 도와주는 사람임을 기억하자.

[그림 6-2] LTE 커뮤니케이션 스킬

1) Listening 스킬

'Listening'은 주의를 기울여 듣는 것으로 'Hear'과는 다르다. 'Hear'은 들려오는 소리를 그냥 듣는다는 뜻이다. 상대방의 이야기를 귀 기울여 듣는다는 것은 대화의 출발이다. 우리는 이를 경청이라 부른다. 경청이라는 뜻은 기울일 경(傾), 들을 청(聽)은 '귀 이(耳) + 임금 왕(王) + 열 십(十) + 눈 목(目) + 한 일(一) + 마음 심(心)' 결합한 모습이다. 즉 왕 같은 큰 귀와 열 개의 눈으로 집중해서 상대방과 한마음이 될 수 있도록 듣는 것이란 뜻이다. 그렇기 때문에 조정자로서 이야기를 들을 때 단순히 듣는 것이 아니라 상대방을 보고 그 마음을 느끼려 노력하며 들어야 올바른 경청이라 할 수 있겠다[3)재인용].

그런데 이런 경청을 방해하는 요소가 있다. 첫 번째는 습관적 비몰입이다. 우리의 뇌는 상대방의 이야기를 듣는 중에도 3/4은 특별한 작업 수행 없이 쉬고 있는 상태이다. 그렇기 때문에 의도적으로 상대의 말과 맥락, 감정에 몰입하고자 하지 않으면 쉽게 다른 생각으로 빠질 수 있다. 이를 예방하기 위해서 습관적 비몰입이 아닌 오롯이 상대방의 이야기에 몰입하기 위한 마음의 준비가 필요하다. 예를 들어 대화의 흐름을 끊을 수 있는 스마트폰은 무음으로 바꾸거나 보이지 않는 곳에 넣어 두는 준비가 필요하다. 스마트폰에 자주 시선을 주게 되면 말하는 사람은 자신의 이야기를 이어 나가기에 불편함을 느낄 수 있기 때문이다. 부득이하게 연락을 받아야 하는 경우에는 미리 양해를 구하는 것이 경청을 위한 몰입에 도움을 준다. 연락 올 곳이 없거나 알람이 없는데도 스마트폰으로 자꾸 시선을 주는 습관이 있다면 고치는 것이 좋다.

두 번째는 나의 판단과 편견의 작용이다. 상대방이 말하고자 하는 의도나 감정을 있는 그대로 들어야 한다. 하지만 듣는 사람이 이미 그 상황에 대한 판단을 내리고 편견을 갖고 듣는다면 올바른 경청이 이루어질 수 없다. 그러나 사람은 누구나 자신이 이미 알고 있거나 경험해 본 것으로 타인을 바라보고 평가한다. 이를 암묵적 편견이라고 말한다. 암묵적 편견은 무의식적으로 자신의 이해, 행동, 결정에 영향을 미치는 태도나 고정관념을 말한다. 그렇기 때문에 내 안에 편견과 선입견이 있을 수 있다는 것을 인정하고 이를 경계하며 늘 신중한 태도를 가져야 한다[4].

세 번째는 듣기보다 말하는 것에 집중하는 대화 습관이다.

"말을 독점하면 적이 많아진다. 적게 말하고 많이 들어라."

국민 MC라 불리는 유재석의 말이다. 듣기보다 말하는 것에 초점이 맞춰져 있다면 상대방의 숨은 뜻, 숨은 감정 등을 파악하기 힘들어진다. 많이 듣고 생각을 집중하여 신중하게 말하는 한 마디가 혼자서만 말하는 사람의 열 마디보다 더 강력한 영향력이 있음을 잊지 말자. 이상 경청을 방해하는 3가지에 대해 알아봤다. 혹시 이 중 내가 가지고 있는 습관이 있다면 이를 줄이려는 노력이 필요하고, 좋은 경청 습관을 갖기 위한 연습이 필요하겠다.

조정자의 올바른 경청은 상대방이 말하고자 하는 것을 온전하게 이해하기 위해 집중해서 듣는 것이다. 우리는 이것을 '적극적 경청(Active Listening)'이라 말한다. 적극적 경청의 기본은 Body, Mood, Word를 활용하는 것이다. Body는 자신의 상체를 상대방 쪽으로 살짝 기울이고 편안한 미소로 아이 콘택트 한다. 말하는 내용을 잘 듣고 있다, 이해한다는 표현으로 고개를 끄덕인다. Mood는 대화 중 "아~그렇군요." "아... 네." "음..." 등의 반응을 보임으로써 상대방의 이야기에 관심이 있다는 것을 표현하는 방법이다. 마지막으로 Word는 상대방이 말하는 내용 중 중요한 단어나 메시지가 있으면 그 단어를 따라 하는 것이다. 이것을 백트래킹(Backtracking) 기술이라 말하는데 백트래킹을 잘하게 되면 말하는 사람은 '나의 이야기를 주의 깊게 듣고 잘 이해하고 있구나'라고 느낀다. 또한 듣는 도중 상대방의 감정과 생각이 느껴진다면 공감의 단어를 말할 수 있다. 공감과 동의는 다르다. 상대방의 감정, 의견, 주장에 동의하지 않아도 상대방이 느꼈을 그 감정에 "불편함을 느끼셨군요.", "섭섭함을 느끼셨겠어요." 등의 감정 단어로 말해 준다면 자신의 이야기를 좀 더 적극적이고 편하게 이야기할 수 있을 것이다[5].

2) Thinking 스킬

조정자는 대화 시 늘 생각해야 한다. 말하는 내용 중 상대방의 입장(당사자가 원하는 것, 요구하는 것)과 이해관계(그것을 원하는 이유)를 분석하며 대화를 진행해 나가야 한다. 대체로 갈등 당사자들은 자신의 입장, 즉 자신이 원하는 것을 내세우고 상대방과 입장을 조율하려 한다. 그러나 그런 입장 뒤에는 당사자가 입장을 취하게 된 이유, 즉 이해관계가 있기 마련이다. 그 이해관계가 무엇인지 생각하고 분석할 수 있으면 갈등 당사자 모두 만족시키는 대안이 도출될 수 있다[6].

A 보험회사에서 고성과자 포상 휴가지를 두고 다툼을 벌인다. 한쪽은 산을 보길 원하고 다른 한쪽은 바다를 보길 원한다. 이런 경우 '산

과 바다를 다 볼 수 있는 곳으로 정하면 되지'라고 생각한다면 오산이다. 양쪽 모두를 만족시키는 것처럼 보이지만 이는 두 그룹의 입장만 절충한 것일 뿐, 이해관계는 고려되지 않은 선택이다.

진정으로 문제를 해결하기 위해서는 당사자들이 내세우고 있는 입장 아래 숨겨져 있는 이해관계를 파악해야 한다. 때문에 조정자가 이때 "왜?"라는 질문을 해야 한다. 이유를 알아보니 산으로 가고 싶어 하는 쪽은 수영이나 해양 스포츠에 능하지 않아 재미가 없을 것 같다는 이유이고, 바다로 가고 싶어 하는 쪽은 넓은 바다를 보며 한적히 파도 소리를 들으며 휴식을 즐기기 위해서였다. 이것이 이해관계이다. 두 그룹 사이의 이해관계를 절충한다면 바다로 가되 수영이나 해양 스포츠는 하지 않고 한적하게 휴식을 취하는 것으로 결정한다면 양쪽 다 만족시킬 수 있는 조정안이 만들어질 수 있다.

이처럼 조정자는 갈등 당사자들의 입장과 그 입장 아래 숨겨져 있는 이해관계를 늘 생각하며 대화해야 한다. 상세한 방법은 챕터 1의 '입장보다 이해관계에 주목하라'를 참고하길 바란다.

3) Expressing 스킬

LTE 커뮤니케이션 스킬의 마지막은 표현성이다. 앞서 설명했듯 갈등 당사자들의 이야기를 경청하며 입장과 이해관계를 생각했다면 말로써 이를 표현해야 한다. 질문을 통해 내용을 구체화시키고 요약을 통해 내용을 재확인하며 말의 표현을 바꿈으로써 중립성을 지킬 수 있다. 그럼 조정자의 질문, 요약, 말의 표현 바꾸기 기술을 이해해 보자.

① **질문**

다양한 질문의 기술이 있지만 그중 조정자가 알아야 할 폐쇄형/개방형 질문, 긍정 미래형 질문 기술에 대해 살펴보겠다.

'폐쇄형' 질문은 '언제' '어디' 등 특정 상태를 묻는 질문이나 '예' '아니요'처럼 간단한 대답을 할 수 있게 하는 질문이다. 이러한 질문은 사전 대화나 시작 단계의 대화에서 간단한 정보를 교환할 때 사용된다. 또는 답변을 쉽게 하게 함으로써 대화 초반의 긴장감을 낮추고 조정에 잘 참여할 수 있게 하는 질문으로 활용된다. 하지만 폐쇄형 질문은 갈등 당사자의 생각보다는 조정자가 추측한 내용을 확인하기 위한 질문이 될 수 있어 가급적 자제하는 것이 좋다. 또한 심문하듯 폐쇄형 질문을 한다면 새로운 정보를 얻을 수 없을뿐더러 오히려 갈등 당사자 감정에 악영향을 줄 수 있다[2)재인용].

'개방형' 질문은 답변의 범주를 제시하지 않고 자유롭게 본인의 생각을 말할 수 있도록 하는 질문이다. '무엇을' '어떻게' '왜'라는 단어를 제시하는 개방형 질문은 상대방의 생각이나 사고를 자극하고 다양한 정보를 얻게 해 준다. "어떤 방법이 있을까요?" "어떻게 하면 잘 해결될 수 있을까요?" "왜 그렇게 생각하실까요?" 등의 질문을 함으로써 갈등 해결을 위한 생각을 확장시킨다.

'긍정 미래형' 질문은 과거 문제로 향하는 부정적 질문이 아니라 미래의 문제 해결에 초점이 맞춰진 질문이다. 이는 갈등 해결의 아이디어와 해결 이행 동기를 자극하는 질문이다. "개선되기 위해 앞으로 어떻게 하면 좋을까요?" "문제가 해결된다면 어떤 마음이 들까요?" 등 긍정적 실행을 이끌어 내기 위해서는 긍정미래형 질문을 활용하는 것이 좋다.

② 요약

조정자는 상대방의 말을 요약 정리하고 핵심 메시지를 강조해야 한다. 요약해 말함으로써 상대방은 대화의 핵심을 찾고 생각과 감정을 명확히 할 수 있다. 갈등 당사자가 자신의 입장을 말하는 단계에서는 충분히 설명할 수 있게 중간보다는 다 들은 후 요약하는 것이 좋다. 요약은 앞서 설명한 백트래킹(Backtracking) 기술과 같이 상대방의 말을 수용하고 이해한다는 표현이 된다. 조정자는 요약을 함으로써 대화 내용을 단계별로 정리하고 다음 주제로 이끌 수 있다.

③ 말의 표현 바꾸기

마지막으로 말의 표현 바꾸기는 조정자의 중립성을 지키고 갈등 당사자들 간 감정의 골이 깊어지게 하는 것을 막는다. 적대적인 표현을 하면 듣는 상대방은 방어적인 자세가 될 수밖에 없다. 이때 조정자는 평가하고 상처를 주며 감정을 자극하는 말들을 중립적이고 원만한 말로 바꾸는(Rewording) 기술로 개입할 수 있다. 예를 들어 "김 과장이 계속 자기 잘났다고 고집만 피우지 않으면 사과할 수 있어."를 "김 과장이 대화할 준비가 되어 있으면 그에게 사과할 수 있다는 말이죠!"라는 중립적이고 원만한 표현으로 바꾸는 것처럼 말이다[7].

4 성공하는 조정의 CIA 프로세스

조정에도 절차가 필요하다. 성공적인 조정을 위한 CIA 프로세스를 알아보자.

CIA 프로세스

일반적으로 갈등조정은 어떤 프로세스로 이루어질까? 연구문헌을 보면 다양한 갈등조정의 모델들이 있다. 여기서는 조직 내 다양한 갈등을 조정할 때 쉽게 적용할 수 있는 CIA 프로세스를 제안한다.

CIA 하면 무엇이 떠오르나? 미국 영화에 자주 등장하는 대통령 직속의 국가정보기관 CIA가 생각나지 않나? CIA가 문제를 해결하는 과정을 생각해 보자. 다양한 각도로 정확한 정보를 수집하고 면밀하게 분석하며 보안을 유지한다.

성공하는 조정자도 마찬가지이다. 갈등 당사자들의 이야기를 들으며 갈등에 대한 정보를 수집하고 그 원인을 분석하며 그 과정은 비공개로 이뤄져야 한다[8]. 묘하게 CIA 요원의 능력과 성공하는 조정의 CIA 프로세스가 비슷하다.

[그림 6-3] 조정의 CIA 프로세스

갈등의 원인(Cause)을 분석하고 갈등의 쟁점(Issue)을 분석한 후 해결의 솔루션인 대안(Alternative)을 찾는 CIA 프로세스는 보다 쉽고 실용적인 조정의 절차를 보여줄 것이다.

나 팀장의 갈등사례를 통해 이 프로세스로 갈등을 조정하는 절차 및 방법을 살펴보자.

나몰라 팀장은 요즘 사사건건 대립하는 두 파트장 때문에 골치가 아프다. 팀의 터줏대감인 최대감 파트장이 생각하는 한삼년 파트장은 모든 의견에 반대부터 하고 새로운 아이디어 무시, 업무 협조 시 늦장을 부린다고 생각한다. 해외지사에서 팀으로 합류한 지 3년이 된 한삼년 파트장이 생각하는 최 파트장은 비효율적인 업무방식, 자신의 예전 방식대로만 일 처리, 유연하지 않은 인간관계를 가지고 있다고 생각한다.

그러던 두 사람의 갈등이 증폭된 사건이 있었다. 최대감 파트장이 본부장에게 제출할 보고서를 작성하는데 한삼년 파트장에게 관련자료를 요청했지만 전달받지 못했다. 결국 최대감 파트장은 기한 내 보고를 하지 못한 것이다.

이런 갈등을 보고 있던 나 팀장은 갈등 당사자들과 만나 조정을 시작한다. 나 팀장은 무엇부터 해야 할까? 앞으로 각각의 프로세스에 대한 설명과 나 팀장의 사례를 통해 실전 연습을 해 보자.

원인(Cause)분석

조정의 첫 번째 단계는 갈등이 발생한 원인을 분석하는 것이다. 하나의 갈등에서도 여러 가지 원인이 있을 수 있고 각각의 원인에 대해 다른 유형의 솔루션으로 접근되어야 하기에 갈등의 원인을 분석하는 것은 중요하다[9].

미국 갈등조정자 훈련기업 CDR(Collaborative Decision Resources)의 설립자 크리스토퍼 무어(Christopher Moore)는 갈등 원인을 크게 5가지로 분류하고, 각 유형별로 적절한 조정기법을 활용해야 한다고 설명했다. 크리스토퍼 무어의 갈등원인의 5가지 유형은 다음과 같다.

첫 번째 사실관계갈등이다. 같은 사건에 대해 서로 이해하는 바가 상이하여 사실관계에 대해 각자 다른 입장을 주장할 때 생기는 갈등이다.

두 번째 이익갈등이다. 자원이나 자리는 한정적인데 원하는 사람이 많을 때 발생하는 갈등으로 주로 이익이나 자원을 분배하는 과정에서 발생한다.

세 번째 구조적갈등이다. 구조적 문제나 한계 때문에 발생하는 갈등으로서, 적합하지 않은 제도, 규제, 힘의 불균형 등에서 발생한다.

네 번째 가치관갈등이다. 이는 개인이나 집단사이의 신념이나 가치관의 차이가 원인이 된다.

마지막 인간관계갈등이다. 지속적으로 관계를 유지해야 하는 사람들이 오해, 편견, 불신 등에 의해 관계형성이나 유지에 어려움을 겪는 상황이다. 주로 커뮤니케이션의 왜곡으로 인해 발생하며 다른 원인에 의해 발생한 갈등도 쉽게 관계 갈등으로 전이되는 경우가 많다[8)재인용].

위 사례는 5가지 갈등원인 중 어떤 것일까? 팀의 터줏대감인 최대감 파트장과 해외지사에서 온 한삼년 파트장 사이에서의 이익갈등과 인간관계 갈등이다. 이처럼 하나의 갈등에서도 여러 가지 유형의 원인이 존재하므로 각 유형마다 서로 다른 방법으로 갈등을 해소해야 한다. 조정자는 갈등의 원인이 어떤 유형인지를 파악하고 해결 방안을 찾을 필요가 있다.

쟁점(Issue)분석

갈등의 쟁점을 분석하기 위해서는 갈등의 심층구조에 대한 이해가 필요하다. 앞서 갈등 당사자의 진의를 파악하기 위해서는 당사자의 입장(당사자가 원하는 것, 요구하는 것)과 이해관계(그것을 원하는 이유)를 분석해야 한다고 말했다.

입장과 이해관계 분석과 더불어 당사자의 진의를 파악하기 위해서는 가장 밑바닥에 자리 잡고 있는 기본적 욕구를 파악해야 한다. 많은 갈등학자들은 갈등의 밑바닥에는 항상 기본적 욕구가 존재한다고 말한다. 욕구란 동물적 생존에 필요한 것 이외 사회적 존재로서 인간이 개인적, 집단적으로 삶을 영위하는 데 필수적인 것을 말한다.

하버드 법학대학의 로저피셔(Roger Fisher)는 갈등을 일으키는 기본적 욕구 5가지를 이렇게 말한다. 첫 번째 자신의 생각이나 느낌, 행동의 가치를 인정받고자 하는 인정의 욕구, 두 번째 동료로 함께하고자 하는 협력의 욕구, 세 번째 중요한 문제에 대해 의사결정권을 존중받고자 하는 자율의 욕구, 네 번째 지위를 인정받고 합당한 대접을 받길 바라는 지위의 욕구, 마지막 자신의 역할과 활동에 만족하고자 하는 역할의 욕구이다. 즉 상대방에게 인정받지 못하거나, 비협조적인 상대를 만나거나, 자율성이 침해당하고, 지위가 무시되고, 역할이 축소 또는 제약을 받는다고 판단될 때 갈등이 발생된다. 기본욕구가 침해당해 발생하는 갈등은 그 욕구가 충족될 때까지 지속되며 재발된다. 따라서 갈등의 쟁점을 분석할 때 기본적 욕구를 알아보고 이를 먼저 해소시켜야 한다[10].

앞의 사례에서 최대감 파트장은 부서의 터줏대감으로서 쌓은 경험과 노하우를 인정받지 못하고 협조를 늦게 하는 한삼년 파트장에게 협력의 욕구를 침해당했다고 생각한다. 반면 한 파트장은 부서에서 3년 동안 근무하면서 얻은 성과물에 대해 인정받고자 하는 욕구와 자신의 방식대로 일을 처리하는 박 파트장에게 자율의 욕구를 침해받았다고 생각한다.

두 파트장의 내면에 있는 기본적인 욕구를 해소시키지 않으면 나중에 합리적인 대안이 도출되도 당사자 중 누군가의 불만은 남아 있을 수 있다. 때문에 입장과 이해관계를 분석하면 갈등해결을 방해하는 비생산적인 대립을 줄일 수 있으며, 가장 밑바닥에 존재하는 기본욕구에 해당하는 이해관계를 찾으면 근본적이고 합리적인 방법으로 갈등을 해결할 수 있다. 이처럼 조정자는 갈등 당사자의 입장과 이해관계를 분석하며 기본욕구를 파악하는 능력이 중요하다.

대안(Alternative) 찾기

이해관계와 기본욕구의 이슈를 파악했다면 이제는 해결방안을 찾을 단계이다. 대립하고 있는 갈등 당사자도 최소한 하나의 일치점, 즉 공통점은 있다. 대화를 통해 발견된 공통점에 기반해 공감대를 형성하고 서로의 입장에 대해 이야기 나누다 보면 상대방을 이해할 수 있는 초석(礎石)이 마련된다. 조정자는 당사자들의 갈등을 분석하여 그들 사이에서의 공통점인 공동의 이해관계를 찾아야 해결의 실마리가 보일 것이다.

앞의 사례에서 나 팀장이 발견한 두 파트장의 공통점은 팀 분열 없이 커뮤니케이션이 원활해져 업무성과가 높아지는 것을 바란다는 점이다. 이것을 초석 삼아 갈등 해결의 대안을 모색해야 한다.

표면화된 이슈는 비교적 쉽게 규명된다. 업무협조 기한 관련 갈등은 두 파트장의 불편한 관계갈등에서 비롯된 원활하지 못한 커뮤니케이션 때문이다. 업무협조가 지연된 것은 본부장에게 보고될 서류를 만드는 과정에서 마감 시간에 대한 생각이 서로 상이했기 때문이다. 앞으로 이런 오해와 갈등을 피하기 위해 원활한 커뮤니케이션 시스템이 필요하다는 것에 두 파트장 모두 동의했다. 또 업무방식의 차이에서 오는 갈등은 두 파트장의 협력을 위해 자신의 업무와 역량을 분석해 보기로 했다. 분석은 두 파트장이 서로 의존해야 하는 경우, 각자 독립적으로 할 수 있는 경우, 그리고 한 사람의 역량이 특별히 필요한 경우로 분석했다. 이에 따라 두 파트장은 정기적으로 서로에게 업무 처리 상황을 커뮤니케이션 하여 협력의 방법을 찾기로 했다.

이렇게 절차에 맞춰 갈등이 조정되었다 해도 끝은 아니다. 갈등조정이 종결된 후에도 갈등 당사자 간에 대안이 잘 이행되고 있는지, 더 나은 대안은 없는지, 대안 이행을 방해하는 요소는 없는지 조정자로서 살펴야 한다. 이런 후속 과정을 통해 갈등 당사자의 관계를 더 돈독하게 하고 미래에 생길 수 있는 갈등을 미연에 방지할 수 있다[11].

5
조정의 처음과 끝, 신뢰

조정자가 어떤 기술과 프로세스로 조정을 하느냐도 중요하지만 조정자가 '누구인가'가 더 중요할 수 있다. 조정자로서의 마음가짐을 알아보자.

조정자의 신뢰는 필수

"자연계에 폭풍이 필요하듯이 정치계에서도 때로는 혁명적인 활동이 필요하다고 생각한다." 이 말은 미국인들이 존경하는 대통령이자 미국 민주주의의 대의를 밝힌 독립선언서의 작성자 토머스 제퍼슨(Thomas Jefferson)의 말이다. 올바른 민주주의 구현을 위해서 필요한 철학이라는 생각이 들지 않는가? 그런데 만약 이 말을 공산주의 혁명을 주장한 블라디미르 레닌이 했다면 사회를 흔들 좋지 않은 철학이란 생각이 들 것이다.

이를 바탕으로 하버드대에선 신뢰에 대한 실험을 진행했다. 실험 결과, 제퍼슨의 말이란 정보를 들은 학생은 90% 이상이 '당연한 생각'이라고 답한 반면 레닌의 말이라는 정보를 들은 학생들은 90% 이상이 '말도 안 되는 생각'이라는 반응을 보였다. 무슨 뜻일까? 사람들에게는 텍스트의 의미보다 누가 그 말을 했느냐가 더 큰 영향을 준다는 것이다.

　조정자가 어떤 기술과 프로세스로 조정을 하느냐가 조정 당사자들에게는 그리 중요하지 않을 수 있다. 대신 조정자가 '누구인가'가 더 중요할 수 있다. 때문에 내가 조직원들에게 얼마나 신뢰를 받고 있는지 늘 스스로 생각하고 노력하며 조정에 임해야 한다.

　만약 당신이 신뢰받는 조정자라면 조정 절차 중 매끄럽지 않은 상황이 오더라도 당사자들이 이해하고 넘어갈 수 있을 것이다. 하지만 반대라면 아무리 공정한 절차로 조정을 해도 당사자들은 꿍꿍이가 있는 것 아닐까 하고 오해할 수 있다. 신뢰는 한 번에 만들어지는 것이 아니라 평상 시 차곡차곡 쌓는 것, 때문에 조정자로서 성공적인 조정을 위해서 조직원들과 신뢰의 적금을 많이 쌓아 놓자.

엉킨 실타래 조심스럽게 푸는 마음으로
　지금까지 갈등관리를 위한 조정의 의미와 3대 원칙, 성공하는 조정의 LTE 커뮤니케이션 스킬, CIA 프로세스에 대해 알아보았다.

　엉켜 있는 실타래를 생각해 보자. 빨리 풀고 싶은 급한 마음에 여기저기 잡아당기면 더 엉키거나 끊어진다. 그러나 침착하게 들여다보면 어느 부분부터 얽혔는지, 어느 지점을 풀어야 할지 찾을 수 있다. 바로 그 지점을 풀면 아무리 복잡하게 엉킨 실타래라도 잘 풀 수 있다.

갈등도 대부분 여러 사람의 이해관계가 얽혀 있으며 당사자들은 오랜 시간 감정 대립을 해 오며 갈등이 언제부터 시작되었는지, 어떤 문제가 해결되기를 바라는지 조차 잊어버리는 경우가 많다. 즉 무엇인가 잘못되었다는 것은 인지하고 있으나 그 실체가 무엇인지, 해결할 문제는 무엇인지 알지 못하는 상황이다. 그래서 조정자가 필요하다. 엉킨 실타래 조심스럽게 풀어나가듯 갈등의 원인, 입장과 이해관계 등을 풀어 나가면서 그들 스스로가 문제를 해결할 수 있게 도움을 주어야 한다. 그것이 갈등관리의 길잡이, 조정이다.

Unconflict 언컨플릭

—

07

고객과의 갈등관리, 신뢰로부터 성장과 발전의 기회로

고객은 누구이며, 기업에게 어떠한 의미와 목적을 갖는가? 고객과의 지혜로운 갈등관리를 위해서 우리는 무엇을 인식하고 어떤 태도를 갖추어야 할 것인가? 고객과의 갈등을 효과적으로 관리하기 위해서 어떠한 방법이 있을까? 시대가 복잡해지고 빠른 변화가 일상이된 요즘, 갈수록 커지고 있는 고객과의 갈등관리를 위해 투입되는 자원은 기업에게 낭비기만 한 것인가?

1. 고객과의 갈등관리는 기업 생존의 필수조건

고객은 기업의 존재이유이며,
고객과의 갈등관리는 신뢰형성에서 시작된다.

고객과의 갈등은 기대가치의 차이에서 온다

60년 역사 남양유업, '불신'의 대명사로⋯ 끝없는 추락

세상을 떠들썩하게 했던 남양유업의 대리점에 대한 '갑질' 사건은 2013년에 발생한 일이다. 이는 결과적으로 소비자 불매 운동으로 전개되어 남양유업은 생존의 위기에 처하게 되었다. 10년이 지난 2023년 지속적인 매출감소 및 영업이익 적자로 인해 남양유업은 황제주에서 끝없는 추락을 거듭하여 주가가 60% 이상 하락했다[1].

고객과의 갈등관리는 기업 입장에서 볼 때 생존을 위한 경영의 필수조건이며 문제해결 과정이다. 기업은 갈등을 해결하고 관리해 가면서 성장하고 발전한다. 남양유업의 갑질 사례는 고객과의 갈등관리가 수년이 지난 후에도 기업의 생존에 영향을 주고 있음을 보여준다. 기업 입장에서는 해결되지 않는 문제처럼 보인다. 그러나 이는 상생의 사회적 기업으로 거듭나기 위해 성장통을 겪어야만 하는 진화와 발전의 과정이다.

앞에서 다룬 바와 같이 갈등은 감정을 포함한 다양한 이해관계 속에서 드러난다. 그리고 그 복잡성만큼 갈등도 업무갈등, 관계갈등, 가치갈등, 분배갈등으로 다양하게 나뉜다[2]. 이 중 기업과 고객의 갈등은 상호 간에 기대한 가치를 주고받는 가치갈등으로 볼 수 있다. 다양한 이해관계 중에서 가치갈등은 제품이나 서비스를 제공하는 쪽(기업)과 제공받는 쪽(고객)이라는 관계의 상호작용에서 나타난다. 기업은 고객의 욕구를 충족시키기 위한 제품과 서비스를 제공하고, 고객은 그에 대한 값을 지불한다. 기업은 그들이 제공한 제품과 서비스에 기대하는 값이 있고, 고객은 지불한 값을 넘어서는 주관적인 가치를 제공받는다. 기업과 고객은 기대가치를 주고받는 관계 속에 존재하며, 상호 간에 기대가치가 충족되지 않으면 갈등이 발생할 수밖에 없다.

가치는 어떤 상품과 서비스에 값을 정하는 것이다. 그 가치는 통상적이고 상식적이기도 하고, 사람마다 처한 상황과 대상 그리고 상품과 서비스에 따라 주관적일 수 있다. 예를 들어, 같은 값으로 자신의 충동적인 욕구에 따라 무언가를 일회적으로 소비할 때와 오랜 생각 끝에 중요하거나 꼭 필요한 것을 구매할 때 고객이 인식하는 가치는 다를 수 있다. 고객이 지불하는 값에는 이미 기대하는 가치가 내재되어 있으며 이것이 충족되길 바란다. 자신의 충동적 욕구를 만족시키기 위한 일회성 소비에는 기쁨, 시원함, 위로 등의 가치를 기대한다. 그러나 오랜 생각 끝에 중요하거나 필요한 것을 구매할 때는 건강, 안전, 영향 등을 더 많이 기대할 것이다. 사람들은 주관적인 상황과 대상에 따라 기대가치가 달라진다.

주관적이라 함은 사람마다 충동적인 욕구인지 또는 중요하고 꼭 필요한 욕구인지가 다를 수 있다는 것이다. 예를 들어, 몸이 건강한 사람에게 고가의 영양제나 보약은 충동적인 소비이지만, 건강하지 않거나 몸이 약한 사람에게는 꼭 필요하고 중요한 소비일 수 있다. 또한 가족과의 외식을 위해 식당을 선택하는 데 있어서도 일상적인 날과 특별한 날이라는 상황에 따라 주관적인 기대가치와 선택은 달라질 수 있다.

또한, 기업은 고객에게 기본적으로 제품과 서비스는 물론 기업의 브랜드 이미지와 또 다른 정성적인 가치까지 함께 제공한다. 그래서 아무리 좋은 제품과 서비스를 제공한다 해도 그것이 악덕기업의 것이라면 고객은 그 상품을 구매하려 하지 않는다. 위의 남양유업 사례에서처럼 제품과 서비스가 아닌 갑질과 같은 정서적 관계가 대표적이다.

즉, 기업뿐만 아니라 사회적·문화적 정서가 맞지 않는 경우에도 고객은 발길을 돌린다. 이는 오래된 독도 문제와 2019년 일본의 반도체 부품 수출제한 등으로 한국에서 발생한 일본 제품 불매운동에서도 알 수 있다. 기업은 이러한 맥락을 이해함으로써 고객의 기대가치를 인식하고 충족시키기 위해 어떤 노력을 해야 할지 판단하고 실행하는 것이 중요하다.

기대가치 이전에 고객과 신뢰관계를 형성하라

챕터 6에서 조정자와 갈등 당사자 간의 신뢰 구축이 중요하다고 말했듯이, 기업과 고객 간의 갈등에서도 핵심은 '신뢰'다. 신뢰는 상호 간의 차가운 관계로부터 친밀함에 이르는 따뜻한 관계까지 스펙트럼에 따라 그 정도가 달라진다. 친밀한 관계에서의 비즈니스 협상은 상호 간에 신뢰할 수 있기 때문에 시간과 비용을 절약할 수 있다. 기업과 고객 간의 관계에서 신뢰가 적을 경우 서로 의심하게 되고 갈등이 커질 수 있는 여지가 생길 수밖에 없다. 따라서 고객의 기업에 대한 신뢰 인식은 기업의 갈등관리에서 매우 중요한 선행지표라고 할 수 있다.

또한, 고객의 신뢰는 상대방에 대한 이해관계와 능력을 바탕으로 상대의 행동을 예측하게 한다[3]. 이해관계라는 말은 인간관계 측면에서는 품성 기업의 경우 브랜드 이미지라고 할 수 있다. 따라서 품성 또는 브랜드 이미지가 신뢰의 주요 변수라고 할 수 있다. 우리가 흔하게 접하는 의사와 환자의 관계가 이러한 예이다. 의사가 품성이 나쁘거나 능력이 떨어지면 환자는 신뢰하기 어렵다. 환자가 아무리 아파도 의사가 돈을 더 벌기 위해 엉뚱한 수술을 하거나 능력이 없다면 내 몸을 믿고 맡길 수가 없다. 이는 의사를 신뢰할 수 없기 때문이다. 의사 또한 생트집을 잡는 환자나 치료비를 지불할 능력이 없는 환자는 신뢰할 수가 없어 치료를 머뭇거리게 된다.

고객에 대한 지혜로운 갈등관리가 필요하다

　기업과 고객 간의 기대가치를 완벽하게 충족하기는 어렵다. 그러나 기업은 고객의 기대가치를 충족시키려고 노력하는 과정 속에서 발전하고, 생존을 넘어서 지속 가능한 경영이 가능할 것이다. 기업은 고객의 갈등을 관리하기 위해 끊임없이 기대가치를 개발하고 직원들을 훈련할 필요성이 있다. 1회성 고객은 물론이고 지속적인 거래 관계에 있는 고객을 대상으로 하는 갈등관리는 더욱 중요하다. 따라서 여기서는 지속적인 거래 관계에 있는 고객에 초점을 맞추어 어떻게 갈등을 관리하고 대응해야 하는지에 대해 제안하고자 한다. 고객과의 지혜로운 갈등관리는 기업의 지속가능 경영의 필수조건이므로 고객의 접점에 있는 직원들이 유용하게 활용하면 좋을 것이다.

　갈등은 일과 삶의 인간관계 속에 필수적으로 존재하며 우리 모두에게 성장과 발전을 위한 기회이다. 상처가 아물면서 피딱지가 생겨 떨어지는 치유의 경험을 통해 배움이 일어나듯이, 갈등을 통한 상처는 해결의 치유과정을 통해 성장할 수 있는 소중한 기회이다. 따라서 갈등을 회피하거나 경쟁적인 모습으로 상대를 이기려고 하기보다는 성장을 위한 배움의 소중한 기회로 받아들여야 한다. 고객과의 갈등이 생기는 것보다 그 갈등을 방치하거나 악화시키고 그대로 끝내는 것이 더 큰 문제이다.

2

고객의 기대가치를 인식하고 개발하라

환경변화에 따라 진화하는 고객의 기대가치를 앞서 인식하고 개발하자!

진화하는 고객의 특성

'배보다 배꼽이 큰 사은 행사… 스타벅스 레디백 받으러 300잔 주문'

스타벅스는 판촉행사의 일환으로 한정된 수량의 부가상품을 제공하여 소비자의 구매를 유도하곤 한다. 보통 매년 연말에 음료를 구매하고 쿠폰을 모아 오면 예쁜 다이어리를 사은품으로 주곤 한다. 소비자들은 다이어리를 구하기 위해 지인들에게 부탁하거나 서로 쿠폰을 선물하기도 한다. 2020년 5월, 스타벅스는 특정 음료 17잔을 종류별로 구매하면 소형 여행가방인 '서머 레디백'을 받을 수 있는 이벤트를 진행했다. 고객들은 서머 레디백을 받기 위해 먹지도 않을 음료를 구매하여 버리기도 했다[4]. 심지어 스타벅스 여의도 매장에서는 한 번에 음료 300잔을 구매하고 서머 레디백만 가지고 돌아간 고객도 있는가 하면 웃돈을 붙여 온라인 쇼핑몰에서 거래하기까지 하였다.

고객은 스타벅스의 음료가 아닌 사은품에 더욱 큰 가치와 욕구를 가지고 있었다. 서머 레디백을 들고 다니는 사람들은 왠지 인정받는 느낌을 받는 것이다. 고객은 단순히 상품 자체보다는 자신의 기대와 욕구를 만족시키는 가치를 구매한 것이다. 고객의 기대가치는 시대에 따라 진화하고 있다. 그렇다면 진화하는 고객의 특성과 기대가치는 무엇인가?

"진짜 주인은 항상 고객이다. 그리고 고객은 언제든 아주 쉽게 우리를 해고하고 다른 데 돈 쓰는 것을 결정할 수 있다." 이는 월마트의 창업주 샘 월튼의 이야기이다. 고객은 기대가치가 충족되지 않으면 아주 쉽게 삐쳐서 돌아설 수 있는 존재이다. 현대 경영학의 창시자이자 구루인 피터 드러커는 기업의 경영자를 대상으로 다음과 같은 중요한 질문을 했다.

"고객은 누구인가?", "고객은 무엇을 가치 있는 것으로 생각하는가?"

이 질문을 통해서 알 수 있듯이 사업에 있어서 고객은 가장 중요하게 여겨지는 존재다[5]. 이는 기업의 존재 이유와 목적 자체가 고객과 더불어 함께하기 때문이라고 할 수 있다.

고객의 특성과 구매 행동은 시대에 따라 진화한다. 과거, 공급이 부족하던 시절에는 상품을 만들기만 해도 소비자들의 구매가 이루어졌다. 고객의 욕구라는 관점에서 아주 기본적인 결핍의 욕구만을 만족시켜도 충분했다. 그러나 경제가 발달하고 공급이 넘쳐나는 요즘에는 결핍을 넘어 타인으로부터 부러움의 대상이 되고 인정받는 상품이 주목을 받는다. 왜냐하면, 고객들은 물리적 결핍을 메우기 위한 상품 그 자체만이 아니라, 심리적 욕구에 대한 만족을 구매하기 때문이다.[6] 10대 소녀가 구매하는 것은 단순히 옷이 아니라 최신 유행이라는 '인정'을 통한 주관적인 만족이다. 고객은 단순히 상품이 아닌 각자의 주관적인 가치를 구매하는 것이다. 따라서 기업은 진화하는 고객의 다양한 특성에 따른 기대가치를 충족시켜야 한다. 이는 기업과 고객 간의 기대가치 차이로 인한 보이지 않는 갈등을 예방하고, 기업의 생존을 위해서 필수적인 과제이기 때문이다.

소비사회의 진화

소비사회의 진화는 어떤 모습일까? 1단계에는 물건이 부족하여 필요한 용도만 충족하면 되기에 상품 자체에 가치가 있었다.[7] 산업혁명 이후 대량생산으로 물건이 넘쳐 나는 시대의 도래는 고객에게 필요한 용도 외의 가치를 제공하는 것을 선호하게 하였다. 이는 소비사회 2단계로서 소비자들이 부가가치로만 여기던 서비스와 디자인이 중요해지는 시대가 되었다. 이에 따라 다양한 물건들을 제공하는 백화점과 쇼핑몰 등 오프라인 플랫폼으로 고객들이 모이게 되면서 개별 상품이 아니라 라이프스타일 전반을 제안하는 소비사회 3단계로 진화하게 되었다.

다음, 미래의 소비사회 4단계는 어떤 모습으로 진화하게 될까? 고객들은 더 개별화되고 민감해질 것이기에 더 철저한 분석과 제안이 필요하게 될 것이다. 소비사회 3단계에서는 고객의 과거 데이터를 기반으로 라이프스타일을 분석했다면, 소비사회 4단계에서는 미래지향적인 라이프스타일을 고객에게 창조해 줄 수 있어야 한다. 이는 고객의 단순한 행동 패턴이 아닌 고객 한 사람 한 사람의 의식과 신념을 분석하고 그에 대한 변화까지 예측할 수 있어야 한다는 것이다.

기존의 듬성듬성한 데이터의 정량적인 분석에서 기술의 발달로 촘촘해진 빅데이터는 고객의 상황에 따른 실제적인 모습과 정성적인 면까지 더욱 정밀하게 분석할 수 있다. 이는 고객마다 상황에 따라 다르게 반응하는 생각과 행동을 기업들이 잡아 낼 수 있게 한다. 자극과 반응 사이에는 각 사람마다 가지고 있는 경험과 욕구에 따라 다른 의미와 해석을 가지고 있다. 이제는 이러한 개인의 특성을 AI가 해석하여 각자에게 적합한 것들을 제안한다. 예를 들어, 커피를 좋아하는 고객이 불면증이 생겨 건강에 문제가 된다면 정밀한 고객 분석 자료는 고객의 숙면과 건강에 적합하면서 만족도를 높일 수 있는 다른 음료를 AI가 맞춤형으로 제안한다. '검색의 시대'가 아니라 '제안의 시대'가 된 것이다.

고객의 기대가치를 인식하라

고객의 기대가치는 기업이 고객과 통합하고 연결해야 하는 능력이다.[5)재인용] 고객은 기업에 값을 지불하면서 기대하는 가치가 있다. 고객은 기대가치가 어긋날 경우 불만이 생기고, 불만이 해결되지 못하면 관련 기업과 갈등관계로 돌아서게 된다. 이렇게 형성된 갈등이 쌓이면 고객은 영원히 돌아오지 않는 경우가 많다. 기업이 고객에게 제공할 가치를 구성하는 것을 '가치 제안(Value Proposition)'이라고 한다. 기업은 고객을 충분히 인식하고 기대를 만족시킬 수 있는 가치를 제안해야 생존할 수 있다.

서울대학교 경영학과 윤석철 명예교수의 '생존부등식'은 기업이 고객에게 제공하는 가치의 중요성을 명쾌하게 설명한다[8]. 가치(Value)는 고객이 느끼는 필요와 욕구에 의해 결정된다. 가격(Price)은 그 가치를 인식한 고객들의 수요와 공급에 의해 결정된다. 생존부등식에서 'V(가치) 〉 P(가격)'의 관계가 성립되지 않으면 기업은 생존할 수 없다. 따라서 기업은 V(가치)는 높이고 P(가격)는 낮추어야 한다. 고객은 자신이 제공받는 가치와 지불하는 가격을 비교하여 다른 상품과 차별화된 가치를 느낀다. 생존부등식은 다음과 같다.

> **Value(가치) > Price(가격) > Cost(비용)**

앞의 스타벅스 서머 레디백 사례를 살펴보면, 스타벅스는 판매하는 음료보다 사은품의 가치를 높였다. 또한 고객은 음료를 사기 위해 지불한 가격이 사은품의 가치에 비해 저렴하다고 느낀다. 고객은 스타벅스의 음료를 구매한 것이 아니라 스타벅스의 문화와 디자인이 구현된 사은품의 가치를 구매한 것이다. 또한 쉽게 구할 수 없다는 희소성 있는 물건을 소유한다는 심리적 만족감을 충족시킨 것이다. 스타벅스는 고객이 기대하는

가치 이상의 사은품을 제공함으로써 고객을 만족시켰다.

    인간의 기대가치는 물질적·경제적 가치는 물론이고 정신적·정서적 가치가 포함된다. 사회라는 공동체 속에서 인간에게 모든 가치는 주고받음의 대상이 된다[9]. 같은 기업에서 같은 상품을 파는 수많은 영업사원들이 있다. 그러나 그들의 성과는 모두가 다르다. 어떤 영업사원들은 탁월하게 성과를 많이 올리고, 어떤 영업사원들은 실적이 떨어져서 압박을 받는다.

    2012년 〈하버드 비즈니스 리뷰〉 7/8월 호에 실린 '티칭 세일즈(Teaching Sales)'라는 연구에서 기업의 의사 결정자들을 대상으로 조사한 결과, 구매자의 39%가 가격과 품질보다는 영업사원을 보고 업체를 결정한다고 한다. 이는 고객이 상품을 구매할 때 상품이나 가격도 중요하지만 영업사원의 정신적·정서적 가치가 영향을 준다는 것이다. 이러한 가치는 영업사원의 역량이나 스킬, 그리고 태도와 품성적인 요소로 구성될 것이다. 능력과 품성은 한마디로 '신뢰'라고 할 수 있다. 신뢰는 고객의 기대가치는 물론, 기업의 갈등관리에서 가장 중요한 선행조건이므로 뒤에서 구체적으로 더 다루겠다.

고객이 기대하지 않은 가치를 개발하라

    여러분은 어떤 물건을 구매하고 기대하지 않은 가치를 발견하여 감동을 받은 적이 있는가? 스타벅스의 사은품 서머 레디백은 고객이 기대하지 않은 가치가 담겨 있다. 가심비가 가득한 물건이라고 할 수 있다. 좋은 물건이 넘쳐나는 이 시대에 고객은 단순히 상품만을 구매하는 것이 아니라 욕구를 구매한다. '가심비'는 2007년부터 매년 소비 트렌드를 조사하고 발표하는 서울대 소비트렌드 분석센터가 출간한 『트렌드코리아 2018』의 대표적인 핵심어이다. 단순히 가격과 성능의 비교뿐만 아니라 고객의 가슴속의 그 무언가가 그 상품을 구매하도록 끌어당긴다는 것이다. 기업은 고객의 주머니가 아닌, 고객의 가슴속에 담긴 보물을 꺼낼 수 있는 기대가치를 개발하여 소비자에게 제공할 수 있어야 한다. 고객의 기업에 대한 갈등은 기대하지 않은 가치를 제공받을 때 기쁨과 만족이라는 더 큰 감동으로 바뀐다.

이는 소비자 욕구 분석 모델로 유명한 '카노 분석(Kano Analysis)'을 통해서도 알 수 있다. 아래 [그림 7-1]과 같이 아무리 고객의 니즈(Needs)를 충족시켜도 만족하지 않는 '당연한 요소(Must-Be)'가 있고, 이와 상반되게 고객의 니즈를 조금만 충족시켜도 만족도가 크게 증가하는 '기쁨 요소(Delight)'가 있다[10]. 스타벅스 서머 레디백은 기쁨 요소를 충족시켜 고객의 만족도를 크게 증가시켰다. 이는 고객이 기대하지 않았던 가치를 제공하였기 때문에 가능한 것이다. '기쁨 요소(Delight)'는 고객에게 충족시키지 않아도 불만이 발생하지는 않는다. 왜냐하면 스타벅스의 본질적인 상품은 커피와 같은 음료이기 때문이다.

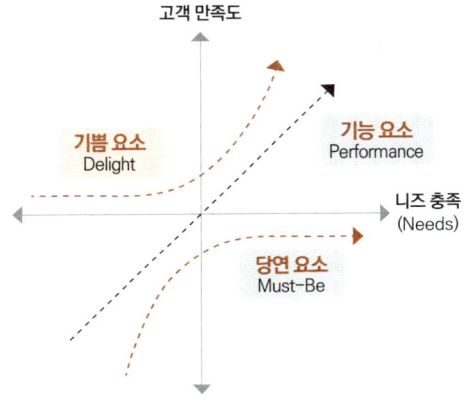

[그림 7-1] 카노 분석(Kano Analysis)

일반적으로 기능 요소는 고객의 니즈를 충족시키는 만큼 고객 만족도가 높아진다. 고객에게 제공하는 서비스가 늘어나면 고객 만족도가 올라가는 것은 당연하다. 그러나 현실적으로 아무리 서비스를 해도 만족도가 올라가지 않는 '당연한 요소(Must-Be)'가 있다. 예를 들어, 고객에게 "안녕하십니까? 어서 오세요." "반갑습니다."라고 웃으며 인사를 수없이 많이 해도 만족도가 늘어나는 것은 한계가 있다. 고객들은 이를 당연하게 여긴다. 그러나 '기쁨 요소(Delight)'는 고객이 전혀 기대하지 않았으나 커다란 감동과 기쁨을 제공한다. 주인이나 종업원이 단순히 인사만 하는 것이 아니라, 고객의 이름을 불러 주고 알아봐 주면 고객은 커다란 감동과 기쁨을 느낄 것이다. 따라서 고객이 기대하는 당연한 가치를 충족시키는 것은 기본이고, 그 외에 작지만 기대하지 않은 가치를 고객에게 제공한다면 기업은 고객과 훨씬 좋은 관계를 만들 수 있다.

고객의 기대가치도 진화한다

사회와 경제가 발전하면서 고객들의 특성과 욕구 그리고 소비사회가 진화했다고 하였다. 기업과 고객 간의 갈등관계는 상품, 서비스, 그리고 가격과 같은 물질적·경제적 가치를 넘어선다. 기업의 브랜드 이미지, 직원들의 역량과 태도와 같은 정신적·정서적 가치가 고객들에게 큰 영향을 주는 시대이다. 문제는 물질적·경제적 가치는 기업이 관리하기 쉽지만, 고객이 느끼는 정신적·정서적 가치는 관리하기가 어렵다는 것이다. 단순히 관리가 어려운 것뿐 아니라 정신적·정서적 가치에 대한 고객과의 갈등은 문제가 생기면 회복하기가 너무 어렵다. 특히, 요즘 시대에는 SNS를 통해서 정신적·정서적 가치에 대해 즉각적이고 적극적인 반응을 보인다. 예를 들어 부정적인 가치에 대해서는 '갑질', '불매', '횡포' 등의 반응을 보이지만, 긍정적인 기업에게는 '착한 기업', '갓뚜기' 등 적극적인 표현으로 해시태그가 되어 SNS에 전파가 된다.

2000년대 대한민국 최고의 스타트업 기업인 '배달의 민족'이 고객들과 갈등을 겪었다. 독일 DH사와 합병을 추진하면서 수수료를 인상하려다가 1차 고객인 제휴 가맹점주와 갈등을 겪었고, 최종 소비자들에게 부정적인 영향을 주었다. 심지어 지자체에서는 공공앱을 만들어 '배달의 민족' 비즈니스 모델을 위협하고 있다[11]. 이는 고객에게 정서적인 갈등을 초래함으로써 기업의 생존 위기를 자초한 것이라고 하겠다. 더욱이 '배달의 민족'이라는 회사의 브랜드와 기업문화에 대한 고객들의 기대가치가 너무 높아 더 큰 상처와 갈등을 준 것이라고 하겠다. 고객의 기대가치가 진화하면서 기업들은 고객과의 갈등관리에서 이러한 정서적 부분을 중요하게 여길 필요성이 매우 커졌다.

3 기대가치의 선행조건 '신뢰'

고객의 신뢰는 시간을 축적하여 고객에게 경험된 기업의 역량과 브랜드이미지이다.

신뢰란 결국 무엇인가

고객의 신뢰와 기대가치가 배신감으로 변한 임블리 쇼핑몰을 기억하는가?

"임블리 사태, 소비자 신뢰 → 의심 → 배신감 … 임지현 사퇴로는 부족"

고객에게 신뢰를 잃어 기업 생존에 위협을 받고 있는 대표적인 사건은 '임블리 사태'다. 임블리는 국내 인스타그램의 스타를 대표하던 인물이었다. 임블리는 온라인 패션 사업으로 시작해 화장품까지 영역을 넓히며 2016년 연매출액이 700억 원이 넘게 급성장하였다. 그러나 2019년, '호박즙 곰팡이', '불량화장품' 논란으로 구설수에 오른 임블리는 결국 경영 일선에서 물러났다. 음식물과 화장품은 인체에 직접적인 영향을 미치는 제품이므로, 제품의 안전성과 관련해서 고객들의 반발은 더욱 거세었다. 그럼에도 불구하고 변명으로 일관한 임블리 측의 태도는 고객들에게 신뢰의 붕괴와 적대감까지 갖게 하였다. VVIP 고객이었던 사람은 피해 소비자 계정인 '임블리 쏘리'라는 안티 계정을 만들기도 하였다. 이 계정은 무려 9만여 명의 팔로워를 보유하기도 하였으며 고객들은 집단소송을 제기하였다[12].

처음에는 임블리의 영향력을 바탕으로 한 신뢰 때문에 고객들의 기대가치가 높았다. 그러나 커다란 신뢰만큼, 임블리 측의 부실한 대응이 고객의 기대가치를 충족시키지 못했고, 결국 고객으로 하여금 큰 배신감을 느끼게 하였다. 이 사건을 통해 고객의 신뢰를 쌓는 것은 어렵지만 무너지는 것은 한순간이라는 사실을 알 수 있었다. 고객의 신뢰가 없으면 기대가치도 없다. 따라서 고객의 신뢰는 고객의 기대가치에 대한 선행조건이라고 할 수 있다.

신뢰는 상호 간의 이해관계와 능력을 바탕으로 상대의 행동을 예측하게 하는 것이다. 신뢰를 구성하는 핵심적인 요소는 능력(Ability), 예측 가능성(Predictability), 품성(Character)이다. 이는 신뢰와 관련된 수많은 참고자료를 바탕으로 필자가 생각하는 핵심적인 요소이다. 이 세 가지 요소는 '합'이 아닌 '곱'의 관계로서 어느 한 요소라도 '0'이거나 '-'가 되는 순간 신뢰는 무너질 수 있다. 이를 '신뢰 방정식'으로 표현하면 다음과 같다.

$$T = [A \times P \times C] \div 10$$

주1] Trust(신뢰), Ability(능력), Predictability(예측 가능성), Character(품성)

주2] 신뢰 100점 만점, 나머지 각 항목 10점 만점

여러분 개인 또는 기업의 신뢰는 몇 점이라고 생각하는가?

신뢰(　　) = [능력(　　) × 예측가능성(　　) × 품성/브랜드이미지(　　)] ÷ 10

Ability(능력)는 상대방이 해낼 수 있는 역량을 갖추고 있는 것이다. 앞에서 예로 든 환자를 치료하는 의사의 경우, 의사로서의 전문성과 치료를 할 수 있는 역량을 갖추었는지 여부가 신뢰에 영향을 준다. Predictability(예측 가능성)는 일관성을 의미한다. 의사가 어떤 날은 치료를 잘하고 어떤 날은 치료를 못한다면 신뢰할 수 없다. 언제나 일정하게 실력을 발휘할 수 있는 일관성을 갖추어야 신뢰할 수 있다. Character(품성)는 인간으로서 올바른 생각과 행동을 하는 것이다. 신뢰 관계에 있는 사람은 자기중심성이 낮고 상대방을 존중하고 배려하는 올바른 모습을 갖춘 사람이다. 여기에 더해서 친밀함까지 갖춘다면 상호 간의 관계에서 감정적인 믿음이 신뢰에 도움을 줄 수 있다. 품성은 기업의 경우에 고객을 배려하고 사회적으로 기여하는 올바른 기업의 모습으로 고객이 인지하는 브랜드 이미지라고 할 수 있다.

기업과 고객의 관계에서도 어떤 기업과 담당자가 능력을 갖추고 일관된 제품과 서비스를 제공한다면 신뢰가 형성될 것이다. 또한 기업의 올바

른 브랜드 이미지와 담당자의 도덕적 행동이 친밀하게 표현된다면 신뢰는 더욱 높아질 것이다. 이는 고객이 기업과 그 상품에 대한 기대가치를 신뢰할 수 있게 한다. 신뢰가 선행된 기대가치는 고객과 기업 간의 갈등을 최소화할 뿐 아니라, 갈등이 발생했을 때도 고객은 믿고 기다릴 수 있다.

신뢰에는 다음과 같은 세 가지 특징이 있다[13].

첫 번째, 신뢰는 경험의 시간을 축적하면서 쌓인다. 하루 아침에 신뢰가 생기는 것이 아니라, 상대방의 능력과 일관되고 올바른 행동의 경험이 축적될 때 신뢰가 형성된다.

두 번째, 신뢰는 언제든지 깨질 수 있다. 상호관계 속에서 신뢰는 기대와 동시에 실망을 품고 있어 앞에서 제시한 신뢰 방정식의 한 요소라도 부정적으로 인식하는 순간에 신뢰는 깨질 수 있다.

세 번째, 신뢰는 상황적이며 주관적이다. 사람들마다 각자가 가진 신뢰의 기준은 다르다. 사회적으로 신뢰의 기준을 객관적으로 정하기도 하지만, 주관적으로 느끼는 신뢰는 객관화하기가 어렵다. 예를 들어, 어떤 기업이나 그 회사의 담당자가 몇 번의 약속을 지킬 때 신뢰하게 될 것인가? 어떤 고객은 기업의 대중적인 브랜드 이미지만으로 신뢰할 수 있겠지만, 과거에 부정적인 경험을 한 고객은 신뢰하지 않을 수 있다. 천재지변 등 상황에 따라서 불가피하게 약속을 어기는 경우에 많은 사람들의 이해 속에서 신뢰는 유지될 수도 있다. 그러나 아무리 브랜드 이미지가 좋은 기업도 담당자의 언행이 불량하고 일관성이 없을 때, 그 기업은 신뢰를 잃게 된다. 따라서 신뢰 관계는 상황적이며 주관적인 특성을 갖고 있다.

신뢰는 모든 것을 바꾼다

인간은 항상 관계 속에서 존재하며 신뢰가 바탕이 되어야 원만한 관계가 유지된다. 인간상호 간에 학습된 기대가 상대방을 신뢰하고 자신도 신뢰받게 행동하도록 영향을 준다[3)재인용]. 신뢰가 떨어질 경우 그 사람에 대한 이미지를 평판이라고 한다. 신뢰감 없는 평판은 그 사람이 나에게 손해를 줄 수 있다는 판단을 하게한다. 안 좋은 평판을 갖고 있는 사람은 사회적인 활동을 하는 데도 제약을 받는다. 기업은 생존에 위협을 받게 되어 지속 가능한 경영을 할 수 없게 된다. 이는 앞에서 제시한 남양유업, 임블리 〈사례〉에서 충분히 설명했다.

반면에 신뢰가 형성되어 평판이 좋으면 사람들은 상대를 확인하고자 하는 절차를 제거하고 협력한다. 신뢰받는 평판을 가진 기업은 다음의 세 가지 혜택을 누릴 수 있다.

첫 번째, 고객에게 형성된 기업의 신뢰는 지속적인 거래 관계를 유지하게 한다.

두 번째, 신뢰하는 고객은 추천을 통해 다른 고객을 소개함으로써 그 기업에 더 많은 비즈니스 기회를 확대할 수 있게 한다.

세 번째, 모든 것을 하나하나 확인하려 하지 않는 절차상의 생략은 신뢰의 속도를 높여 비용을 절감하게 한다[13)재인용]. 비용절감은 앞서 소개한 생존 부등식 'V(가치) > P(가격) > C(비용)'에서 우측의 'C(비용)' 항목으로서 기업의 생존을 위한 생산성 요소에 영향을 미친다.

신뢰는 결국 기업의 평판에 영향을 미치고 고객에게 기대가치를 높여 기업의 비즈니스에 막대한 영향을 미치는 것이다. 이는 개인에게도 마찬가지로 적용할 수 있다. 즉, 개인의 평판은 사람들의 기대가치에 영향을 주며 수많은 기회를 줄 수도, 박탈할 수도 있다. 따라서 신뢰와 이를 통해 형성된 평판은 기업과 한 개인의 모든 것을 바꿀 수도 있다. 기업이든 개인이든 신뢰를 높이기 위한 노력이 필요한 것도 이러한 이유에서다. 신뢰를 높이기 위해서 현재의 모습을 스스로 평가하고 무엇을 보완해야 할지 살펴보는 것은 매우 중요하다. 이를 '신뢰/평판 지도'를 통해 가시화해 보는 것도 도움이 된다.

[그림 7-2] '신뢰/평판 지도'는 능력과 품성이라는 두 가지 변수로 나타낸 것이다. 그림을 보면 내부에서 인식한 평판과 외부에서 인식한 평판에 차이가 있음을 나타낸다. 또한 자신이 희망하는 목표 평판과도 차이가 있음을 알 수 있다. 이러한 차이를 먼저 인식하는 것이 중요하며, 인식하게 된 차이를 줄이기 위한 노력의 시간이 필요하다. 신뢰는 내가 얻으려고 얻어지는 것이 아니라 타인들이 줄 때 얻어지는 것이다.

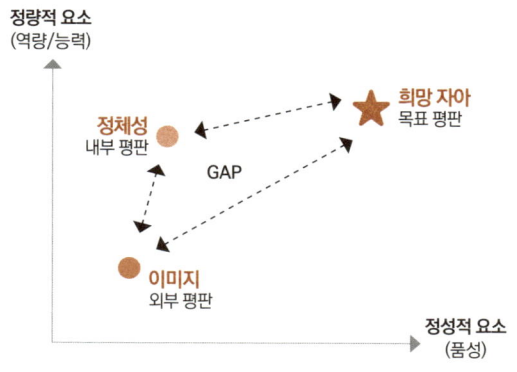

[그림 7-2] 신뢰/평판 지도

* 출처: 김대영(2018). 『신뢰가 전부다』. 서울: 매일경제신문사. p. 99. 저자 재구성

정량적 요소는 전문성과 문제를 해결할 수 있는 능력으로서 지력, 체력, 경력, 인맥과 같은 것이다. 정성적 요소는 개인에게는 품성이고 기업에게는 브랜드 이미지이다. 개인의 품성은 상대를 존중하고 배려하는 모습으로 자기중심성을 내려놓는 것이다. 또한 성실성, 협동심, 인내력 등 개인이 가진 특성이라고 할 수 있다. 이러한 능력과 품성을 갖추고 상대에게 신뢰와 평판을 얻기 위해서 어떠한 방법이 있을지 생각해 보고 실천하는 것이 필요하겠다.

신뢰를 구축하기 위한 비결

이 책에서 '신뢰는 상호 간의 이해관계와 능력을 바탕으로 상대의 행동을 예측하게 하는 것'이라고 정의하였다. 관계 속에서 신뢰는 보이지 않는 능력과 품성을 말과 행동 등으로 표현하고, 이를 타인이 의식적, 무의식적으로 인지할 수 있을 때 쌓이고 형성된다. 그러나 신뢰를 얻기 위한 기술적인 비결만 익힌 어색한 말과 행동은 오히려 부정적일 수도 있기 때문에, 신뢰를 잃을 수 있는 말과 행동은 조심할 필요가 있다.

먼저 신뢰가 떨어지는 일반적인 행동은 팔짱 끼기, 몸을 뒤로 젖히기, 얼굴 만지기, 손 만지기 등이 있다[3)재인용]. 이러한 행동들과 신호는 습관적으로 무의식 중에 일어날 수 있다. 이것이 너무 잦거나 복합적으로 이루어지면 상대는 의식적, 무의식적으로 신뢰가 떨어진다고 인지할 수 있다. 팔짱 끼기는 친밀함에 대한 거부의 신호로 받아들여질 수 있다. 몸을 뒤로 젖히는 행동은 상대를 회피하는 모습이며 얼굴과 손을 만지는 행동은 불안감을 표현하는 것이다. 상대의 입장에서 이러한 복합적인 모습을 인지할 경우 신뢰하기 어려울 것이다.

다음으로 상대에게 신뢰를 얻을 수 있는 행동으로는 경청하기, 질문하기, 감성적 상황 이해하기 등이 있다. 이러한 것들은 말과 행동으로 표현되어야 하며 상대가 존중받는다는 사실을 경험하게 해야 한다. 경청하기는 이해와 공감의 언어를 사용하며 단순한 내용만 듣는 것이 아니라 맥락적 경청으로서 상대의 표정도 읽고 상황을 이해해야 한다. 충분한 경청은 상대에게 말할 수 있는 권리를 획득하는 과정이다[13)재인용]. 질문하기는 상대의 견해와 원하는 것이 무엇인지 알고자 하는 자세이다. '예/아니요'의 답변을 유도하는 질문이 아니라 상대가 충분히 자신의 견해를 이야기할 수 있는 '개방형 질문'이 바람직하다. 감성적 상황 이해하기는 사람 자체에서 느껴지는 강한 신뢰이다. 이는 자기중심성을 낮추고 상대를 진심으로 존중하고 배려하는 모습에서 나온다. 진심이 아닌 거짓된 존중과 이해는 오히려 신뢰를 떨어뜨릴 수 있으니 유의해야 한다.

   기업과 고객의 관계에서 신뢰를 형성하는 데 가장 중요한 것은 약속이다. 지킬 수 없는 약속이나 부족한 약속은 고객의 신뢰를 떨어뜨리며 평판에 악영향을 미친다. 차라리 약속은 적게 하고, 약속보다 더 해 주는 것이 신뢰를 높일 수 있다[14]. 이는 기대가치에 대한 설명으로 제시한 'KANO 모델'에서와 같이 기대하지 않은 가치를 제공함으로써 고객을 감동시킬 수 있다. 또한 고객에게 실수를 하였거나 문제가 생겼을 때 솔직함이 중요하다. 잘못된 일을 할 리스크보다는 옳은 일을 하지 않을 때 리스크가 더 은밀하고 치명적이다[13)재인용]. 옳지 않음에도 문제를 모른 척하는 용기 없는 태도는 고객과의 갈등을 더욱 큰 사건으로 확장시킬 수 있다.

   앞의 사례에서 '임블리 사태'는 단순히 '호박즙 곰팡이', '불량화장품' 제품의 문제가 아니었다. 불만고객들의 댓글을 삭제, 차단, 변명하고 무대응하면서 모른 척한 것이 사건을 더욱 확대시켜 기업의 생존을 위협하게 한 것이다[15]. 반면에 당장의 손익보다 고객의 신뢰를 중요하게 여겨 기업의 잘못을 즉시 인정하고 사과하며 조치한 경우도 있다. 존슨 앤 존슨(Johnson & Johnson)의 진통제 타이레놀 사건이 대표적인 경우이다. 1982년 시카고 지역에서 타이레놀을 복용한 사람의 사망사건이 발생하자마자 존슨 앤 존슨은 시카고 지역의 타이레놀을 전량 리콜하였고, 이 과정에서 존슨 앤 존슨은 일 억 달러의 손실이 발생하였다. 조사 결과, 소매단계에서 생산 과정과는 관련 없는 사람이 독극물을 투입한 것으로 밝혀졌는데, 존슨 앤 존슨은 고객의 안전을 먼저 생각하는 기업의 책임감을 바탕으로 안전한 제품 포장을 개발함으로써 고객의 신뢰는 더욱 높아지게 되었다.

신뢰는 갈등의 윤활유

신뢰는 관계의 완충 장치로 거친 부분을 부드럽게 만들어 준다[3)재인용]. 관계에서 거친 부분은 갈등관계이다. 신뢰가 형성된 상호관계는 경쟁과 회피가 아닌 협력의 이상적인 모습으로 갈등을 슬기롭게 해결할 수 있다. 갈등관계는 긴장된 관계로서 신뢰라는 윤활유를 통해 분위기를 전환해 마찰 없이 해결하는 것이 필요하다. 신뢰는 눈앞의 이익이 아닌 장기적인 관계 속에서 상호 이익이 되는 승-승의 관계를 지향하여 협력하게 한다. 따라서 지속적인 거래관계를 하는 고객과의 갈등관리는 장기적인 관점에서 매우 중요하다.

고객과의 갈등은 기대가치의 차이에서 비롯되며, 신뢰는 기대가치의 선행조건이라고 하였다. 지혜로운 고객과의 갈등관리를 위해서 신뢰를 쌓는 것이 중요하며, 이는 고객을 담당하는 구성원 개인차원의 말과 행동 그리고 기업차원에서의 대응으로 나누어 볼 수 있다. 기업의 제도와 조직문화 그리고 다양한 지원 속에서 구성원 개인은 고객에게 약속을 지키고 솔직하게 응대해야 한다. 기업이 구성원에게 지원해야 하는 것 중에는 갈등관계에 있는 고객에게 구성원 개인이 어떻게 말과 행동을 해야 하는지 방법을 제시하고 교육을 하는 것이 포함된다. 따라서 이에 대한 구체적인 방법을 다음과 같이 제시한다.

4 고객과의 갈등관리 프로세스

고객과의 갈등관리는
알아차림과 공감으로 시작하여
성찰과 배움으로 마무리하자!

갈등관리를 위한 'R-GROW-R' 대화모델

　이 책에서는 기업과 고객의 갈등을 신뢰와 기대가치의 차이에서 비롯된다는 것으로 전제하였다. 기업이 제공하는 신뢰와 기대가치를 구성원 개인이 모두 통제할 수는 없다. 그러나 고객에 대한 응대에 있어서 구성원 개인의 말과 행동 등 상호작용 방식은 고객과의 갈등관리에 영향을 준다. 구성원 개인은 고객과 갈등이 발생하면 이를 인지하고 해결하기 위해 어떤 행동이든 해야 한다. 고객과의 갈등의 문제를 해결하기 위한 효과적인 방법은 어떤 것이 있을까?

　구성원 개인 차원에서 갈등관리는 고객을 응대하는 대화 속에서 가장 많이 필요하다. 갈등이라는 문제를 해결하는 데 코칭에서 가장 많이 활용되는 존 휘트모어(John Whitmore)의 'GROW' 대화모델을 응용하여 보

자. GROW 대화모델은 질문의 순서를 통해 '기억력 향상'에 도움을 주고 자각과 책임을 통해 문제를 해결할 수 있게 하므로, 고객과의 갈등관리를 위한 대화에 도움이 된다[16]. 고객과의 대화는 본격적인 내용을 이야기하기 전에 고객과 공감을 통해 신뢰를 형성하는 라포(Rapport) 형성이 매우 중요하다. 또한 갈등이 해결되었다고 하더라도 같은 문제가 반복되지 않도록 성찰(Reflection)과정을 통해 깨달음으로써 유사한 갈등이 발생하지 않도록 하는 것이 중요하다. 따라서 이 책에서는 GROW 대화모델에 이 두 개의 과정을 앞/뒤에 더해 'R-GROW-R'이라는 대화모델을 [그림 7-3]과 같이 제안한다.

[그림 7-3] R-GROW-R 대화모델

Rapport 라포 형성: 공감과 신뢰 형성

고객과의 갈등을 해결하기 위해서는 갈등관계에 있는 고객의 상황을 이해하고 신뢰관계를 형성하는 것이 선행되어야 한다. 라포 형성의 목적은 고객에게 심리적 안정을 주고 열린 마음을 갖게 하는 것이다. 마음이 닫혀 있는 고객에게는 무슨 이야기를 해도 대화가 진행되지 않는다. 먼저 고객의 흥분한 감정 상태를 가라앉히고 고객의 입장을 인정하고 공감해야 한다.

고객에 대한 인정과 공감의 과정은 고객과 감정을 교류하고 긍정적인 에너지를 줄 수 있어야 한다. 고객이 자신의 의도대로 되지 않은 것이 무엇인지 알 수 있도록 고객의 불편을 알아봐 주어야 한다. 긍정적이고 편안한 신뢰 관계 속에서 고객이 스스로 문제를 발견하게 함으로써 고객의 진짜 의식이 드러나게 하는 것이다. 의식의 초점을 현재의 문제점을 이해하고 확인하는 데 두는 것이다. 이는 다음과 같은 질문과 대화가 도움이 된다.

"많이 불편하신가 봐요?"
"어떤 점이 고객님을 불편하게 하였나요?"
"저희는 고객님과 좋은 관계를 유지하고 싶은데 어떠신지요?"

Goal 목표 찾기: 이해와 니즈 발견
고객과 회사가 진짜로 원하는 니즈를 발견하는 것이다. 갈등관계에서 고객은 자신의 진짜 니즈가 아니라, 감정이 흥분된 상태에서 엉뚱한 것에 문제를 삼는 경우가 있다. 표면적인 불만보다는 내면에 감추어진 니즈를 찾아야 근본적인 갈등의 원인을 발견하고 해결할 수 있다. 원인이 아닌 증상만 처방하는 문제 해결은 또 다른 갈등을 유발한다. 따라서 갈등관계를 해결하기 위한 대화의 주제를 명확히 하는 것으로써, 고객이 스스로 자신의 이해와 니즈를 찾도록 하는 것이 중요하다. 고객이 해결하기 원하는 목표를 구체화하고 그 해결된 모습을 생생하게 그리게 한다. 그리고 갈등이 해결되었을 때 그것이 어떠한 의미와 가치가 있는지 확인하여 중요성을 인식하게 하는 것이다. 이는 다음과 같은 질문과 대화를 통해 발견할 수 있다.

"어떻게 해결해 드리면 좋을까요?"
"그것은 고객님에게 어떤 부분이 중요한가요?"
"그것이 해결된다면 어떤 모습인가요?"

Reality 현실 점검: 갈등 상황의 인식

고객과의 갈등 상황을 객관화하고 고객의 주관적인 감정을 인식하는 것이다. 갈등의 문제는 주관적인 인식의 차이로 인한 오해 속에서 발생하는 경우가 많다. 앞에서 다룬 감정 관리에서의 내용처럼 불편한 감정은 내가 그렇게 불편하게 생각하는 경우이다. 고객도 마찬가지로 사실과 다르게 불편한 생각 때문에 갈등이 발생할 수 있다. 따라서 현실을 객관화하고 고객이 자신의 주관적인 감정을 알아차리게 하는 것이 중요하다. 갈등이라는 문제에서 어떤 것이 장애물이고 애로사항인지 진짜 원인을 확인하는 것이다. 이는 현실을 인식하고 갈등을 발생시킨 장애물을 구체화하는 것이다.

"고객님께서는 어떻게 해 주길 원하시는지요?"
"고객님이 생각하시는 기대는 구체적으로 어떠한 것인가요?"
"구체적으로 어떠한 점이 장애요인이라고 생각하시는지요?"

Options 대안 선택: 해결안 탐색과 선택

고객과의 갈등관계를 해결하고 장애물을 극복하기 위한 아이디어를 창출하는 것이다. 가능하면 여러 가지 대안을 탐색하는 확장적 사고를 하는 것이 필요하다. 갈등을 해결하는 대안은 생각보다 사소하고 엉뚱한 곳에 있을 수 있기 때문에 창의적인 사고가 필요하다. 예를 들면, 연세가 있으신 고객들께는 '아버님', '어머님', '형님'이라는 호칭만으로도 갈등이 해결될 수 있다. 유의해야 할 것은 고객이 해결안에 대한 선택의 주인이 될 수 있도록 기다리는 것이다. 우리가 일방적으로 판단하거나 고객에게 결정을 강요하면 지금까지 갈등관리를 위한 노력이 물거품이 될 수 있다. 또한 갈등의 불씨가 살아남아서 또 다른 갈등을 유발할 수 있다. 창의적이고 고객이 주인이 되는 해결안은 다음과 같은 대화를 통해 찾을 수 있다.

"합리적이고 가능한 해결안이 있다면 무엇이 있을까요?"
"모든 것이 가능하다면 무엇을 해 보겠습니까?"
"제가 어떤 도움을 드리면 좋겠습니까?"

Will 실행 확인: 효과적 실행과 확인
고객과의 갈등을 해소하고 상호 신뢰할 수 있는 관계 회복을 확인하는 것이다. 갈등관계는 일방적인 관계가 아니라 상호작용의 관계이다. 갈등을 해결하기 위한 대안에 대해 상호 간에 실행에 대한 의지를 다지고 구체적인 실행을 점검하는 계획을 세우는 것이다. 실행 안에 대해 언제 실행하고 어떻게 확인할 수 있을지 방법을 찾아야 한다. 실행의 구체화와 현실화를 통해 상호 간에 책임을 가질 수 있도록 하는 것이다. 가급적 실행 안을 통한 결과물을 공유하고 기대를 표현해 주는 것이 좋다. 다음과 같은 질문을 통해 서로가 실행 안을 확인할 수 있다.

"말씀하신 대안을 실행하기 위해 무엇을 하시겠습니까?"
"실행하신 일들이 잘 진행되는지 어떻게 알 수 있을까요?"
"필요하신 도움이나 자원이 있다면 무엇이 있을까요?"

Reflection 성찰 배움: 성장과 발전의 자원

비 온 뒤 땅이 더 단단해지듯, 우리는 갈등관계의 해결을 통해 성장하고 발전한다. 중요한 것은 갈등관리의 과정에서 무엇을 느꼈는지 성찰해야 배우고 얻는 것이 있다. 반성적인 성찰과 재진술은 실행력과 배움을 강화시켜 스스로를 성장하게 한다. 어떻게 문제를 인식하고 대안을 탐색했으며 실행방안들을 확인했는지 배우는 것이다. 갈등관리의 과정에서 어떠한 배움과 성장이 있었는지 스스로 질문하고 대답해 보는 시간이 필요하다. 이러한 질문은 다음과 같은 것들이 있다.

"고객과의 갈등은 무엇 때문에 발생했는가?"
"갈등을 해결하기 위한 대안으로는 어떠한 것들이 있었는가?"
"갈등관리의 과정에서 무엇을 배우고 느꼈는가?"

'R-GROW-R' 대화모델은 고객에게 질문을 통해 갈등관리의 대안을 찾고 실행하는 과정이다. 고객과의 갈등관리에서 주장보다는 좋은 질문이 낫다[13)재인용]. 질문의 과정에서 중요한 것은 질문 후에 고객의 말을 경청하는 자세이다. 경청할 때는 상대에게 몸을 기울이고 '감탄사'와 '맞장구'로 반응하는 것이 좋다. 또한 상대의 말과 행동을 따라 하는 '미러링(Mirroring)'은 공감대 형성에 도움이 된다. 질문을 하고 경청하면서 내가 하고 싶은 이야기를 고객이 하게 하면, 고객은 스스로 설득당하여 슬기롭게 갈등을 해결할 수도 있다.

갈등관리를 위한 '거절의 기술'

고객과의 갈등 상황에서 일방적으로 기업이나 그 구성원이 해결안을 제시하고 해결해야만 하는 것은 아니다. 때로는 거절이 필요하며, 고객과 더 큰 갈등 상황이 생겨나지 않도록 거절하는 기술도 매우 중요하다. 거절은 한마디로 타인의 요청이나 부탁, 제안에 대하여 명확하게 할 수 없다는 의사를 표현하는 것이다.[17] 사람들에게 거절은 쉽지 않은 반응이다. 왠지 모르게 미안하고 빚을 진 느낌이 들기 때문이다. 따라서 우리는 거절하는 기술을 익히기 위한 연습을 통해 '거절 근육'과 '자기표현 근육'도 키울 필요가 있다. 여러 가지 문헌을 참고하여 지혜로운 거절의 기술을 '원칙-유감-결론-이유-전환'의 순서로 정리하였다.

첫째, 거절 원칙과 매뉴얼을 만들고 그에 따라 행동한다. 원칙과 매뉴얼은 거절하기 힘든 성격을 가진 사람들이 자신만의 거절 원칙을 세움으로써 좀 더 수월하게 거절하게 하는 것이다. 고객들 중에는 수용하기 어렵고 난처한 요구를 하는 경우가 많이 있다. 이러한 요구에 거절의 어려움으로 암묵적으로 수용했다가 나중에 해결하지 못한다면 더욱 큰 갈등 상황에 빠질 수도 있다. 할 수 없는 것은 할 수 없다고 분명하게 고객에게 거절하는 것이 더 큰 갈등을 예방할 수 있다. 예를 들어, 회사 일을 하다 보면 고객 중에 공과 사를 구분하지 못하고 지인을 통해 부탁하는 경우가 있다.

아무리 지인의 부탁이라도 공과 사를 명확히 구분하여 수용할 것과 거절할 것을 구분하는 원칙을 갖는 것이 필요하다.

둘째, 거절의 시작으로 유감을 표현하고 요구 내용을 재차 확인한다. 고객은 자신의 요구에 대해 상대가 관심을 보이며 노력하는 것을 원한다. 따라서 심정적으로는 반대지만, 고객 편에 있는 것처럼 보일 필요가 있다. 유감을 먼저 표현하는 이유는 고객의 '감정적 지불 Emotional Payment'에 대한 심리적 방어기제를 방지하기 위한 것이다[14)재인용]. 고객의 요구를 들어줄 수 없어 유감스러워하면서, 요구를 재차 확인하는 모습에서 고객은 그를 신뢰할 수 있게 된다. 예를 들어, "고객님의 입장은 개인적으로 충분히 이해가 되고 공감이 되지만 공과 사는 구분해야 된다고 생각합니다. 고객님의 요구를 즉시 들어주고 싶지만 유감스럽게도 회사에는 절차가 있고 이를 지키는 것이 저의 의무입니다. 불편하시더라도 양해해 주시면 감사하겠습니다. 고객님의 요구가 정확히 전달되고 잘 처리될 수 있는지 지켜보고 말씀드리겠습니다. 고객님께서 원하시는 것은 조금 더 저렴한 가격을 적용해 달라는 것이었지요?"

셋째, 결론적인 핵심부터 전달하고 대안을 제시하는 것이다. 거절은 처음에 하는 것이 나중에 하는 것보다 쉽다. 거절을 망설이고 주저하는 경우 자신도 모르게 수용하는 경우도 있다. 상황에 따라 고민하고 노력하는 모습을 보이는 시간 차가 필요하겠지만 명확한 거절의 표현은 중요하다. 고객에게 잔뜩 기대를 심어 주고 거절하는 경우 고객과의 갈등은 더욱 커질 것이다. 따라서 거절은 하되, 또 다른 대안을 제시함으로써 고객의 입장에서 해결하려는 의지가 있다는 것을 보일 필요가 있다. 예를 들어, "금번 고객님의 가격 인하 요구 건은 회사의 원칙상 불가합니다. 그러나 고객님에게 도움이 되는 좋은 서비스 품목을 제공할 수 있겠습니다."

넷째, 거절의 이유를 명확하게 이야기한다. 고객과의 관계에서 회사에 소속된 구성원인 경우에는 회사의 규정이나 상사의 의사결정 등 여러 가지 핑계를 댈 수도 있다. 그러나 막연한 핑계보다는 고객이 합리적으로 수용할 만한 이유를 구체적으로 이야기하는 것이 중요하다. 여기에 더해서 그 이유를 충족시킬 수 있는 요구를 고객에게 도와달라고 함으로써, 거절의 부담을 고객에게 돌릴 수도 있다. 예를 들어, "만약 고객님께서 추가로 물건을 구매하신다면 평균적인 단가의 가격 인하가 가능하겠습니다. 고객님께서 조금 더 구매하여 저를 도와주신다면 제가 최선을 다해서 저렴한 가격으로 구매할 수 있도록 돕겠습니다. 추가 구매가 가능하신지요?"

다섯째, 거절하고 난 후 분위기를 전환시킨다. 고객과의 다양한 이해관계 속에서 어떤 하나의 사안은 거절하였지만, 다른 긍정적인 대화의 주제를 유도하는 것이다. 아무래도 사람은 거절에 기분이 좋을 수 없다. 따라서 안 좋은 기분을 떠나보내고 좋은 기분으로 유도하는 대화의 스킬이 필요하다. 특히, 고객과 장기적인 관계를 유지해야 하는 경우 분위기를 전환시키는 것은 반드시 풀어야 할 숙제이다. 예를 들어, "고객님께서 요구하는 부분을 들어드리지 못해서 아쉽습니다. 그런데 고객님은 항상 얼굴에 부티가 나고 평안한 모습입니다. 고객님께서는 좋은 표정과 건강을 유지하는 어떤 비결이라도 있습니까?"

5
고객과의 갈등관리는 지속가능 경영의 필수조건

고객과의 갈등관리 경험은 기업의 지속가능 경영을 위한 성장과 발전의 필수자원이다.

건강한 갈등관리는 성장과 발전의 자원

고객과의 갈등은 기업 생존에 직접적인 영향을 준다. 이는 앞의 다양한 사례에서도 충분히 이야기하였다. 최근에는 더욱이 인터넷의 발달과 더불어 SNS를 통한 수많은 고객들의 연결로 짧은 시간에 더욱 큰 파급효과를 준다. 따라서 고객과의 갈등관리는 지속가능 경영의 필수조건이라고 할 수 있다.

일반적으로 갈등은 사람들에게 부정적으로 인식된다. 그러나 갈등은 해결하는 과정 속에서 당사자들이 문제를 해결해 가며 배우고 성장하게 한다. 갈등을 통해 배우기 위해서는 갈등의 경험을 성찰하면서 성장의 자원으로 활용할 수 있어야 한다. 같은 경험을 하여도 누군가는 배우지 못하고 누군가는 배움을 통해 성장의 자원으로 활용한다. 이는 경험에 대한 반성적 성찰을 하느냐 하지 않느냐의 차이에서 비롯된다. 이는 조직 내부에서의 갈등도 마찬가지라고 할 수 있다. 적절한 수준의 갈등을 건강하게 해결하려고 시도한다면 조직의 성장과 발전에 도움이 된다[2)재인용]. [그림 7-4]는 적당한 갈등이 성과에 순기능의 효과가 있음을 나타낸다.

고객과의 갈등은 공급자와 수요자의 이해관계로서 상호 간의 기대가치 차이에서 발생한다. 고객은 공급자가 제공하는 가치를 인정하고, 원하는 사람이다. 기대가치는 단순한 제품뿐만 아니라 정성적인 부분을 포함한다. 고객의 기대가치 차이에 대한 갈등은 상품의 공급자에게 개선점을 발견하는 데 도움을 준다. 이러한 적절한 갈등과 건강한 해결은 기업의 생존과 지속가능 경영을 가능하게 한다. 따라서 기업은 고객을 갈등의 상대로서 적대시할 것이 아니라, 신뢰를 바탕으로 성장을 지원하는 승-승의 관계로 고객을 한 편으로 만들어야 한다.

고객과의 신뢰는 품성과 브랜드 이미지 그리고 능력을 바탕으로 일관된 모습을 보이는 것이다. 기업은 갈등의 순간을 넘기기 위해서 고객을 속이지 말고 문제를 직면해야 한다. 또한 갈등의 문제를 해결하는 과정에서 성장을 위한 자원을 찾기 위해 성찰해야 한다. 기업의 각 구성원들은 조직 차원에서의 갈등뿐 아니라, 고객과의 갈등을 해결하는 과정에서 지혜로운 갈등관리와 대화 모델을 능숙하게 활용하는 것이 필요하다.

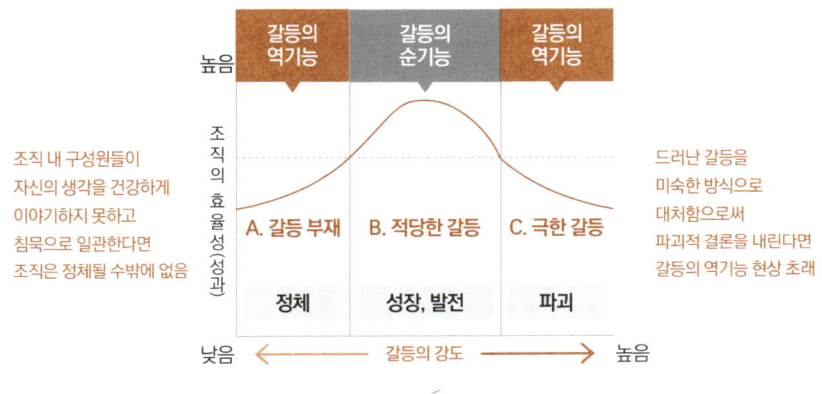

[그림 7-4] 갈등의 강도와 성과와의 관계

출처: 박원우(2006). 팀웍의 개념 측정 및 증진방법. 서울대학교출판문화원

 2016년 다보스포럼에서 시작된 4차 산업혁명, 그리고 2020년 COVID-19로 인해 세상은 환경 변화로 떠들썩했다. 기업과 고객의 관계는 구매행위가 단순히 상품의 소유가 아닌 경험이라고 이야기한다. 이를 'XaaS(Everything as a Service)'라고 하며 모든 것의 서비스화를 의미한다[18]. 고객들은 단순히 제품이 아닌 라이프 스타일을 구매하고, 각 개인들은 사회적 '원트(Want)'가 아닌 자신만의 '라이크(Like)'를 행복의 척도로 추구하는 '지혜로운 만족감'을 원한다[19]. 즉, 타인들이 바라보는 것을 의식한 명품을 구매하기보다는 명품은 아니지만 자신이 정말 좋아하는 디자인의 저렴한 브랜드를 선호할 수 있다는 것이다. 이것이 바로 '지혜로운 만족감'이고 타인들과는 다른 자신만의 라이프스타일을 추구하는 것이라고 하겠다. 고객과의 관계에서도 혁명적인 변화가 일어나고 있음을 알 수 있다. 이에 따른 고객의 기대가치 변화는 고객과의 갈등관리에도 영향을 미친다. 기업은 이러한 변화에 따른 갈등관리를 기술적 이슈뿐 아니라 경영 전략상의 이슈로 받아들이고 준

비해야 할 것이다. 기업은 고객과 느슨한 연결 속에서 기분 좋은 관계로 갈등을 관리하고 성장과 발전을 위한 자원으로 활용하여야 한다. 세상의 변화에 따른 지혜로운 고객과의 갈등관리는 기업 생존의 필수조건임을 명심해야 한다.

Unconflict 언컨플릭

08

갈등예방을 위한
유연성을 길러라

기업에서 갈등은 해결하는 것도 중요하지만 예방하는 것도 필요하다. 서로 다른 입장과 의견이 부딪칠 수밖에 없는 환경 속에서도 존중을 바탕으로 갈등을 예방할 수 있는 방법은 무엇일까? 갈등을 건강하게 관리하기 위해 갈등을 바라보는 관점을 어떻게 바꿔야 할까? 조직과 나 사이의 마찰을 줄이고, 건강한 거리 두기와 갈등을 예방할 수 있는 바운더리를 만들어 보자.

1

갈등, 해결보다는 예방의 위력

갈등은 해결하는 것도 중요하지만
갈등이 발생하기 전에
유연성을 넓혀 예방하는 것이 필요하다.

갈등을 방치하면 생기는 조직의 악영향

　애니메이션 영화 〈주토피아〉에서 경찰서장이 'elephant in the room'을 언급한다. 이 말은 방 안에 코끼리가 있다는 말로 골치아픈 문제를 비유한다. 모두가 문제인 것을 알지만 애써 무시하거나 쉽게 꺼내지 못하는, 어려운, 또는 골치 아픈 문제를 말한다. 조직에서도 다양한 문제들을 해결하고 싶지만 말을 못 해 끙끙 앓아 본 적이 있는가?

　조직에서 일어나는 다양한 갈등 속에서 해결해야 할 일들을 쉽게 말하지 못하는 경우가 많다. 코끼리를 못 본 척하며 서로가 이야기하지 않는 것이다. 이런 현상이 벌어지는 이유는, 괜히 의견을 냈다가 오히려 본인에게 피해가 오거나 부정적인 결과를 가져올 것이라는 불안감 때문이다. 하지만 이런 문제를 지속적으로 방치하면 문제는 더 악화되고 갈등의 골은 더욱 깊어질 수밖에 없다.

　조직 안에서는 물론 조직 밖에서도 매일매일이 갈등의 연속이다. 우리는 식당에 가서도 어떤 것을 먹을까를 고민하고 대중교통 이용과 자동차 운전 사이에서 망설이는 등 항상 갈등 속에서 살고 있다. 2021년 전국경제인연합회가 OECD 30개국을 대상으로 정치/경제/사회 분야 갈등 지수를 종합 분석한 결과, 한국의 갈등지수는 3번째로 높아 갈등이 매우 심각한 국가로 나타났다.[1] 현대경제연구원의 '사회적 갈등의 경제적 효과 추정과 시사점'이라는 2016년 보고서에 따르면 한국의 사회적 갈등수준이 OECD 평균 수준으로 개선된다면 실질적으로 GDP는 0.2% 올라갈 것이라고 분석했다.

　스노우볼 효과(Snowball Effect)라는 말이 있다. 주먹만 한 눈덩이를 계속해서 굴리고 뭉치다 보면 어느새 산더미처럼 커지는 현상을 빗댄 말이다. 이처럼 갈등도 무심하게 바라보거나 안이하게 두면 걷잡을 수 없이 커진다. 그래서 갈등이 커지기 전에 처음에 어떻게 예방하느냐가 매우 중요하다. 아무리 사소한 갈등이라도 초기 대응이 중요하고 나아가 갈등을 예방하는 노력이 건강한 조직을 만드는 바로미터가 된다. 즉 조직의 갈등을 관리하는 것만큼 갈등에서 오는 불안감을 제거하고 대처할 수 있는 갈등 예방이 필요하다.

갈등을 관리하는 유연성이 필요한 이유

운동에서 꼭 필요한 능력이 유연성이다. 유연성은 동작을 원활히 한다든가 부상을 예방하는 중요한 역할을 하는 능력이다. 조직갈등이 건강한 갈등이 되기 위해서는 내가 스스로 조절하고 잘 해결할 수 있는 조직에서의 유연성을 넓혀 가는 것이 중요하다.

조직에서 유연성을 이야기하는 데는 이유가 있다. 조직에서의 유연성은 조직민첩성과도 연관된다. 조직민첩성은 변화에 빠르게 대응하면서도 경직되지 않고 유연하게 대응할 수 있는 능력을 말한다. 조직민첩성을 결정하는 2가지 키워드가 바로 속도(Speed)와 유연성(Flexibility)이다. 현재 한국 기업들은 성장속도는 빠르지만 위기를 감지하는 능력이 떨어진다고 한다[2]. 이 유연성을 높이기 위한 방안은 구조적인 부분보다는 프로세스가 우선되어야 하며, 시스템보다는 사람이 중요함을 일깨워 주는 것이 필요하다.

유연성을 넓히기 위한 핵심적인 요소가 있다. 조직심리학자인 톰슨(Thompson)과 해이스티(Hastie)는 '비양립성 오류'라는 심리학 용어를 이야기했다. 비양립성 오류란 자신이 중요하다고 여기는 것을 상대방도 동일하게 중시 여길 것이라고 착각하는 경우를 말한다. 나의 가치관으로 상대방을 판단하는 경우에는 갈등을 유발하게 된다. 갈등을 예방하기 위해서는 서로의 차이를 인정하고 함께 해결하는 노력이 필요하다. 무조건 타인을 인정하는 영역만 넓히는 것이 아니다. 조직에서 생활하는 공동체에는 반드시 목적이 있으므로 공존하기 위해서는 '존이구동'(尊異求同)'

이 필요하다. 서로 간의 다름을 인정(尊異)하되 함께 해결하는 방법을 찾아(求同)가는 것이다.

다음 장에선 조직에서 갈등을 예방할 수 있는 방법들을 제시한다.

2
조직의 심리적 안전지대를 조성하라

구성원들이 심리적 안전감을 통해 두려움 없이 믿고 표현할 수 있는 안전지대를 만들어라!

누구에게도 이롭지 않은 사람들의 불안감

직장인을 대상으로 한 스트레스 원인에 대한 설문 조사 결과를 살펴보면[3] 영업업무 성과에 대한 압박이 14.8%로 1위, 회사의 미래에 대한 불안감이 12.1%로 2위를 차지했다. 이 조사에서도 보이듯이 미래에 대한 불안감뿐만 아니라 직원들의 불안감은 다양하게 나타난다. 언제 해고를 당할지에 대한 불안, 인정받지 못할 것에 대한 불안, 동료나 후배들에게 뒤처질지에 대한 불안, 실패에 대한 두려움 등 여러 불안 요소가 존재한다. 『그 회사는 직원을 설레게 한다(Alive at Work)』의 저자 대니얼 M. 케이블도 "직장인들의 불안감은 누구에게도 이롭지 않다."라고 말한다. LG경제연구원에서 지은 『직원들의 불안을 관리하라』에서도 구성원들의 불안은 구성원들에게도 악역향을 미치고 상대방을 좁은 시야로 바라볼 수 있으며 무엇보다 집중력과 판단력을 떨어뜨려 업무의 효율성을 저해한다고 말한다. 조직에서 저해요인을 예방하기 위해서는 무엇이 필요할까? 바로 심리적 안전감이다.

직장에서 사람들이 심리적 안전감을 느껴야 하는 이유

조직에서 안정적인 관계는 심리적 안전감에서부터 나온다. 심리적 안전감은 조직원끼리 생산적인 토론을 가능하게 하여 갈등을 효과적으로 처리할 수 있도록 돕는다. 조직 구성원들이 터놓고 이야기하며 자유롭게 의사소통할 수 있는 분위기를 말하는데, 이것은 내가 실패해도 비난받지 않을 것이라는 믿음이다. 심리적 안전감은 편안함을 연상하기보다는 구성원들이 용기를 내어 말할 수 있는 정직함과 진실함, 그리고 다른 사람에게 기꺼이 도움을 구할 수 있는 용기를 말한다. 『성공적인 구글 팀의 다섯 가지 요소』중에서도 첫 번째로 심리적 안전감을 말하는데 "팀원들은 서로 앞에서 리스크를 감수하고 자신의 취약점을 드러내도 안전하다고 느낀다"라고 정의한다.

그럼 조직에서 일어나는 상황을 한번 생각해 보자. 조직에서는 빈번하게 회의가 진행된다. 회의 때는 똑같은 이야기를 반복하거나 대화를 하는 사람들만 의견을 내는 경우가 종종 있다. 그러다 어떤 아이디어가 떠올라 이야기하려고 해도 내 의견이 비난받거나 모든 책임이 나에게로 돌아올까 봐 두려운 적이 많았을 것이다. 그럼에도 좋은 아이디어가 있다는 의견을 잘 표출했는가? 아니면 좋지 않은 반응이라도 나올까 봐 입을 다물었는가? 심리적 안전감을 주는 분위기는 의견을 자유롭게 내고, 실행에 어렵더라도 그 의견을 비웃거나 비난하지 않고 대안을 제시해 주는 분위기를 말한다.

"새로운 아이디어를 내거나 제안할 때 구성원들이 무서워한다면 기업의 성과를 내는 데 큰 위험이 생길 수 있다." 20년 동안 전문적으로 심리적 안전감에 대해 연구한 에이미 에드먼드슨 박사의 이야기다. 그는 구성원들의 노고를 충분히 인정해 주어야 조직에 심리적 안전감을 줄 수 있다고 이야기한다. 갈등을 예방하는 첫 단계는 서로가 배려한다고 의견을 제시하지 말라는 것이 아니다. 내가 의견을 제시해도 받아 줄 것이라는 안전감을 주어야한다. 상호작용할 수 있는 분위기를 만들어야 한다. 그러한 작은 노력이 상호 간 심리적 안전감을 만들고, 그 안전감이 갈등을 방지하는 큰 다리 역할을 할 수 있다.

심리적 안전감 조성을 위한 방법 1

2020년 한국노동연구원에서 한국인 직장인 행복도를 조사했다[4]. 9,371개 기업, 72,109명을 대상으로 조사한 결과, 심리적 안전감이 구성원 행복(직무만족도)에 18.1%의 영향을 미친다고 발표했다. 심리적 안전감이 높을 경우에는 조직 구성원의 자유로운 발언이 촉진되고, 조직의 성과에도 긍정적 영향을 미치게 된다고 한다. 그 안전지대의 지속성과 유연성을 넓히기 위해서는 리더의 역할이 중요하다.

직원들에게 심리적 안전감을 주기 위해서는 첫째, 리더는 스스로 오픈해야 한다.

에이미 에드먼드슨의 『티밍(teaming)』에서는 심리적 안전감을 구축하기 위한 리더의 행동으로 쉽게 다가갈 수 있는 사람이 되라고 말한다. 회의를 할 때나 모임에 갔을 때 내 옆자리는 항상 비어 있다면 나는 쉽게 다가가기 어려운 사람일 것이다. 그래서 나를 먼저 오픈하며 자극해야한다. DBR 칼럼에서 김현정 교수도 리더는 "실패해도 돼. 나도 예전에 잘 못했어."라는 표현으로 구성원들에게 심리적인 안전감을 줘야 진짜 리더라고 이야기한다.

나도 어려웠다고 인정하는 것이 상대방에게 안도감을 주고 마음의 벽을 허물 수 있는 방법이다. 나아가 우리 팀의 방향이나 목표도 미리 오픈하고 공유하는 것만으로도 왜 이 일을 하는지 알 것이다. 아무 생각 없이 하는 게 아니라 뜻 있는 일을 한다는 것을 말이다. 나를 먼저 오픈하고 조직의 방향과 목표를 공유하는 것은 구성원들이 서로 격려할 환경을 만드는 훌륭한 자극이다. 이 때문에 구성원보다도 리더가 우리 조직, 더 작게는 우리 팀의 안전지대를 넓히기 위해 노력해야 한다. 그 안전지대를 만들기 위해서는 자극과 반응이 중요하다. 커뮤니케이션의 가장 큰 핵심도 자극과 반응이다. 일상 속에서 주고받는 말이나 행동은 물론, 상호 간 인정하는 자극과 반응이어야 한다. 조직에서도 안전지대를 넓히기 위해서는 먼저 서로를 인정하는 자극, 즉 구성원들이 서로 격려할 환경을 만들어야 한다.

이와 유사하게 서로 격려할 환경을 만들기 위한 온기의 중요성을 보여주는 대표적인 심리학 실험이 있다[5]. 미국의 심리학자 해리 할로우의 가짜 원숭이 실험이다. 새끼 원숭이의 우리 안에 먹이를 주는 철사 엄마와 부드러운 천으로 만들어졌지만 먹이는 주지 않는 헝겊 엄마를 넣어 주고 실험을 진행했다. 새끼 원숭이가 생존을 위한 먹이에 더 집착하는지 아니면 부드러운 감촉에 집착하는지를 알아보기 위해서였다. 실험 결과 새끼 원숭이는 허기가 질 때만 철사 엄마에게 가서 젖을 먹을 뿐, 그 외의 시간에는 헝겊 엄마에게 붙어 있었다. 심지어는 헝겊 엄마에게 매달린 채 철사 엄마의 젖을 먹었다. 실험을 진행하는 동안 공포를 느끼면 안정될 때까지 부드러운 헝겊 엄마에게 붙어 있었다. 헝겊 엄마를 대표하는 '온기'는 심리적 불안감을 해소하고 안전하다고 느끼게 해 준다. 이런 리더의 온기는 상호 간 심리적 안전감을 형성하게 된다.

『두려움 없는 조직』의 에이미 에드먼드슨 박사는 심리적 안전감을 위한 방법을 제시하는데 그것은 리더의 행동, 즉 어떻게 말하고 행동하는지가 중요하다고 한다. 리더는 구성원들이 의견을 공유하거나 말할 때 그 과정을 어떻게 지지하고 공유할지 생각해야 한다. 리더에게 문제 제기 혹은 질문을 할 때 긍정적인 반응을 보여 주는 것이다. 그리고 구성원들이 실수했을 때 비난보다는 문제의 원인을 분석하고 그것을 예방할 수 있는 방법을 공유하는 노력을 해야 한다.

심리적 안전감 조성을 위한 방법 2

두 번째로 직원들에게 심리적 안전감을 조성하기 위해서 리더는 올바르게 반응해야 한다.

세계적인 격투기 단체 UFC에서 한국인 최초로 활동을 했던 김동현 선수, 이렇게 강한 남자의 상징인 격투가였던 김동현 선수가 한 예능 프로그램에서 눈물을 보였다. 바로 한 시절을 풍미했던 스포츠 선수들이 모여 축구경기를 치르는 〈뭉쳐야 찬다〉라는 TV 프로그램이다. 그는 이 프로그램에서 골키퍼를 맡았는데 경기 후 갑자기 "골키퍼를 그만하고 싶습니다."라고 다른 팀원들에게 말한다. 팀원들은 그 말에 상당히 놀라며 이유를 묻는다. 외롭게 골문을 지키던 김동현이 계속되는 실점에 부담감으로 힘들어하는 모습을 보였고, 다른 선수들이 왜 못 막았는지 이야기하는 것이 부담이었다고 한다.

　하지만 그는 감독을 맡고 있던 안정환의 격려에 다시 일어설 수 있었다. "지금도 잘해 주고 있다." 부담에 짓눌려 자신감을 상실해 가던 김동현 선수를 일으킨 감독의 격려였다. 그리고 이어진 "네가 최고다."라는 다독임은 풀이 죽어 있던 선수의 불안감을 해소하고 다시 경기에 나서도록 하기에 충분했다. 물론 이러한 말 한마디로 문제를 다 해결할 수는 없지만, 불안감을 해소시키는 말 한마디의 지지는 안전감을 갖는 데 큰 역할을 한다. 상대방의 반응은 본인의 심리적 안전감 정도를 결정한다고 한다.[6] 구성원, 또는 리더들과 이야기할 때는 반응이 상당히 중요하다. 회의할 때 나는 용기를 내어 의견을 제시했다. 그런데 팀원들의 반응이 영 좋지 않다. 인상만 쓰고 있는 A팀원, 멍하니 책상만 보고 있는 B팀원, 핸드폰만 바라보고 있는 C팀원. 이들의 얼굴을 봤을 때 더 의견을 내고 싶은가? 아니면 그만 이야기하고 싶은가? 그들의 반응은 나의 심리적 안전감을 결정한다. 반대로 누군가 의견을 낼 때 내가 인상을 쓰거나 다른 행동을 한다면 상대방의 심리적 안전감은 상당히 낮을 것이다. 반응에는 여러 가지가 있다. "이거 해 보고 이야기하는 건가요?"라며 의심하듯 물어보는 반응, "걱정하지 마. 넌 항상 그렇게 생각하더라."와 같은 감정축소 반응, "원래 그래. 술이나 한잔하러 가자."와 같은 회피 반응 등등이다. 상대방의 말에 분석, 비판, 회피하기에 급급하기보다는 적절한 맞장구와 호응을 보이며 안전감을 주는 반응이 중요하다.

상대방에게 안전감을 주기 위한 반응은 무엇이 있을까? 반응은 내가 잘 듣고 있는 신호와 다름없다. 상대방 마음의 문에 안전감을 주기 위해서는 긍정적인 신호를 보내야 한다. 그러면 상대방은 당신이 보내 주는 반응을 통해 나에게 더 집중할 수 있다. 긍정적인 신호 중 질문하면서 듣는 것만으로 긍정적인 신호를 보낸다. 그냥 듣기만 하는 것은 소극적인 태도이다. 진정한 상호작용을 하기 위해서는 상대방의 이야기를 제대로 이해하고 있는지에 대한 질문을 하고 반응하는 것이다.

『고수의 질문법』을 쓴 한근태 컨설턴트도 사람들은 좀처럼 질문하지 않으며 질문에 답하지도 않으려 한다고 말한다. 입 다무는 게 더 안전하다고 생각하는 순간 아무도 입을 열지 않을 수 있다고 한다. 하지만 그들의 입장에서 구성원들의 심중을 헤아려 보고 진심으로 말하면 해결된다. 생산적인 질문을 하고, 그들의 대답에 반응하고, 모르는 부분은 다시 확인하고, 의견을 내 줘서 고맙다고 반응하는 것만으로도 심리적 안전감을 갖게 하는 작은 실천이 될 것이다.

3
조직과 나의 그라운드 룰을 넓혀라

조직과 나의 그라운드 룰을 통해 서로 존중하며 대화할 수 있는 규칙을 형성하라!

갈등예방을 위한 조직과 나의 그라운드 룰이 필요한 이유

당신이 식당을 고를 때 혹시 고려하는 점이 있는가? 풍경을 좋아하는 사람들은 좋은 자리를 원할 수도 있고 분위기를 좋아하는 사람들은 그 식당의 분위기를 살펴볼 것이다. 즉 자기만의 기준과 생각을 가지고 우리는 결정한다. 자신만의 기준이 있을 때 우리는 결정이 빨라진다.

이런 기준점이 있어서 결정을 빠르게 내릴 수 있는 것을 닻내림 효과라고 말한다. 닻내림 효과란 행동경제학 용어로 닻을 내린 배가 크게 움직이지 않듯 처음 접한 정보가 기준점이 되어 판단에 영향을 미치는 것으로 기준점을 활용해 신속하게 의사결정을 내리도록 해 주는 직관이다. 우리도 조직에서 우리 팀 또는 개인이 중요하게 생각하는 기준, 즉 그라운드 룰을 정해 놓고 조직의 생활을 이어 간다면 갈등을 예방할 수 있는 시작이 될 것이다. 박태현의 『부하직원이 말하지 않는 진실』에서는 그라운드 룰은 리더와 구성원이 모두 함께 지켜야 하는 공동의 약속이라고 정의한다. 즉 리더와 구성원들이 바람직한 행동과 바람직하지 않은 행동을 미리 규정하는 것이라고 말한다. 갈등을 예방하기 위한 조직의 그라운드 룰이 중요한 이유를 살펴보자.

농구에는 '패턴플레이'라는 것이 존재한다. 패턴플레이란 특정상황에서 선수들이 약속한 신호에 맞춰 약속한 대로 움직이는 플레이를 말한다. 하지만 다양한 플레이를 갖지 못한 팀은 특정상황에서 자기 멋대로 움직이거나 우왕좌왕하는데 그 이유가 협력하고 싶지 않아서가 아니라 무엇을 어떻게 협력해야 할지 몰라서 생긴다고 한다. 우리가 갈등을 예방하고 싶고 갈등을 해결하고 싶지만 무엇을 어떻게 해야 할지 몰라서 안 하거나 또는 못 하는 경우가 많다. 그래서 상호 간 갈등을 예방하는 나와 조직의 그라운드 룰이 필요하다.

많은 조직에서 현재에도 그라운드 룰을 정하지만 그냥 정하기만 할 뿐 활용을 못 하거나 명목상 액자 속에 걸려 있는 규칙으로 존재한다. 조직 또는 나와 동떨어진 규칙은 누구도 약속하지 않는 룰이 될 수 있다. 앞에서도 말한 '존이구동(尊異求同)'이라는 말처럼 '다름을 인정하고 같은 곳을 바라볼 수 있는 것' 즉, 서로 간 교집합을 찾아 갈등을 최소화하는 것이 중요하다[가]. 조직 내에서 가장 많이 발생하는 근태, 협업, 업무지시 등에 그라운드 룰을 서로의 합의로 만드는 것이다. 따라서 서로가 필요하고 지킬 수 있으며 동의하는, 즉 갈등을 최소화할 수 있는 그라운드 룰을 만들어야 한다. 그렇다면 어떠한 것들이 있을까? 그 사례를 살펴보자.

우수한 조직의 '그라운드 룰' 1

〈차이나는 클라스〉 프로그램에서 장대익 교수는 서로가 조직에서든 사회에서든 공존하기 위해서는 '공감의 반경'을 넓혀야 한다고 말한다. 우리로 묶일 수 있는 공통점을 찾아 주고 바운더리를 확대하여 상호 간 공존력을 넓혀 주는 것이 중요하다는 것이다. 우리 조직의 그라운드 룰도 서로가 공존하기 위해서는 서로가 합의하는 그라운드 룰이 중요하다.

카카오의 공존과 합의를 위한 공유와 '신충헌(신뢰, 충돌, 헌신)' 조직문화를 우수사례로 살펴볼 수 있다. 신뢰하는 상태에서 맘껏 충돌하고 그렇게 얻어진 결과에 대해선 마음에 안 들더라도 헌신해서 추진한다는 말이다[8]. 굉장히 인상적인 문화이다. 갈등은 필요하지만 충돌만 했을 경우 갈등의 역기능이 부각되어 다툼이 생길 가능성이 높아지고 헌신만 했을 경우 갈등의 부재가 오히려 조직의 성장을 방해할 수 있다. 그래서 카카오의 조직문화에 볼 수 있는 충돌은 신뢰와 헌신이 밑바탕이 되어야 한다는 것을 볼 수 있다.

이 부분은 위에서 이야기한 심리적 안전감과도 연관이 된다. 구성원들 간의 신뢰와 희생이 있다면 어떤 의견을 낼 때도 자유롭게 이야기하고 토론할 수 있는 분위기가 형성되는 것이다. 동아비즈니스 리뷰 〈공유와 신충헌 몰입도 높은 수평조직 만들기〉 칼럼에서도 카카오의 신충헌 문화를 팀의 발달단계로 분석한다. 미국의 심리학자 부루스 터크만의 팀은 '형성기(Forming)-갈등기(Stormimg)-규범기(Norming)-성취기(Performing)'의 단계를 거쳐서 발전한다는 학설을 제시했다. 형성기는 팀 목표에 동의하고 일의 범위에 초점을 맞추기 시작하는 단계, 갈등기는 사안에 대한 다양한 관점, 의견이나 구성원 간 성격 등의 차이로 인해 충돌이 빚어지는 단계이다. 규범기는 공통된 목표에 필요한 규범을 만들어 가는 단계, 마지막 성취기는 실행단계라고 할 수 있다. 카카오는 '신충헌 문화'라는 점에서 갈등기 단계를 좀 더 건설적으로 진행하고 규범기 단계를 훨씬 효과적으로 진행할 수 있는 선순환 구조를 만들어 냈다고 분석한다.

우수한 조직의 '그라운드 룰' 2

'피자 두 판의 법칙'이라고 들어 보았는가? 이것은 혁신적인 회의 문화를 가진 아마존의 회의 방식이다[9].

아마존의 CEO인 제프리 프렌스턴 베저스는 회의할 때 '라지 사이즈 피자 2판'으로 한 끼 식사를 해결할 수 있는 인원으로 팀을 구성할 것을 강조한다. 일반적으로 피자 2판은 열여섯 조각으로 한 사람당 두세 조각을 먹는다고 할 때 아무리 많아도 8명 넘어서는 안 된다는 것이다. 6-7명 소규모로 팀을 꾸려야 서로 활발하게 커뮤니케이션을 할 수 있으며 의사결정 속도를 높일 수 있기 때문이라고 한다.

이 밖에도 아마존의 회의 방식 중 'Silent Reading'이라는 소리 없이 읽기 방식이 있다. 직원들은 회의가 시작되기 전에 회의 내용이 담긴 내용을 읽는다. 6쪽 분량의 글을 읽으면서 자신의 생각과 질문을 정리하며 회의가 시작되면 충분히 숙지해 온 내용을 바탕으로 구성원들 간 토론을 진행한다. 즉 아마존의 그라운드 룰은 상호 간 의견을 잘 공유하기 위해 작은 팀 단위로 구성하고 불필요한 회의시간을 줄이기 위해 사전 회의 내용을 검토하는 것이다. 하지만 모든 기업들이 이런 규칙을 다 수용하고 적용할 수 있는 것은 아니다. 그 조직이 추구하는 목적들에 따라 이런 규칙들은 쓸모 있을 수도 있고 불필요할 수도 있다. 다만, 적어도 이런 규칙이 있는 조직과 없는 조직의 생산성은 크게 달라질 것이다.

'KPT' 툴을 활용한 팀 규칙 정하기

많은 기업들이 다양한 툴(Tool)을 가지고 그라운드 룰을 정한다. 그 중에 자율적이고 현장의 갈등상황을 개선해 나갈 수 있는 회고의 진행 방식으로 'KPT 애자일 회고방식'을 소개한다[10]. 먼저 KPT툴은 'Keep-Problem-Try'의 약자이다. Keep은 좋았던 부분으로 계속해서 유지되었으면 하는 것이고, Problem은 잘되지 않았던 부분으로 문제라고 생각하는 것이다. 마지막으로 Try는 Keep을 유지하고 Problem을 해결할 수 있도록 실천해 보았으면 하는 부분으로 세 가지 프레임 워크로 나누어 생각하는 방법이다. 이 방법은 서로 의견을 나눔으로써 해결책을 찾을 수 있도록 유도하는 간단한 회고 방법론이다.

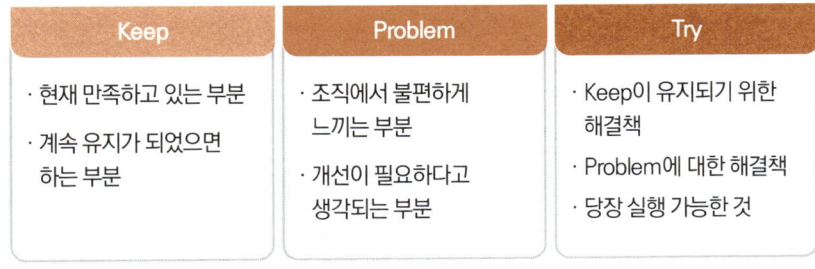

[그림 8-1] KPT툴 활용법

예시

Keep 적극적인 참여가 좋았어요.	Problem 우리 조직은 공유가 잘 안 돼요.
Try: 적극적인 참여가 계속 유지되기 위해서는 1. 회의 전에 목적을 한 줄로 공유한다. 2. 한 사람씩 돌아가며 의견을 듣는다. 3. 의견을 낼 땐 이유를 함께 말한다. 4. 모호할 땐 질문을 통해 물어본다.	Try: 공유가 잘되기 위해서는 1. 회의 안건 및 자료는 최소 하루 전에 공유한다. 2. 가벼운 티타임을 통해 근황 토크를 한다. 3. 업무 공유에는 '담당자'와 '기한'을 명시한다. 4. 결과만 말하지 말고 '과정'도 공유한다.
팀원끼리 투표를 통해 2-3개 선정	팀원끼리 투표를 통해 2-3개 선정
Action Plan: 선정된 내용을 실천할 수 있는 구체적인 행동 적기	Action Plan: 선정된 내용을 실천할 수 있는 구체적인 행동 적기

[그림 8-2] KPT툴 예시법

먼저 이 툴을 잘 활용하기 위해서는 다음과 같이 활용해 본다.

1. 팀원들에게 KPT툴을 설명한다.
2. 포스트잇을 나눠 준다.
3. 5분-10분 정도 Keep과 Problem을 작성하게 한다. (정확한 시간 공지 중요)
4. 화이트보드와 같은 넓고 잘 보이는 공간에 팀원들의 의견이 작성된 포스트잇을 각

각 영역을 나눠 붙여서 내용을 공유한다.
5. 팀원들의 투표를 통해 2-3개를 선정한다.
6. 선정된 내용에 대한 Try를 작성하도록 한다.
7. 포스트잇 붙이기-투표의 과정을 거쳐 Try내용에 대한 액션플랜을 함께 만들어 나간다.

'KPT'툴을 활용하는 방법

투표로 선정된 내용을 실천하기 위한 구체적인 행동, 즉 Try를 논의한다. 예를 들어 '공유가 잘 안 돼요'라는 Problem이 나왔다면 공유가 잘되기 위해 Try해야 할 부분을 적는 것이다. '적극적인 참여가 좋았어요.'라는 Keep 부분이 나왔다면 더 잘되기 위해 Try해야 할 부분을 함께 적어 보는 것이다. 공유가 잘되기 위해 Try 부분을 적을 때에도 '정기적인 회의가 필요하다' '룰 세팅이 있어야 한다' '서로에게 관심이 있어야 한다' '가벼운 티타임을 갖는다' 등 여러 가지 의견이 나올 것이다. 이 중에서 3가지를 선택하여 Action Plan을 구체적으로 적어야 한다. 정기적인 회의를 해야 하는데 구체적으로 1주일에 몇 번 몇 시에 할 건지 정확히 정하고 그 회의의 자료를 살펴볼 시간까지 포함하여 시작시간과 종료시간까지 정하는 것이 Action Plan이다. '적극적인 참여가 좋았다'라는 '주인의식이 있어야 한다' '업무 이해도가 높아야 한다' '리액션이 중요하다' 등 여러 실천 사항 중 구체적인 Action Plan이 있어야 한다. 업무 이해도를 높이기 위해 서로가 일하는 내용에 대해 각자 공유하고 어떤 부분을 내가 도와줄 수 있고 어떤 부분이 어려운지를 구체적으로 공유함으로써 서로가 힘들어하는 부분들을 도와줄 수 있는 플랫폼이 생기는 것이다.

다시 말해 Try 부분에서 실천사항만 적는 것이 아니라 그 규칙을 지키기 위해 어떤 행동을 할 것인지, 언제부터 시작할 것인지 등 구체적으로 적는 것이 중요하다.『회의 없는 조직』에서는 회의 시 그라운드 룰을 만들 때 염두에 둘 10가지 원칙을 말한다. 기대하는 결과 반영, 참여자 의견 반영, 기존 규칙 반영, 리더의 의견 반영, 긍정적 표현, 위반 시 벌칙 적용, 시범 운영 기간 설정, 창의성 발휘, 공공장소에 게시, 상징물과 함께 비치 등이라고 말한다. 즉 서로의 의견을 내고 공유하고 실천계획을 만들고 나서 반드시 어떻게 실천을 할 것인지에 대한 명확한 규칙을 만드는 것이 중요하다.

자기만의 그라운드 룰 넓히기

조직 내 그라운드 룰이 필요하듯 개인 스스로에게도 그라운드 룰이 필요하다. 자동차도 속도를 변환할 수 있는 변속기가 있고 멈출 수 있는 브레이크가 있으며 그 속도를 볼 수 있는 계기판이 있다. 우리도 상대방과 갈등을 예방할 때 나 스스로 그 속도를 조절할 수 있는 계기판이 있어야 한다. 갈등의 속도가 붙기 전에 나만의 계기판을 가지고 조절해 가는 것이 중요하다는 것이다.

평소 직장생활을 잘하기 위한 혹은 갈등을 예방하고 관리하기 위한 자기만의 규칙, 즉 그라운드 룰이 있는가? '출근은 10분 전에 꼭 도착하겠다' '미팅 시 회의 자료를 살펴보겠다' '보고 시 출력하여 오타를 체크하겠다' 등의 룰 말이다.

『내 안에 미운 사람이 사라졌다』라는 책에서는 갈등을 예방하기 위한 원활한 나만의 의사소통시스템을 소개한다. 그 방법과 효과를 제시하는데 예를 들어 '디브리핑' 소통시스템 방법은 '방금 자신이 받은 요청을 자신이 이해한 대로 다시 말해 주는 것'이다. 이에 대한 효과는 뜻이 제대로 전달되었는지 상호 점검할 수 있는 장점이 있다. 당일 '리턴콜' 소통시스템 방법은 그날 받은 고객, 상사, 동료의 요청에는 그날 반드시 피드백을 주는 것이다. 이에 따르는 효과는 피드백을 받은 사람은 일의 진행 사항을 명확하게 알 수 있다는 장점이 있다. 마지막으로 '30% 피드백' 소통시스템 방법은 일이 30퍼센트 정도 진행된 시점에 결과물을 공유하는 것이다. 이에 따르는 효과는 진행 상황이나 보완점 등을 상호 점검함으로써 결과물을 내기 위한 소통이 가능하다는 장점이 있다.

스스로 조직의 갈등을 예방하는 자신만의 규칙을 사소한 것이라도 만드는 작은 실천 행동이 나와 상대방의 갈등을 예방할 수 있는 안전거리를 만드는 방법이 된다.

4
갈등을 바라보는 태도를 전환하라

갈등을 바라보는 관점을 전환하여 상호 간 이해할 수 있는 신호를 발견하자!

나도 갈등의 원인이 될 수 있다

지원팀의 김가나 팀장에게 조퇴근 팀원이 이야기한다.

조퇴근 팀원: 기존 프로젝트 관련하여 ○○현장 방문하고 바로 거기서 퇴근해도 괜찮을까요?

만약 당신이 김 팀장이라면 어떻게 반응할 것인가?

반응 A: 그래 그렇게 해. 현장 방문하고 전화로 상황 보고하고 바로 퇴근해!
반응 B: 무슨 말이야? 다시 와서 보고하고 들어가야지. 거기서 퇴근을 한다고?

당신은 어떤 반응을 할 것인가? 조직의 상황과 환경에 따라 또는 평소 팀원에 대한 팀장의 감정에 따라 긍정적 혹은 부정적 반응으로 나뉠 수 있을 것이다. 즉 상대의 행동과 나의 반응에는 나의 판단이 그 사이에 존재한다. 그 판단이 그 구성원과 과거 또는 평소에 어떤 관계였냐에 따라 달라질 수 있다는 것이다. 『죽음의 수용소에서』의 저자로 유명한 빅터 프랭클은 "자극과 반응 사이에는 공간이 있다. 그 공간에는 자신의 반응을 선택할 수 있는 자유와 힘이 있다."라고 했다. 즉 사람은 자신의 반응에 선택할 수 있는 자유와 힘이 있어 내가 어떻게 생각하고 행동하는지에 따라 갈등을 더 일으킬 수 있고 갈등을 예방할 수도 있다. 김 팀장이 조 팀원에게 어떤 반응을 하는지는 자극과 반응 사이에 공간을 어떻게 채우느냐에 따라 달라진다는 것이다. 자극과 반응하는 그 공간을 한번 생각해 보자. 당신은 현재 어떤 것으로 채워져 있는가? 대상에 따라 상황에 따라 그 공간을 채우는 경험들은 상당히 달라질 것이다. 하지만 그 경험들이 다른 구성원들과 갈등을 일으키는 독이 될 수 있고 갈등을 해결하는 약이 될 수도 있다.

『갈등 해결의 지혜』에서는 인간의 행동을 온전히 설명하려면 태도와 상황에 한 가지 요인이 더 있다고 말한다. 그 요인은 과거의 상황을 말하는데, 현재의 태도는 과거의 상황에서 발전되어 온 요인이라는 것이다. 과거에 내가 어떤 경험을 했는지에 따라 우리는 똑같은 상황을 보더라도 말하는 차이가 생기고 생각하는 관점이 달라질 수 있기 때문이다. 조직과 연관 지어 보면 현재의 상황만이 아니라 과거에 어떤 구성원이나 팀장을 만났느냐에 따라 그 경험이 현재 상황에 반응하는 것을 달리할 수 있다는 것이다. 하지만 과거의 상황이 섣불리 현재의 상황에 반영되어 태도가 되지 않도록 해야 한다. 그렇다고 무조건 참는 것도 반대로 무조건 화를 내는 것도 갈등을 예방하는 좋은 방법은 아니다. 미국 심리학자 리처드 리벡은 "먼저 자신의 성격 중에서 자신의 인생에 영향을 끼치는 부분을 자각해야 한다. 자각한 사람은 평정심을 유지하고 다른 사람들과 쉽게 언쟁을 벌이지 않는다."라고 말했다. 이처럼 갈등을 일으키는 상황이 꼭 상대방이 아니라 본인이 될 수 있다는 것을 인지하는 것이 중요하다. 첫 번째 이야기했던 심리적 안전감과 조직의 안전거리를 위한 그라운드 룰을 만들었지만 이 모든 것에 발판이 되기 위해서는 내 관점의 태도를 전환해야 한다. 갈등을 일으키는 사람이 상대방인지 나인지 아니면 상호 간 이해 못 하는 입장 차이인지 인지하는 것만으로도 갈등을 최소화할 수 있다.

갈등을 바라보는 태도를 전환하라

드라마 〈스토브리그〉에서 위기가 많은 팀을 이끌어 가는 백승수 단장이 나온다. 거의 표정도 없고 딱딱한 말투를 가진 캐릭터이다. 사람과도 거리를 둔 채 구성원들과 팀을 이끌어 간다. 하지만 그 뒤에는 연민을 느끼게 하는 인물이다. 야구를 하다 다리를 다쳐 걷지 못하는 동생이 있고 단장으로 가는 팀마다 해체가 되는 상황을 마주하다 보니 그 과거의 경험들이 그에게는 상처가 된 것이다. 이 단장이 항상 하는 루틴이 있다. 밥을 먹을 때면 항상 음식사진을 찍는 행동을 하는 것이다. 그것을 보게 된 주변인들은 평소 냉정한 사람이 그러한 행동을 하는 것을 의아해한다. 그 이유는 바로 엄마를 위한 행동이었다. 엄마가 끼니를 걱정해 주면 아직 자식을 걱정해 줄 여유가 있는 거라는 생각에 안심이 돼서 보내는 것이라고 말한다. 그런 상황을 몰랐을 때는 이상한 행동이지만 그런 상황을 알았을 때는 이해되는 행동이다. 즉 우리도 직장에서 팀원들 또는 조직 더 나아가 고객들을 어떤 태도와 관점으로 바라보느냐에 따라 생각과 감정이 달라질 수 있다. 그렇다면 그 관점과 태도를 좋은 방향으로 바꾸기 위해서는 어떤 노력이 필요할까?

바로 역지사지의 마음이다. 나의 판단과 생각만으로 말하고 행동하는 것은 위험할 수 있다. 상대방과의 갈등을 미리 예방하고자 혹은 갈등상황에서 그 결과를 긍정적으로 만들어 내기 위해서는 상대방에게 질문하는 것이 중요하다. 예를 들면, 상대방과 대화 중 상대의 말이 자극되어 자신의 부정적 감정이 반응할 때, 그것을 인지하고 상대방에게 어떤 의미로 그렇게 이야기하는 것인지를 물어보는 것이다. 또는 갈등상황을 협력형으로 풀어 나가기 위해 상대의 욕구는 무엇인지 명확하게 물어보고 확인하는 것이다. 즉 갈등에 대한 자신의 태도를 본인 중심에서 상대방 중심으로 전환해야 한다. 그렇게 하고자 노력하고 실천한다면 갈등을 예방할 수 있고 효율적으로 갈등을 관리할 수 있다.

상대방을 존중하는 태도를 보여라

가수 핑클의 출연으로 화제가 되었던 프로그램 〈캠핑클럽〉에서 가수 이효리가 한 이야기가 있다. 개인 생활을 하다 함께 생활하다 보니 비교가 된다고 말한다. 예를 들어 항상 10시에 일어났었는데 9시에 일어나는 사람이 있으니까 늦게 일어나는, 느린 사람이 된다고 말이다. 그러면서 우리의 문제는 비교라고 말한다. 우리가 속해 있는 조직도 다양한 사람들이 다양한 경험을 하고 모인 곳이다.

그러다 보니 평소에 내가 느끼지 못했던 부분에서 우리 구성원이 답답해 보일 때도 있고 부러워 보일 때도 있을 것이다. 당신은 우리 조직에서 답답하게 생각하는 구성원이 있다면 어떤 점이 답답한가? 타인에게 어떤 답답함을 느낀다면 그게 아마도 내가 잘하는 분야 또는 중요하게 생각하는 분야일 가능성이 높을 수 있다. 항상 계획성이 있는 사람이라면 보고가 늦어지는 것을 보면 답답할 수도 있고 정리정돈을 잘하는 사람이라면 잘 치우지 않는 사람을 보면 안타까울 수도 있다. 반대로 정리를 잘 못하는 사람이라면 항상 주변이 깨끗한 사람이 부러울 수 있고 계획 없이 행동을 하는 사람이면 계획성 있는 사람이 부러울 수 있다. 그래서 서로 간 갈등이 생기는 부분들을 중립적으로 바라보기 위해서는 서로의 차이를 인정하고 존중하는 것이 필요하다.

인정이라는 말은 참 다양한 뜻을 가지고 있다. 인정(人情)은 '남을 동정하는 따뜻한 마음'으로 정의를 내리기도 하고 또 다른 인정(認定)은 알 인(認)과 정할 정(定)으로 '확실히 그렇다고 여기는 것'이라고 한다. 인정(認定)의 비슷한 단어로는 알아주다, 간주하다, 여기다, 허락하다 등이 있다. 『갈등 해결의 지혜』의 강영진 박사는 인정은 인간의 기본적인 욕구이며 인정받지 못하고 무시받게 되면 그런 상황이 오래가게 되어 분노는 더 쌓일 수 있다고 말한다. 따라서 서로를 알아주고 그렇다고 여겨 주는 자세가 중요하다. 인정을 쉽게 할 수 있는 방법을 한번 생각해 보자. 아래에서 당신을 대변하는 성격을 3가지만 골라 보자.

1. 의욕적이다.
2. 이성적이다.
3. 협조적이다.
4. 배려를 잘한다.
5. 의사결정이 빠르다.
6. 계획적이다.
7. 신중하다.
8. 공감을 잘한다.

위 단어에서 당신의 성격을 대변하는 3가지를 골라 보았는가? 위의 단어들은 긍정적으로 바라보는 관점과 부정적으로 바라보는 관점으로 나 눌 수 있다. 예를 들어 의욕적인 부분을 긍정적으로 바라보면 적극적이고 패기 있는 사람으로 보일 수 있지만 부정적으로 바라보면 나서기 좋아하 고 설치는 사람으로 보일 수 있다. 또한 협조적인 부분을 긍정적으로 바라 보면 협력적이고 조화로운 사람으로 보이지만 부정적으로 바라보면 줏대 없고 우유부단한 사람으로 보일 수도 있다. 마지막으로 공감을 잘하는 부 분을 긍정적으로 바라보면 따뜻한 사람으로 바라볼 수 있지만 부정적으 로 바라보면 정에 약하고 마음이 여린 사람으로 바라볼 수 있다.

상대의 신호를 관찰하라

『사례를 통해 배우는 갈등의 지혜』에서는 동양과 서양의 갈등을 바라보는 관점을 말하며 "동양은 세상을 바꾸기를 바라지만 서양은 사람이 바뀌기를 바란다고 한다."라고 했다. 갈등의 영어단어인 Conflict는 com(together)과 fligere(to strike)가 결합된, 즉 '함께, 같이'와 '마찰, 때리다'가 결합된 단어로 서로 양립할 수 없는 동시에 부딪히는 상황이다. Conflict는 밖으로 드러난 상황에 초점을 맞춘다. 하지만 동양의 '갈등'은 칡(葛)과 등나무(藤)가 서로 얽히고 꼬인 것처럼 사람 사이가 어떤 문제로 얽히고 꼬여 있는 것을 말한다. 그 갈등 사이에서 겉으로만 상대방과 화해를 했다고 하더라도 내면에 가지고 있는 작은 화의 불씨는 다시 갈등을 만드는 촉매제가 될 수 있다. 그래서 마지막으로 상대의 신호를 관찰하는 것이다. 『완벽한 팀』에서는 업무관계에서 불명확하고 혼합된 신호체계가 많다고 한다. 신호 해석의 오류는 성과를 저해하고 좌절과 몰입 방해, 스트레스의 원인이 된다고 한다. 따라서 서로가 원하는 것이 무엇인지 정확하게 관찰하는 것이 중요하다. 하버드 협상 모델을 보면 입장(Position)과 이해관계(Interest)의 개념을 소개한다. 입장은 겉으로 취한 행동이나 말을 의미한다. 이해관계는 입장과 달리 상대방이 그 말과 행동을 취하는 진짜 이유나 원하는 것 또는 욕구를 말한다. 사람들은 본인이 원하는 진짜 이유를 잘 말하지 않는다. 돌려 말하거나 다르게 말하는 경우가 많다. 예를 들어 "요즘 나 살쪄 보이지 않아?"(입장)라고 동료가 물었다고 생각해 보자. 근데 상대방이 "어 그래 요즘 살쪄 보이네."라고 말하면 감정이 상한다. 왜 본인이 물어보고 기분이 좋지 않은 걸까? 대부분의 사람들은 자신의 욕구를 겉으로 드러내서 말하지 않는다. 즉 진짜 원하는 것을 숨기는 경우가 많다. 표면적으로 주장하는 것은 요구이고 그 아래 깔려 있는 진짜 원하는 욕구를 파악해야 한다. 아래의 예시로 한 번 더 그 중요성을 설명한다.

　과일을 파는 상점이 있다고 하자[11]. 한 아이 엄마가 아이가 좋아하는 과일 좀 먹이려고 한다면서 "참외 좀 주세요."라고 말한다. 그런데 오늘 따라 참외가 다 팔려서 떨어졌다고 하자. 과일상점 주인이 요구에 초점을 맞춘다면 "참외 없어요."라고 말하겠지만 욕구에 초점을 맞춘다면 그 답변은 달라질 수 있다. 아이가 다른 과일을 좋아하는 건 없는지, 요즘 수박이 달고 맛있어서 아이들이 잘 먹는다고 말하면서 다른 대안을 말할 것이다. 당신은 조직에서 요구만 들어 주려고 했는가 아니면 상대의 욕구를 들어 주려고 했는가? 포지션만 내세우는 것이 아니라 진짜 원하는 욕구를 관찰해 주는 것이 중요하다. 즉 상대가 주장하는 것은 빙산의 일각일 뿐 빙산 아래 있는 진짜 원하는 것을 발견해 주는 태도가 중요하다.

5
갈등은 언제든지 발생할 수 있다

건강한 갈등이 되기 위한 울타리를 통해 언제든지 발생할 수 있는 갈등을 예방하자.

건강한 갈등을 위한 울타리

현재는 뷰카(VUCA) 시대에 살고 있다고 한다[12]. 4차 산업 혁명 시대로 비즈니스 환경은 빠르게 변화하고 기업과 조직 내부도 큰 영향을 미치고 있다. 그러다 보니 사람들은 혼란을 느끼고 그 혼란 속에 복잡함과 모호성, 불확실성이 존재한다. 이런 사회 속에서 갈등은 언제든지 발생할 것이다. 그래서 우리 스스로 건강한 갈등의 울타리를 만들어야 한다. 그러기 위해서는 무엇보다 갈등의 유연성을 넓히는 연습이 필요하다. 감정을 알아채는 것도 연습이 필요하고 하물며 상대방에게 거절하는 것도 연습이 필요하다. 운동에서도 연습의 반복에 따라 그 운동의 효과는 크게 달라질 수 있다. 갈등을 최소화하는 연습은 크게 변화하는 것을 바라지 않는다. 작은 실천 한 가지라도 먼저 해 보는 것이 중요하다. 그 실천 하나가 갈등을 해소하는 첫 시작이 될 것이다. 그러기 위해서는 먼저 구성원들이 편하게 말하고 실수해도 함께 해결해 나갈 수 있는 심리적 안전감을 가지도록 분위기를 조성하는 것이 중요하다. 회의 때 편하게 대화할 수 있는 분위기를 만들 수 있도록 구성원과 리더는 함께 움직여야 한다. 그런 분위기를 형성하기 위한 초석은 함께 만드는 우리의 그라운드 룰이다. 조직을 위한 그라운드 룰도 필요하지만 나만의 그라운드 룰도 필요하다. 그래서 사람들은 루틴을 만든다. 루틴이란 규칙적으로 하는 일의 통상적인 순서와 방법이다. 스포츠 경기에서 실수를 줄이고 서로의 합을 맞추기 위한 규칙은 심리적 불안감을 극복하게 하고 경기에만 집중하는 데 도움이 된다고 한다. 이렇듯 룰을 통해 서로 갈등을 최소화할 수 있는 것이다. 마지막으로 이 모든 것을 뒷받침하기 위해서는 갈등을 바라보는 태도가 중요하다. 갈등을 어떻게 바라보는지에 따라 갈등은 독이 될 수도 있고 약이 될 수도 있다. 갈등을 바라볼 때 갈등의 원인이 상대방에게 있다는 생각보다 나를 먼저 되돌아보는 것이 중요하다. 마지막으로 갈등을 예방하기 위해서 중요한 것은 바로 진짜를 보는 것이다. 과거의 경험보다는 현재의 사실에 집중하고 겉으로 드러난 입장보다는 그 속의 진짜 욕구를 봐야 한다. 그 욕구를 알아봐 줄 때 갈등을 해결하는 시간과 감정 소비는 줄어들게 될 것이다. 사회적 교환이론에 따르면 인간관계가 지속될지 여부는 기대가 얼마나 보상받는지에 따라 결정된다고 한다. 그 기대를 잘 만들기 위한 상호 간의 안전하고 건강한 갈등 예방의 울타리를 만들어 가길 바란다.

Unconflict 언컨플릭

―

09

새로운 갈등의 시작, 디지털 갈등

편리함과 효율, 효과성의 디지털 시대. 하지만 그 이면에는 사회와 회사 조직, 대인관계에 여러 가지 갈등의 문제들이 남아 있다. 새로운 시대는 일상의 커뮤니케이션부터 회사 업무, 그리고 우리 삶 전반에 다양한 영향을 끼치고 있다. 우리는 디지털의 편의성에 가려져 지나쳤던 이 시대의 새로운 갈등을 어떻게 받아들여야 할까? 디지털 갈등의 속성과 효과적인 관리방법에 대해 알아보자.

1
갈등의 뉴노멀 (new normal)

디지털 시대가 가져다준 갈등의 문제점과
진정한 의미, 그리고 새로운 기준에 대하여

디지털 갈등은 왜 발생할까?

"아니 왜 말을 그런 식으로 해요!"

화상회의를 하던 중 김성실 책임은 결국 언성을 높이고 말았다. 팀 회의를 마치고 둘만 남아서 대화를 하던 중 시종일관 건성건성 대답을 하는 나열심 사원의 모습에 소리를 낸 것이다. 사실 지난번부터 나열심 사원 태도가 조금 신경 쓰였던 터였다. 화상회의를 해도 특별한 의견도 없이 뾰로통한 얼굴로 앉아 있는 것도 그랬지만 업무 메일을 보내거나 화상채팅을 할 때 늘 단답형으로 보내는 메시지는 정말 마음에 들지 않았었다. '아무리 세상이 변했다고 해도 조직 생활에서 기본적인 비즈니스 매너, 아니 기본적인 예의는 지켜야 하는 거 아니야? 본인이 선배도 아니고 말이야.'

하지만 답답하기는 나열심 사원도 마찬가지였다. 늘 화상회의시간 10분 전에 미리 시스템을 점검하며 기다리는 것은 물론 회의 중엔 묻는 말에는 재깍재깍 대답도 잘하는 그였다. 회사 내 대인관계에서도 특별히 모나지 않게 행동해 왔고 특히 업무에 있어서는 지금껏 실수 없이 잘해 왔다. 나열심 사원은 스스로를 내향적인 성격 탓에 상대방에게 살갑게 대하진 못했어도 결례를 범할 정도의 사람은 아니라고 생각했다. 그런데 회사생활 시작한 지 1년도 되지 않아서 기본적인 도리를 모르는 사람으로 낙인 찍혔으니 답답할 노릇이다.

대체 이 두 사람의 갈등은 왜 시작되었을까?

새로운 DNA, 새로운 갈등의 등장

대부분의 '변화'는 달콤한 '선물'과 해결해야 할 어떤 '문제'들을 함께 안고 온다. 그리고 '새로움'을 '일상적'인 것으로 바꾸기 위해서는 반드시 그 '문제'들을 해결하는 과정을 거쳐야 한다. 그 문제 중 하나가 바로 새로운 변화와 이전의 삶이 대립하는 '갈등'이다. 디지털 시대에 접어들며 우리 사회에 다양한 갈등이 생겨났다. 택시나 공유 차량 업체 간의 문제나 배달업체의 독과점 등 디지털 기술의 진보는 일상생활의 편의와 함께 사회 전반에 해결해야 할 큰 문제를 안겨 주었다. 또한 디지털 기술 사용 능력의 편차에서 오는 세대 간 갈등도 중요한 문제다. 예를들면 키오스크라는 무인화 시스템은 고령층의 '디지털 소외'를 만든다. 이는 자연스럽게 '앵그리 실버(Angry Silver · 성난 노인)'의 증가와 노인 범죄로의 확산에도 영향을 미친다[1].

　회사 내 비대면 업무 비중이 높아지거나 팬데믹을 경험하며 정착된 재택근무는 개인의 자율성을 중요하게 여기는 문화를 만들고 이는 조직 안의 새로운 갈등 요인이 된다. 재택근무는 조직에 대한 소속감이나 동료와의 연대감을 떨어뜨리는 의식 구조를 갖게 할 수 있다. 근본적으로 성과에도 부정적인 영향을 미칠 수 있으며 노-사 관계나 선배-후배 간 업무 갈등에 영향을 준다. 또한 기존의 대면 소통방식과 다른 형태의 비대면 소통 역시 갈등의 원인이 된다. 단순하게는 얼굴이나 자세한 표정을 볼 수 없는 비대면 상황의 소통은 상대방의 의사를 파악하기에는 정보가 부족하다. 이 모두는 일명 새로운 DNA(Digital, Network, AI)의 등장에 따라 불거진 새로운 형태의 갈등이라고 할 수 있다.

　위의 나열심 사원이나 김성실 책임의 사례 역시 디지털 환경의 변화 속 복합적인 원인을 가진 갈등의 모습이다. 이 둘의 갈등은 이 책에서 다뤘던 서로에 대한 '기대'와 '이해관계'의 문제이기도 하고 선후배 간에 쉬이 발생하는 '관계갈등'이기도 하다. 하지만 디지털 시대는 일상의 갈등을 조금 더 어렵게 꼬아 버렸다. 사실 나열심 사원이 예의 없는 대답을 한 것인지, 김성실 책임이 괜한 오해를 한 것인지 알 수 없다. 하지만 만약 이 둘이 얼굴을 마주하며 소통했다면, 그래서 평상시 서로의 성향을 조금 더 이해하고 대화할 때 표정 너머의 감정을 헤아릴 수 있었다면 문제가 조금 다르게 풀려 갈 수 있지 않았을까?

디지털 갈등을 기회로

　AI의 등장 이전에 4차 산업혁명이라는 개념이 등장했을 때도 기술의 발전이 삶의 편의와 동시에 일자리를 위협하는 양날의 검이라고 경계하기도 했다. 더 거슬러 올라가 과거의 1, 2, 3차 모든 산업혁명 기간 내내 크고 작은 갈등은 존재했다. 농경시대가 정착되며 더 이상 떠돌아다니지 않아도 되는 안정된 삶을 얻은 대신 약탈이나 전쟁의 확산을 경험했다. 그리고 1400년간 진리였던 천동설을 뒤집는 지동설이 등장했을 때도 사회는 기존의 생각을 버리려 하지 않았다. 하지만 지금 우리 앞에 펼쳐진 변화는 적당한 선을 찾아서 매듭짓는 타협의 대상이 아니다. 최근 비대면 문화가 일상화되면서 디지털 기술의 활용은 선택이 아니라 생존의 문제가 되었기 때문이다. 생성형 AI의 등장은 키오스크 사례에서 다뤘던 '디지털 소외'의 범위를 넓혔다. 생성형 AI를 활용하는 사람과 하지 않는 사람은 업무와 삶에서 더 큰 능력 차이를 경험하게 될 것이다. 이제는 연령과 직업을 초월해 누구든 초연결(Hyperconnection) 시대의 원주민으로 정착하기 위해 노력해야 한다. 그리고 그 '새로움' 속에 숨어 있는 갈등의 원인도 진단하고 관리해야 한다.

　이 챕터에서는 디지털 시대에 불거진 갈등과 관리방법을 크게 3가지 축으로 설명한다. 첫 번째로 디지털 커뮤니케이션에서 발생하는 갈등이다. 비대면은 차단의 의미가 아니다. 인간과 인간은 접촉하지 않을지언정 늘 접속되어 연결하려는 욕구를 가지고 있다. 예로부터 인간관계 속에서 발생하는 커뮤니케이션 갈등을 관리하는 것이 중요했으며 그것은 디지털 시대로 변화한 지금도 유효하다. 두 번째는 디지털 역량 격차로 인해 발생하는 갈등이다. 앞서 언급한 고령층의 디지털 활용은 물론 세대 간 갈등과 심지어 수평적인 관계에서도 디지털 역량 차이 갈등이 발생한다. 쉽게 보면 역량의 차이를 극복하기 위한 노력이 필요하지만 이 차이를 바라보는 관점의 변화도 중요하다. 마지막은 디지털 업무 환경 속에서 발생하는 갈등에 대한 이야기로 디지털 시대 갈등을 보다 근본적으로 들여다보는 파트이다. 사실 디지털 커뮤니케이션 갈등과 디지털 역량 차이 갈등이 이 업무 환경 속 갈등에 포함되는 내용이라고 할 수 있다. 그만큼 환경의 중요성이 크다. 인간은 사회적 동물이고 필연적으로 조직문화의 영향 속에서 살아가기 때문이다. 그것이 아날로그적 사회든 디지털 사회든 말이다.

2
디지털 커뮤니케이션 갈등

커뮤니케이션의 도구가 달라지면 그에 따른 새로운 인식과 새로운 소통 형식이 필요하다.

공감이 실종된 사회

　미시간 대학에서 1979년부터 2009년까지 미국 대학생들의 대인관계 반응성 지수(IRI)와 관련한 연구를 진행했다. 여기서 이 연구의 표본이 되는 72명의 학생을 대상으로 한 2010년 메타분석 결과가 무척 흥미롭다. 1979년부터 2009년의 30년 사이에 청년들의 공감능력이 48%나 감소했다는 것이다. 그러나 눈여겨볼 부분은 따로 있었다. 대학생들의 공감능력이 1990년대 후반까지는 이전 수준(1970년~1980년)을 유지하다가 2000년대 중반 이후 급격히 추락했다는 것이다[2].

　사회와 개인의 변화를 어느 한 가지 요인으로 해석할 수는 없고 타인에 대한 이해와 배려, 공감과 지지 등의 심리 변화 역시 '무엇이 문제다'라고 딱 집어 설명할 순 없다. 따라서 2000년대 중반 이후 공감력이 갑자기 떨어진 것도 다양한 원인을 살펴봐야 한다. 하지만 2004년 중반 등장한 트위터, 페이스북, 유튜브와 청소년들의 공감력 하락의 시기가 맞물린 것에 대해서는 합리적인 의심을 해 볼 수 있다.

스마트폰이 보편화된 이후 타인에 대한 공감의 부재는 더 일상화되었다. 스마트폰을 보느라 자녀의 질문에 건성으로 대하는 아버지, 회의 시간에 힐끔힐끔 메신저를 확인하는 직장인. 이렇게 상대방 대신 자신의 스마트폰에 주의를 기울이는 현상을 '퍼빙(phone snubbing) 〈폰(phone) + 스너빙(snubbing, 무시하다)의 합성어〉'이라고 한다[3]. 일상적 퍼빙은 관계 만족도를 낮추고 공감적 관심을 감소시키는 신종 갈등 요소다.

실제로 디지털 커뮤니케이션이 일상화된 시대에 타인에 대한 공감력은 떨어지고 있다. 최근 포털 사이트의 연예 기사에 댓글 서비스를 중단한 것이 그런 시대변화를 말해 준다. 대면 상황에서의 공감력보다 비대면의 공감이 훨씬 더딘 것이다. 그러다 보니 익명성을 담보로 저지르는 언행에 타인이 어떻게 느끼고 생각하는지 고려하지 않고 쉽게 상처를 준다.

디지털 매체는 근본적으로 비대면의 속성을 가진다. 비대면은 기본적으로 타인과의 공감 부족 외에도 커뮤니케이션의 오류와 왜곡 등의 문제를 안고 있다. 그래서 디지털 커뮤니케이션은 대면 커뮤니케이션 이상의 윤리적 행동이 필요하다. 2014년 독일에 유럽 최초의 디지털윤리연구소가 설립된 것도 이런 문제의 연장선이라고 볼 수 있다. 초연결시대, 인간관계의 '수'는 늘어났지만 오히려 타인에 대한 공감과 배려가 줄어든 세상. 우리는 어떻게 소통해야 할까?

디지털 커뮤니케이션, 그 편리함의 조건

"'연결'을 '대화'로 착각하지 말 것"

　메사추세츠공대(MIT)의 셰리 터클 석좌교수가 그의 저서 〈외로워지는 사람들 Alone Together〉와 〈대화를 잃어버린 사람들 Reclaiming Conversation〉에서 강조하는 말이다. 언제 어디서든 디지털 메시지를 교환하고 업무 성과도 낼 수 있는 시대에 살지만 정작 진정한 연결은 존재하지 않는 우리. 이렇게 디지털 세상의 변화는 커뮤니케이션에 대한 근본적인 의미에 대해서도 날이 선 질문을 던진다. 디지털 미디어 기반 커뮤니케이션은 인간관계 형성과 유지에 많은 변화를 안겨 주었다. 그리고 앞으로도 일과 삶 곳곳에 크고 작은 영향력을 발휘할 것이다.

　한국인의 대다수가 사용하고 있는 카카오톡 메신저. 그 압도적인 규모만큼 부가 기능도 다양해졌다. 일상의 대화와 자료 공유는 물론 선물하기와 공과금 납부, 송금 등 이제 손안에서 일상의 편의를 누릴 수 있는 시대가 된 것이다. 하지만 그 편리함 뒤엔 여러 가지 문제점들이 숨어 있다. 예를 들면 카카오톡 같은 메신저 형태의 소통은 청자를 고려하지 않은 일방적인 의사전달을 하는 경우가 잦다. 지금 당장 전해야 할 내용도 아니고 심지어 의미 있는 대화가 아니더라도 메신저를 이용하는 일이 많다. 그러다 보니 시도 때도 없이 알람이 울리는 것을 감당해야 하고 중요하지 않은 대화를 지속해야 하는 부담을 준다[4]. 그리고 또 다른 문제는 문자 대화의 특성상 말을 줄여서 보내거나 신조어를 사용하는 경우가 많다. 이런 표준어 파괴 등의 문제는 세대 간 소통의 장애물로 작용한다. 편리함을 무기로 한 디지털 커뮤니케이션은 관계의 형성과 유지에 편리함을 주는 것 같지만 그런 편리함이 오히려 피로감을 안겨 주는 관태기(관계와 권태기의 합성어. 새로운 관계나 인맥 유지에 권태를 느끼는 현상)를 조장하기도 한다. 잦은 대화를 한다고 해서 진짜 연결이 만들어지는 것은 아니다.

디지털 커뮤니케이션의 한계

'잘한다'는 말은 '옳고 바르게, 훌륭히'라는 사전적 의미를 가지고 있다. 그래서 누군가에게 '잘한다'는 말을 들으면 어깨가 으쓱 올라가고 입가에 미소가 돈다. 하지만 김소심 선임은 평소 회의 때마다 "일 잘~하네~"라고 말하는 김권위 팀장의 말에 상처를 받는다. 어제 회의에선 "일 참 잘~한다."라는 말까지 들었지만 김소심 선임은 밤에 혼술을 들이키며 자책하기도 했다. 옳고 바르게 일하는 사람이라는 의미의 '잘한다'는 말이 가슴 아프게 들렸던 이유는 과연 무엇이었을까?

알버트 매라비언(Albert Mehrabian)이 1971년 발표한 저서 'Silent Messages'에서 커뮤니케이션의 특성에 대해 새로운 관점을 제시했다. 특정 단어를 이와 상반되는 느낌의 음성으로 읽고 들려주면 청자는 어떻게 이해를 할까에 대한 실험이었다. 예를 들면 '끔찍한'이라는 말을 사랑스럽게 말하면 단어의 원래 뜻이 잘 전달될 것인가에 관한 것인데 결과는 음성의 승리였다. 반대로 '사랑해'라는 말을 귀찮은 투로 표현하면 사랑한다는 말의 뜻이 제대로 전달되지 않는다. 김소심 선임이 팀장에게 잘한다는 말을 듣고도 상처를 받았던 이유도 마찬가지다. 김권위 팀장의 "일 잘~하네~"는 '잘한다'는 말이 가진 원래 의미와 달리 '참, 한심하게 일하네'라는 부정적인 맥락을 가지고 있었기 때문이다. 하지만 디지털 메시지의 특성상 음성을 전하는 것이 어렵기 때문에 본래 의미가 왜곡되거나 오류가 쉽게 생긴다. 마찬가지로 화면을 바라보며 대화하는 실시간 화상회의도 상대방의 감정과 의사를 읽는 것이 쉽지 않다. 비대면 상황의 비언어적 커뮤니케이션은 훨씬 큰 피로감을 불러오기 때문이다[5].

디지털이 지향하는 원래 취지와 다르게 커뮤니케이션 갈등은 더 빈번하게 일어난다. 그래서 이 편리함을 제대로 누리고 대인관계의 갈등을 줄이기 위해서는 디지털 커뮤니케이션의 특성을 이해하고 이 도구를 사용하는 화자와 청자의 노력이 필요하다. 이에 일상에서 이뤄지는 디지털 기반 커뮤니케이션의 갈등을 줄일 수 있는 3가지 방법을 제시한다.

1. 친절히 더 친절히 – 쉽고 길게 풀어서 말하기

수년 전에 직장인의 정서와 디지털 메시지의 특성을 담아 '넵병'이라는 유머 소재가 유행을 끈 일이 있었다. '넵병'은 직장에서 상사나 클라이언트에게 대답을 '넵'으로 하게 되는 증상을 말한다. '네'는 너무 딱딱한 표현이고 '넹'은 조금 장난스러워 보이니 그 중간에 위치한 '넵'을 써서 신속

정확한 느낌을 부드럽게 주고자 한다는 것이다.

　한때 직장인들 사이에 '넵병'이 하나의 밈처럼 확산됐었다. 이는 디지털 커뮤니케이션 도구의 발전과 맞물려 회사 업무를 소셜네트워크서비스(SNS)나 메신저 등을 통해 지시받고 보고하는 현대사회의 모습을 반영한 것이라고 할 수 있다[6]. 이후 MZ세대의 소통 습관을 빗댄 '3요' 현상이 유행했다. 업무 지시를 받으면 툭 내뱉는 "그걸요? 제가요? 왜요?"라는 말이 얼마나 무서웠으면 기업에서 주의보를 내린다는 표현까지 썼을까?[7] 대면보고나 회의가 줄어드는 업무 환경에서 신속하고 정확한 의사소통과 업무 실행이 중요해지다 보니 단어 하나, 말 한마디가 많은 무게를 지니게 되었다. 그래서 '넵병'은 직장인의 영혼 없는 소통을 풍자함과 동시에 디지털 소통의 특성인 단문, 축약 등이 가진 문제점을 시사하기도 한다. 물론 대면 상황에서도 함축된 소통을 한다. 중국요리 집에 가서 "나는 짜장면을 먹겠어!"라고 말하는 대신 "난 짜장!"이라고 말해 버리는 것이 바로 그렇다. 하지만 대면 소통은 상대방이 '상황'과 '감정'을 동시에 확인할 수 있다는 차이점이 있다. 쉽게 말해 짧은 단어로 소통하더라도 현재 상황과 상대방의 감정 상태를 고려하기에 전체 맥락을 파악하기가 편하다는 것이다. 하지만 디지털 커뮤니케이션은 다르다. 문자 의존비율이 절대적으로 높기에 훨씬 더 친절하게 소통해야 한다. '디지털 바디 랭귀지(Digital Body Language)' 시대엔 간결한 표현이 오히려 혼란(Brevity Creates Confusion)을 줄 수 있다[8].

　늘 얼굴을 보며 일하다 보면 상사의 얼굴 표정만 봐도 어떤 감정인지 대충은 짐작할 수 있다. 또 파티션 위로 슬쩍 고개를 들어 보기만 해도 옆 부서 담당자가 바쁜지 여유 있는지도 가늠할 수 있다. 하지만 비대면 커뮤니케이션은 그런 예측이 불가하다. 그래서 더 친절해야 한다. 일방적으로 던지는 메시지 한 줄에도 "혹시 바쁘신 건 아닌지 모르겠습니다." 등의 보편적인 예의가 필요하다. 가끔은 "오늘 날씨가 참 좋네요.ㅎ" 등의 틀에 박힌 인사 문구나 격려도 좋다. 디지털 커뮤니케이션 도구가 편리함을 강점으로 내세웠다 해도 그것을 사용하는 사람들은 마냥 편리하게 쓰면 안 된다. 대면 상황보다 소통이 어려운 만큼 더 쉽게 풀어 쓰고 의사를 설명해야만 갈등을 예방할 수 있다. 굳이 "넵"이라는 표현을 발굴하지 않더라도 "네 잘 알겠습니다."라는 의사 표현으로 거리감도 좁히고 예의도 차릴 수 있지 않을까?

2. 적절히 더 적절히 – 감정에 어울리는 표현 사용하기

"세계 공용어는 이모티콘(Emoticon)이다."

조금 과장된 표현이지만 썩 틀린 말도 아니다. 제스처와 표정을 통해 의사소통을 하는 바디 랭귀지가 세계 공용어라고 불리는 이유는 언어적 표현의 한계를 비언어적 표현으로 극복할 수 있기 때문이다. 마찬가지로 이모티콘은 텍스트 위주의 문자 소통에서 비언어적인 감정의 표현으로 아주 큰 힘을 발휘하기 한다. 때론 별다른 글자 없이 이모티콘 그 자체만으로도 메시지를 전달할 수 있는 훌륭한 문자기호이기도 하다. 이모티콘보다 더 진화한 것이 일본어로 그림문자를 뜻하는 에모지(繪文字)에서 유래한 영어 단어 '이모지(Emoji)'이다. 흔히 이모티콘과 이모지를 혼동해서 쓰지만 둘은 엄연히 다르다. 이모티콘이 문자기호라면 이모지는 그림문자다.

디지털 커뮤니케이션 시대에 이모지는 문자 이상의 소통 능력을 발휘한다. 이런 변화를 반영하듯 옥스퍼드 사전은 2015년 올해의 단어로 글자가 아닌 '기쁨의 눈물을 흘리는 얼굴(face with tears of joy)'이라는 이모지를 선정했다. 물론 사상 초유의 일이었다. 옥스퍼드 사전측은 이모지의 가치에 대해 이렇게 설명했다.

"이모지는 더 이상 10대의 전유물이 아니라 언어의 장벽을 뛰어넘는 수단이다."

이모티콘과 이모지는 문자 대화의 한계를 보완해 주는 훌륭한 비언어 수단임과 동시에 커뮤니케이터의 감정선이나 주관적 의미를 더 강화해 주는 역할을 한다[9]. "알았다."라는 문자 끝에 그냥 마침표를 붙일 때와 '^^'을 쓸 때는 전혀 다른 의미를 가진다. 그래서 이모지나 이모티콘은 화자의 의도를 오해 없이 전달하게 하고 커뮤니케이션을 원활하게 할 수 있게 도움을 준다. 이를 적절하게 활용하면 첫 번째 방법으로 제시한 친절함이 조금 떨어지더라도 충분히 보완할 수도 있다. 이런 현상을 반영하듯 나라별로 자신들의 문화를 반영한 이모지를 개발하고, 정치인들과 연예인, 셀럽들은 자신의 이미지를 형상화한 이모지를 하나의 브랜드 전략으로 쓰고 있다. 과거 이모지나 이모티콘을 문자와 언어 파괴의 주범이라는 부정적인 시선으로 보았다면 이제는 시대의 흐름에 맞춰 전략적으로 활용해야 하는 수단으로 인식해야 할 필요가 있는 것이다.

3. 확실히 더 확실히 – 한 번 더 확인하고 정리하기

얼마 전 고객사에 행사 대행 제안서를 보냈던 박꼼꼼 사원은 고객에게 온 답장을 보고 감정이 상했다. '아니 그럼 처음부터 어렵겠다고 말해 주지. 2차 제안서까지 보내 달라더니 이제 와서 못 하겠다고 하면 어쩌란 말이야.' 그도 그럴 것이 기존 행사의 규모를 늘려서 의뢰하고 싶다고 해서 힘들게 제안서를 다시 작성해 보냈는데 "예산이 너무 많이 나와 어렵겠습니다. 죄송합니다."라는 메일을 받았으니 기분이 상할 만도 했다. 잠시 고민하던 박꼼꼼 사원은 대뜸 고객에게 전화를 걸었다. "죄송합니다."라는 말의 뜻이 완곡하게 거절을 표현한 것인지 아니면 다른 요구를 하기에 미안해서 대화를 마무리한 것인지 좀 애매해 보였기 때문이었다. 그리고 막상 고객의 말을 들어 보니 메일에 담지 못한 여러 사정이 있었다는 것을 알 수 있었다. 특히 2차 제안서까지 보내 주었는데 예산 차이가 있는 것을 보고, 차마 3차 제안서까지 요청하기 미안해서 그렇게 대화를 얼버무렸다는 것이다. 평소 친분이 없던 탓에 서로의 성향을 몰랐던 두 사람은 이견을 좁히며 통화를 마칠 수 있었다. 그리고 박꼼꼼 사원은 행사를 수주했다.

친절하지 않고 적절하지 않은 소통은 수많은 오해와 갈등을 동반한다. 그래서 디지털 소통은 중요한 내용에 대해 확인하고 정리하는 절차가 필요하다. 소통이라는 단어 Communication의 라틴어 어원이 '나누다'라는 뜻의 Communicare인 이유이기도 하다. 내가 이해한 것이 옳은 것인지 상대에게 묻고 확인하는 상호작용, 즉 소통을 나누는 것은 갈등을 줄이는 좋은 습관이다. 메일을 주고받거나 메신저로 문자 대화를 나누는 끝엔 서로 요약(Summary)한 내용을 점검하면 오해를 줄일 뿐 아니라 기억에도 오래 남을 수 있다. 지금 당장은 질문하고 확인하며 요약하는 일이 번거롭게 느껴질 수 있지만 이런 습관으로 훗날에 크게 번거로울 수 있는 갈등상황을 예방할 수 있다면 남는 장사가 아닐까?

3
디지털 역량 격차 갈등

디지털 환경의 승자는
디지털 역량을 가진 사람이다?
갈등을 줄이는 디지털 리터러시에 관하여

스마트한 혹은 스마트해야 하는

'스마트: 깔끔하고 맵시 있는'

과거엔 옷을 입은 사람에게나 칭찬의 의미로 쓰던 단어가 바로 스마트(Smart)였다. 하지만 언젠가부터 일상적으로 누구나 쓰는 말이 바로 '스마트'다. 불과 십여 년 전만 해도 스마트폰을 사용하는 사람들을 '똑똑하고 영리한(Smart)' 사람으로 보았지만 이제는 그렇지 않다. 방송통신위원회의 2024년 기준 대한민국 국민 전체 스마트폰 보급률은 95.3%다. 이 비율은 전년 대비 1% 증가한 수치다[10]. 이제 우리의 삶은 이 '스마트'라는 단어를 빼고는 설명하기 어려워진 것이다. 하지만 보유율 95.3%는 평균 수치일 뿐 모든 연령대에 고루 분포된 값이 아니다.

물론 소위 '실버' 세대라 불리는 60대와 70대 이상의 보유율도 증가했다. 스마트폰 보유율이 상승한 이유도 실버세대의 스마트폰 보유가 증가한 덕분이기도 하다. 하지만 AI시대에 접어들며 디지털 도구 갈등은 심화되는 추세다. 어댑터비스트 그룹(Adaptavist Group), 지식 근로자 4,000명을 대상으로 한 통계에서 '디지털 도구 갈등이 있다'고 답한 비율은 무려 92%에 달했다. 이 중 50대 이상의 약 50%는 Z세대가 펜과 같은 전통적인 도구를 사용하지 않는 것에 불만이라고 답했고, 반대로 Z세대의 53%는 나이 많은 직원이 구식 기술로 업무 속도를 늦춘다고 토로했다. 주목할 점은 인터넷을 활용한 '생활 서비스 이용률'도 낮다는 것이다. 이는 고령층일수록 일상생활의 편의에서부터 격차가 발생한다는 뜻이다. 그리고 앞으로도 인터넷 이용 의향은 있어도 '사용방법을 모르거나 어려워서' 사용하지 않겠다는 고령층이 압도적으로 많아 이러한 문제는 심화될 것으로 예측된다[11].

과거엔 단순히 더 나은 삶을 위해서 디지털을 선택했다면 요즘 시대의 디지털은 하루에도 몇 번씩 마주하는 키오스크와 같이 선택이 아닌 필수가 되었다. 우리 삶 깊숙한 곳에 자리한 스마트. 하지만 일상적인 단어처럼 보이는 스마트는 모두에게 똑같이 일상적이 된 건 아니다. 스마트의 다른 의미처럼 '잽싸게(Smart)' 움직여서 배우고 쓰는 사람들이 누리는 것. 그래서 '상류층, 고급(Smart)'이라는 스마트의 또 다른 뜻처럼 그 역량을 가진 특정 계층에게 쏠리는 건 아닌지 염려되는 부분이다.

세대 간 언어의 차이가 갈등을 만든다

우린 앞장에서 디지털 시대의 함축적 소통과 그로 인해 발생하는 커뮤니케이션 갈등에 대해 다뤘다. 그리고 그 현상 중 하나로 '넵병'을 예로 들어 최근 디지털 문자 대화의 문제에 대한 해결책도 이야기 나눴다. 그런데 이 '넵'이라는 대답에 대해 흥미로운 설문이 하나 더 있다.

"직장상사가 문자나 메신저로 뭔가 지시했을 때 알겠다를 어떻게 회신하는가?"

흥미로운 것은 위 질문에 대해 40대, 50대와 20대의 대답이 큰 차이를 보였다는 것이다. 전자는 주로 '네'라는 표현을 쓰지만 20대에선 46%가 '넵'이라는 대답을 '네'와 비슷하게 쓴다고 답했다. 일상에서도 언어로 인한 세대 간의 차이가 존재하는 것이다[12].

이런 디지털 시대의 언어 차이는 '복세편살' 등의 말줄임 놀이나 반항기 어린 중학생의 급식체 따위의 문제와는 다르다. '복잡한 세상 편하게 살자'라는 말을 복세편살로 줄여 부르는 것은 그 단어들을 학습하면 해결할 수 있는 일이고 급식체는 과거의 '따봉'이나 '캡짱'같이 시대의 흐름에 따라 흘러가 버릴 유행 같은 것이라 큰 무게를 두지 않아도 된다. 중요한 것은 그 언어의 차이가 주는 시사점에 있다. 디지털 시대에 사용하는 언어의 차이는 그 언어를 사용하는 집단의 인식의 차이에서 발생한다. 예를 들면 우리나라 사람들이 툭하면 '우리'라는 말을 쓰는 것은 문법이 아니라 문화로 해석해야 하는 것과 마찬가지다. 다른 회사를 다니는 친구에게 아무렇지도 않게 "우리 회사가 말이야~"라고 대화를 시작하는 것은 우리만의 공동체적 인식체계다. 너와 나의 구분이 명확한 서양인들은 쉽게 이해하지 못하는 구석이다. 이렇듯 나라마다 문화가 다르면 사용하는 언어뿐 아니라 그 언어가 담고 있는 맥락이나 쓰임새가 다르다.

흔히 디지털 원주민(Digital Natives)으로 불리는 10~20대와 디지털 이주민(Digital Immigrants)의 기성세대의 언어 차이 역시 물리적인 나이뿐 아니라 문화의 차이에서 출발한다. 디지털 원주민 집단은 디지털 커뮤니케이션에서 문자 대화의 의존도는 물론 이모지 등의 비언어 사용 빈도도 차이가 난다. 또한 문자를 사용할 때 글자체의 종류와 크기, 색깔까지도 하나의 양식으로 사용하기도 한다. 가령 무언가를 가리거나 숨기는 의미를 표현할 때 이와 적절한 문자를 쓰는 것과 별개로 글자 크기를 작게 해서 은폐의 의미를 살리는 등의 언어사용을 하는 것이다[13].

디지털 환경 속에서 쓰는 언어의 차이는 표면적인 현상이다. 그래서 그 언어가 가지고 있는 또 다른 맥락을 해석하기 위해선 디지털 시대에 맞는 문해력(Literacy)을 갖춰야 한다. 여기서 문해력이란 단순히 디지털 자료를 이해하고 활용하는 기능적 측면을 말하는 것이 아니다. 디지털 시대의 문해력, 즉 디지털 리터러시(Digital Literacy)는 언어를 해석하는 기능의 단계를 넘어 디지털 세상 속 사람과 문화를 대하는 태도를 포함한 역량의 관점으로 봐야 한다.

디지털 갈등을 줄이는 '디지털 리터러시(Digital Literacy)'

나적극 선임은 김기성 팀장과 일을 하면서 자주 답답함을 느낀다. 보고 후 의사결정까지 과정이 너무 더딘 것이 주된 이유다. 이는 학창시절부터 인터넷 활용이 익숙한 나적극 선임과 아직은 디지털 문화가 낯선 김 팀장이 문서를 공유하고 의견을 나누는 방식부터 차이를 보인다. 외근 중에도 문서를 수정하고 보고하는 나 선임 입장에서는 굳이 얼굴을 마주하고 추가적인 의견을 나누려 하는 김 팀장이 못마땅하다. '아니 그냥 바로 이야기 나누면 되는 걸 왜 굳이…' 오늘도 하늘을 보고 한숨을 길게 내쉬는 나적극 선임이다.

"기표(記標)로서 의사소통은 가능해도 기의(記意)로서 의사는 소통될 수 없다."

한국 사람에게 소는 밭일을 돕는 동물, 혹은 고가의 식재료지만 힌두교 교인들에게는 '신'적 존재이다. 두 나라에선 '소'라는 문자도 다르지만 '소'를 인식하는 개념도 다르다는 것이다. 그래서 서로 소라는 단어를 학습한다고 해서 언어의 차이를 극복하긴 어렵다. 같은 단어를 두고도 문화가 다른 두 집단이 떠올리는 단어의 의미가 다르기 때문이다[12]. 나적극 선임과 김기성 팀장의 문제가 바로 그렇다. 둘의 디지털 역량의 차이는 더 깊게 들여다보면 서로 다른 문화의 차이가 문제라는 것을 알 수 있다. '의사결정'이라는 언어는 같아도 그 뜻을 인식하는 것에는 차이가 있는 것이다. 김기성 팀장 입장에서는 대면하려 들지 않는 나적극 선임이 마음에 들지 않았을 수 있지 않을까? 그래서 언어의 차이가 가지는 특성을 이해하지 못하면 결국 인식의 격차를 좁히지 못해 갈등이 시작되고 만다.

캐나다의 브리티시 컬럼비아(British Columbia)에서는 디지털 리터러시의 6가지 특성을 정의했는데 그중엔 디지털 시민의식(Digital Citizenship)과 의사소통 및 협동(Communication and Collaboration)이 포함된다. 디지털 역량과 문화가 다른 집단 간에 인식의 차이로 인한 갈등을 줄이기 위해서는 소통과 협업, 윤리성이 필요하다는 것이다. 디지털의 특성인 자극과 반응(인풋-아웃풋)의 이성적 접근이 아니라 디지털 시민의식을 가지고 상대를 대하는 감성적인 접근을 말하는 것이다. 이는 과거 위계질서가 명확했던 디지털 이주민(혹은 아날로그 시대의 집단)과 수평적인 관계를 중요하게 여기는 디지털 원주민과의 격차를 줄이는 중요한 개념이다. 또한 동일한 연령대라 해도 그 안에서 발생할 수 있는 디지털 활용 습관과 그에 따른 역량 차이를 줄이는 데도 도움이 될 수 있다.

온라인 세계의 시민성

디지털 시대는 소수가 다수를 지배했던 과거의 수직적 관계로부터 모두 평평한 공간에 모이는 수평적 관계로 전환을 의미한다. 정보가 힘이었던 시대에는 정보를 쥔 소수의 사람들이 리더십을 발휘하거나 영업현장에서 고객을 설득할 수 있었다. 하지만 이제는 누구나 스마트폰 하나로도 쉽게 정보를 제공받는 시대가 되었다. 이는 정보가 곧 힘이 되는 시대는 종식을 맞았다는 뜻이다. 지금 시대는 디지털 문해력을 갖추고 창의적으로 문제해결을 하는 사람이 힘을 갖게 된다. 더 이상 자사 제품에 대한 이해와 설득의 기술만으로는 물건을 팔기 어렵다. 고객경험관리(Customer Experience Management)를 넘어 디지털 측면에 중점을 둔 디지털 경험, 즉 DX(Digital Experience)의 시대다. 이제 기업들은 웹사이트, 모바일 앱, 소셜 미디어 및 기타 모든 형태의 디지털 환경에서 고객의 전반적인 경험을 살피고 소통한다. 그곳에 진짜 욕구가 숨어 있기 때문이다.

예전의 갈등은 상사와 부하, 고객과 직원 간의 수직적인 구조에서 벌어지거나 부서와 부서의 이해관계에서 자주 발생했다면 이제는 그 양상이 조금 달라질지 모른다. 디지털 시대의 갈등은 디지털 역량과 정보의 보유 수준에 따라 나타난다. 키오스크가 익숙지 않은 손님이 매표소나 패스트푸드점에 갔다고 생각해 보자. 손님이 비대면 주문과 결제를 어려워하며 쩔쩔매도 직원은 손님의 어려움을 이해하지 못하니 나서서 도와주지 않고, 이 모습에 손님은 실망과 동시에 눈치를 살피게 된다. 자칫 이런 문제들을 그저 디지털 기술을 갖추면 해결될 과제 정도로 가볍게 인식하면 안된다. 이런 생각은 빈부의 격차를 '가난한 사람이 아쉬우면 돈을 더 벌면 되는 일'로 치부하는 것과 다르지 않다.

앞서 말했듯 디지털 시대의 문해력은 디지털 기술뿐 아니라 타인을 존중하고 배려하는 시민의식을 중요시 여긴다. 여기서 시민의식(市民意識)이란 타인과 나를 동일한 공간의 구성원으로 인식하고 같은 가치관을 지닌 동료로 바라보는 것을 의미한다. 스마트한 부하가 아날로그적 상사를 이해하려 노력하고 패스트푸드점 아르바이트생은 키오스크 앞에서 망설이는 노인을 너그럽게 기다려 주거나 도울 수 있어야 한다. 현재 코로나19

사태 이후 세상은 더 급진적으로 변화하고 있다. 우리는 이제 디지털 환경에서 더 잦은 교류를 하게 된다. 사람이 기계와 대화하는 일이 잦아지고 사람과 사람은 화면에서 대면하는 것이 익숙해지고 있다. 비대면과 비접촉이 일상이 되다 보니 인간관계의 물리적 거리가 생겨 버렸다. 이것이 바로 우리가 시민의식을 발휘해야 하는 이유다. 디지털 역량의 차이로 인해 심리적 거리까지 벌어지는 일은 없어야 하지 않을까?

4
디지털 업무 생태계 갈등

'스마트 워크, 비대면 업무, 재택근무'
새로운 생태계가 만드는
새로운 갈등과 관리 방안

갈등의 시대, 그 변화와 염려

　포스트 코로나 이후에 달라진 조직 환경, 특히 AI 시대의 업무방식 변화는 많은 기업들이 출근과 재택을 2~3일씩 혼합한 하이브리드 근무형태로 전환하는 계기를 만들었다[15]. 완전한 재택근무나 하이브리드 방식 모두 디지털 시스템이 기반되기에 디지털 기반 업무 형태의 문제점은 기업의 화두이다.

　첫 번째는 업무 형태 전환에 따른 근로자와 회사에 관한 인식의 문제다. 국내에선 회사의 구성원들이 노동현장의 디지털화에 대해 부정적인 인식을 많이 하고 있다. 주로 노동 부담과 업무량의 증가는 물론 동시에 처리해야 할 업무량 증가 등의 문제를 토로했는데 이 중 가장 높은 비율은 업무 성과 등에 감시 통제의 문제였다[16]. 재택근무의 경우 실시간으로 업무

처리 과정을 확인할 수 없다 보니 회사와 상사의 잦은 연락이 구성원에게는 감시로 느껴지게 되는 것이다. 회사 역시 고민은 마찬가지다. 업무 형태를 전환한다는 것은 비용, 효율, 기간 등의 수많은 위험부담을 준다. 실제 업무를 재택근무나 스마트워크 형태로 바꾼다 해도 업무 성과에 어떻게 영향을 미치는지 관찰하고 분석해야 한다.

두 번째는 광의적 시각, 조금 더 넓은 관점에서 보면 개인 간의 갈등보다 더 중요한 사회적인 갈등의 문제다. 비대면 서비스가 확산되며 늘어난 플랫폼 노동자들의 업무 환경이 그 예가 될 수 있다. 스마트폰이 일상화된 시대에 등장한 플랫폼(Platform)노동은 O2O 서비스 플랫폼을 통해 이뤄진다. O2O(Online to Offline)란 온라인이 오프라인으로 옮겨 온다는 의미로 배달업이나 공유택시업에 종사하는 노동자들이 이에 속한다. 이런 플랫폼 노동자들은 독립계약자나 프리랜서 성격인 경우가 많고 임금(Wage)이 아닌 소득(Income)으로 운영되는 형태가 많아 근로기준법이나 사회보장을 받기 어렵다. 거기에 노동 안전의 사각지대에 노출되어 있어 심각할 정도의 시간 압박과 스트레스를 받고 있기도 하다[17]. 이런 문제들이 결국 사회 갈등으로 번지게 되고 결국 해결하기 위한 비용으로 모두에게 부담을 안겨 주어 더 큰 갈등을 만들어 내게 된다.

스마트 워크에도 기술이 필요하다

태생적으로 복잡성을 띠고 있는 기업의 생태계도 그렇지만 조직마다 다른 문화와 업무 체계를 지니고 있기에 내재된 갈등을 해결하는 특정 방법을 제시하기 어려운 것이 사실이다. 다만 장기와 단기, 조직과 개인의 역할로 구분해 보면 다가오는 변화의 파도를 슬기롭게 헤쳐갈 수 있는 단초는 얻을 수 있다. 우선 회사 차원의 접근을 살펴보면 디지털 기반의 스마트 워크의 인식과 업무 방식을 달리해야 한다는 것을 알 수 있다. 첫 번째는 아무리 바이러스에 대한 우려가 크다고 해도 모든 일을 비대면으로 처리할 수 없으며 스마트 워크가 대세라 해도 그런 방식이 유일한 대안은 아니라는 인식이 필요하다. 그래서 비용절감과 업무 효율성을 목표로한 비대면근무가 확대되고 있는 시대에 오히려 사무실 출근을 늘렸던 회사도 있다. 미국의 수상레저 회사 타워패들보드는 재택근무나 유연근무제 외에 이익공유라는 개념으로 효과적인 성과를 거둔 기업이다. 이 회사는 오전 8시부터 오후 1시까지 하루 5시간만 근무하되 월급은 유지하고 초과이익의 5%를 직원들에게 돌려주는 이익 공유제를 실시했다. 그랬더니 직원들의 시간당 생산성이 2배 이상 늘었고 회사도 성장했다. 이는 디지털 기반의 업무로 인해 발생할 수 있는 다양한 갈등은 줄이면서 성과는 거둔 사례라고 할 수 있다[18]. 타워패들보드처럼 디지털 시대에 요구되는 변화는 단순하게 디지털과 아날로그의 환경을 선택하는 것이 아니다. 회사의 특성과 상황, 철저한 계획과 준비를 통해 방안을 마련해 가야 한다.

"디지털, 비대면, 스마트 워크가 모든 대안은 아니다."

두 번째, 비대면 근무 시 발생할 수 있는 업무갈등을 사전에 줄이는 방법을 마련해야 한다. 구성원 간 비접촉 재택근무는 기본적으로 효율성을 기반한다. 개인 간 업무에 대한 인식이나 업무성향의 차이가 발생하면 그만큼 조율해야 할 일이 많아진다. 하지만 비대면의 경우 아무래도 접촉점이 줄어들다 보니 업무갈등이 유발될 수밖에 없다. 이런 상황을 예방하는 하나의 방법은 업무 간 부딪힐 수 있는 이견에 대한 매뉴얼을 최대한 상세하게 제시하는 것이다. 사실 사소한 갈등은 '정의'를 하지 못했을 때 발생하고 반대로 사전에 '합의'를 하면 막을 수 있다. '일찍 와'가 몇 시인지 정확한 시간을 정해야 하고, 구성원 간 업무상 예의를 갖춘다는 것이 어떤 형식이면 충분한지 기준을 마련해야 한다. 대표적으로 전 세계 66개국 1200명의 직원이 소속되어 있는 소프트웨어 개발사 깃랩(Git-lab)이 그렇다. 깃랩의 매뉴얼은 디테일에 디테일을 더해 무려 1000페이지의 핸드북으로 제작되었다. 예를 들면 업무적 소통은 메신저 대신 메일로 한다. 메일에는 별도의 제목을 쓰지 않고 본문 첫 줄로 대신하며 인사는 생략한다. 메일을 확인하면 즉시 답신한다. 별 의견이 없는 경우 '감사' 등의 단어로 대신한다. 이런 업무 매뉴얼은 신입사원이라도 바로 업무에 투입할 수 있는 수준까지 자세해야 한다. 그럼 불필요하게 쓰이는 자투리 시간을 최대한 덜어 내고 서로 오해가 발생할 수 있는 여지를 사전에 공식화하여 차단할 수 있다[19].

연대감과 공동체 의식의 회복

미국의 사회 심리학자 로버트 자이언스(Robert Zajonc)는 "사람은 상대의 인간적 측면을 알았을 때 더 깊은 호의를 갖는다." 등의 개념을 담은 '단순 노출 효과(單純露出效果, Mere Exposure Effect)'를 주장했다. 물론 모든 심리학 이론이 그렇지만 첫인상이 가장 큰 영향을 미친다는 초두 효과(初頭效果, Primacy Effect)나 나중의 인상이 가장 큰 영향을 미친다는 심리이론 신근 효과(新近效果, Recency Effect)의 반발에 부딪히긴 했다. 하지만 누구나 상대방과 만남을 거듭하면 할수록 조금씩 호감을 갖게 된 경험은 있을 것이다. 특히 지금까지 한국사람들은 '얼굴을 보고' 이야기를 나눠야 정이 쌓인다는 문화 속에 살지 않았던가? 그래서 재택근무나 비대면 업무 처리가 확산되며 구성원 간 물리적, 심리적 거리가 생기는 것에 대해 고민을 해야 한다.

이러한 물리적, 심리적 거리는 구성원 대 구성원의 거리뿐 아니라 구성원이 느끼는 회사와 내부 조직에 대한 소속감, 연대감 형성에도 영향을 미칠 수 있다. 오프라인의 경우 굳이 업무 상황이 아니어도 출근부터 점심시간, 퇴근 시간에 구성원끼리 대면하며 서로의 안부를 묻고 격려도 한다. 물론 그것이 늘 우호적인 관계를 만들진 않는다. 그럼에도 대인관계에 접촉점이 있고 커뮤니케이션 상황에서 언어와 비언어를 동시에 사용할 수 있다는 점은 오프라인 업무환경의 장점이라 할 수 있다. 그래서 비대면 업무 환경에서도 주기적인 화상 미팅으로도 서로에 대한 호감을 키우거나 혹시 모르게 쌓아 둔 오해와 갈등을 털어 내는 계기를 만들 수 있다.

웹디자이너를 위한 툴(Tool) 개발사인 인비전의 스크럼 미팅이 대표적이다. 같은 팀원끼리 하루에 한 번은 얼굴을 맞대고 자신의 업무에 관한 이야기들을 편하게 나누는 시간을 갖는다. 반드시 업무와 관련한 미팅을 해야 한다는 것이 아니다. 멀어진 물리적 거리를 극복할 수 있는 심리적 거리를 만들기 위해 조직에 대한 소속감과 팀원들끼리의 연대감을 키우는 것이다. 그래야 첫인상이 비록 좋지 못해도(초두 효과) 자주 접촉이 이루어지면서 점차 완화되는 현상(단순 노출 효과) 덕도 볼 수 있고, 더 좋은 관계로 도약할 수 있는 계기(신근효과)를 맞을 수 있다.

신뢰할 수 있는 구성원으로 변화하기

"사람들이 서로 완전하게 신뢰할 때 성장지수는 기하급수적으로 폭발한다."

성공하는 사람들의 7가지 법칙을 저술한 스티븐 코비의 아들 스티븐 M.R.코비는 자신의 책 '신뢰의 속도'에서 위와 같이 말했다. 신뢰를 갖추면 일, 성장에 속도가 붙는다는 것이다. 이 신뢰야말로 4차산업 혁명의 효율성과 효과성에 맞아 떨어지는 개념이라고 할 수 있다. 재택근무나 하이브리드 방식의 업무 환경은 자칫 또 다른 갈등을 야기할 수 있다. 하지만 이런 문제는 어느 한쪽의 노력만으로는 개선하기 어렵다. 회사가 할 일과 구성원이 할 일은 구분되어야 하고, 그에 따라 새로운 환경 속에 놓인 각 개인 역시 인식과 행동을 바꿔야 한다. 신뢰의 속도의 말을 빌리자면 '자기 신뢰'가 요구되는 시대인 것이다.

신뢰는 '보이지 않는 것을 보는 것'이다. 스티븐 M.R코비는 신뢰를 얻기 위한 첫 단추로 '자기 신뢰'를 꼽으며 '성실성, 의도, 능력, 성과'라는 4가지 요소를 제안했다. 이 중 서로를 믿고 지지하는 재택근무 문화를 위한 요소로 성실성과 능력, 성과 3가지에 관심을 가져야 한다. 말한 것을 지키는 성실함과 그 업무에 꼭 필요한 능력을 발휘하며, 자신의 일에 성과를 거두는 사람이라면 충분하다. 비대면 업무에서 실시간으로 서로를 볼 수 없어도 신뢰를 갖추면 편하게 일할 수 있다.

이를 위해서는 비대면근무에 대한 인식부터 변화시켜야 한다. 아무리 재택근무라 하더라도 근무는 근무다. 말 그대로 집이라는 공간에 머물며(在宅) 업무를 하는 것이 재택근무다. 그래서 구성원은 회사에 출근하는 것과 마찬가지로 반드시 업무시간을 준수해야 한다. 그러기 위해 업무 공간은 별도로 구성하고 출퇴근 시간을 지켜야 한다. 마음가짐을 달리하기 위해 자신만의 출근 복장을 정하고 업무시간에 입는 것도 도움이 된다.

5
디지털 갈등 사회를 보는 새로운 시각

변화는 이미 우리 곁에 있었다?
지혜로운 갈등관리를 위한 디지털 시민의식

환경의 동물

'아프리카 부시먼은 침팬지만큼 산다?'

오스카어 부르거 독일 막스플랑크인구연구소 박사팀은 부시먼 등 수렵채취인의 사망률이 현대인보다 오히려 침팬지에 가까웠다는 사실을 밝혀냈다. 이 연구에 의하면 15살짜리 야생 침팬지와 (침팬지와 동일한 연령으로 환산한) 63살 수렵채취인은 연간 사망확률은 4.7%로 같다. 그러나 선진국 사람은 같은 나이 수렵채취인과 비교해 사망률이 100분의 1 수준으로 낮다. 수렵, 채취가 인간 역사의 대부분을 차지한 삶의 형태인데도 불구하고 선진국으로 발전한 나라의 사람은 어째서 더 오래 살게 된 것일까? 부르거 박사는 인간의 수명이 환경에 의해 늘어난 것에 대해 유전적 변화보다는 공공보건, 위생, 영양, 교육, 주택 등 환경변화 때문이라고 설명했다[20]. 환경이 변해서 생명 연장의 기적이 일어난 것이다.

인간을 흔히 환경의 동물이라고 부른다. 요즘은 생리학적 진화뿐 아니라 사고와 행동체계, 그리고 환경에 맞는 기술이 함께 진화한다. 디지털 시대로 진화한 것이나 바이러스 사태로 인한 비대면 환경의 비약적인 확장 역시 그러하다. 하지만 이런 변화들이 갑작스럽게 생겨난 것일까? 인간의 변화적응력이 탁월하다 해도 일순간에 변화를 일구며 손쉽게 적응해 나갈 수 있었을까?

새로운 문화

최근 연간 거래액 1조를 달성한 국내 전자 상거래 사이트 '쿠팡'. 특히 코로나 사태 이후 로켓배송의 수요가 늘면서 더욱 탄력을 받고 있는 이 회사는 2010년에 설립되었다. 또 전 세계적으로 그 중요성이 커진 드라이브 스루(Drive Through)도 마찬가지다. 이전엔 스타벅스, 맥도날드 등에서 쉽게 접할 수 있는 드라이브 스루는 1930년 미국의 세인트루이스 그랜드 내셔널 은행의 범죄예방 대책을 시작으로 발전했다. 이제는 기업뿐 아니라 민간 영역에서도 광범위하게 사용하는 대표적인 화상회의 서비스인 zoom은 2011년에 창업했다. 이처럼 얼핏 보면 무언가 큰 변화가 일시적으로 일어난 것처럼 보이지만 디지털, 코로나 등의 비대면 문화와 무관하게 수많은 디지털 기술들은 우리와 함께 살고 있었다. 그렇게 보면 우리는 지금까지 충분히 잘 적응해서 살고 있었던 것이다.

이제 생성형 AI로 대표되는 인공지능 시장이 디지털의 발전과 상용화를 더욱 부추길 것이다. 이제 택시를 타도 접촉 없이 호출하고 계산하고, 커피 한 잔을 사더라도 사람 대신 키오스크와 대면하는 것이 일상이 되었다. 도서관을 찾아 사람들과 책을 읽거나 직접 묻고 답하는 대신 인공지능과 소통하고 그 안에서 해답을 찾으며 살아가는 게 새로운 일상이 되었다. 이런 현상으로만 보면 사람 사이의 장벽은 더 높아질 것이고 인간이 가진 고유한 '정(情)'을 기대하긴 어려운 사회로 변하는 것 같다. 하지만 인간은 환경의 동물이라는 점을 잊으면 안 된다. 인간(人間)이라는 단어를 풀어 보면 서로 기대고 서는 사람(人)들이 서로 거리를 두고 있는(間) 모양새다. 우린 과거부터 늘 적절한 거리를 두고 살았고, 앞으로도 그렇게 살면 된다. 서로의 이해관계가 칡나무와 등나무처럼 엉키는 갈등(葛藤) 역시 새로운 형태로 진화하겠지만 늘 그렇듯 적응하며 살면 된다.

진정한 디지털 리터러시

그럼 시대의 변화에 어떻게 발맞추며 살아야 대인 갈등을 줄이며 적절한 거리를 유지하며 살 수 있을까? 첫 번째로 무엇보다 디지털에 과하게 기대지 않아야 한다. 업무의 편리성을 가져다 주는 카카오톡도 과도하게 활용하면 오히려 직무만족도에도 부정적인 영향을 미친다[21]. 디지털 시대의 편리함은 거저 얻어지지 않는다. 그것을 사용하는 사람, 더 자세히 말하면 그것을 적용하는 이해관계 당사자들의 의식과 수준이 좋은 결과를 만들 수 있다.

그래서 디지털 리터러시의 '디지털 시민의식(Digital Citizenship)'이 중요하다. 클릭 한 번으로 연결되는 초연결시대엔 지구촌 모두가 하나의 공동체이며 한 세상 속의 시민이다. 디지털 공동체를 이룬 시민이라면 페이스북, 인스타에 올린 사소한 포스팅 하나에도 타인을 고려하는 감성을 담아야 한다. 앞으로 디지털 시대가 어떤 모습으로 발전하더라도 그 중심엔 그것을 이용하는 사람이 있다. 거리가 멀고 왜곡이 작용하며 오해가 쌓이더라도 맞은편엔 사람이 있다고 여겨야 한다. 이해가 되지 않는 메시지를 받았을 때는 묻고 확인해서 오해가 쌓이지 않도록 해야 한다. 디지털 역량의 차이는 보조를 맞춰야 할 과정으로 여기고 조금 더 배려해야 한다. 회사는 구성원을 감시하려 들지 않고 믿고 기다리고 지지하고 구성원은 자신의 맡은 바 책임을 완수하는 태도를 갖춰야 한다. 그것이 디지털 시대에 진정한 디지털 리터러시이며 그런 역량을 가진 사람들이 지혜로운 디지털 갈등관리를 이끌 수 있다.

EPILOGUE

'갈등관리'라는 험산(險山)을 여행하기 위한 지도를 그리며...

"여행의 진가는 수백 개의 다른 땅을 같은 눈으로 바라볼 때가 아니라, 수백 개의 다른 눈으로 같은 땅을 바라볼 때 드러난다." 현대소설의 창시자인 프랑스의 소설가 마르셀 프루스트(Marcel Proust)의 이야기이다. '갈등관리'라는 험산(險山) 여행의 지도를 그리기 위해 다양한 분야의 전문가들이 각자의 눈으로 갈등을 바라보고 관점을 나누었다. 갈등에 대한 다양한 관점은 부정적이기만 했던 갈등이 긍정적인 다른 모습이 있음을 깨닫게 하였다.

갈등관리의 지도를 그리기 위한 시작은 갈등이라는 것이 무엇이고 왜 발생할 수밖에 없는지 의문을 품는 것이었다. 먼저, 멀리서 망원경을 들고 갈등을 개관(槪觀)하여 보았다. 갈등은 피할 수 없기에, 이를 지혜롭게 관리할 수 있는 근육을 키우는 것이 필요하다는 것을 깨달았다. 다음으로 질문을 통해 갈등을 성장과 발전의 자원으로 활용할 수 있는 방법을 찾기 위해 저자들은 각자의 전문분야 현미경으로 갈등을 들여다보기 시작하였다.

갈등관리의 핵인 감정으로부터 갈등관리의 유형과 기술, 상황과 대상에 따른 상사와 부하, 부서 간, 고객과의 갈등 그리고 갈등을 예방하기 위한 방법과 조정자의 역할까지 살펴보았다. 여기에 더해 초연결시대의 소통방식인 디지털(Digital) 환경 속에서의 새로운 갈등에 대한 관점을 제시하였다. 마지막으로 날줄과 씨줄을 엮는 작업을 통해 하나의 지도를 완성하였다.

'언택트(Untact)시대', '언컨플릭(Unconflict)'을 통한 성장과 발전

갈등은 상호관계 속에서 삶을 살아가는 인간사회에 필수불가결한 상황이다. 불안이 생존위험에 대한 인간의 본능적인 신호라면, 갈등은 관계위험에 대한 신호이다. 우리는 불안을 대하는 태도에 따라 스트레스를 받기도 하지만 각성을 통해 지혜롭게 위기를 넘기고 성과를 내기도 한다. 마찬가지로, 갈등 역시 우리의 태도에 따라 관계에 금이 가게 하거나 반대로 자신의 성장과 발전을 위해 중요한 자원으로 활용되기도 한다.

갈등을 지혜로운 자원으로 사용하는 것은 초연결시대에 갖추어야 할 핵심역량이다. 이는 과거의 대면 갈등을 넘어 현시대의 비대면 갈등이 불가피한 상황에서 연결과 협업이 창의적인 생산성에 커다란 영향을 주기 때문이다. 제4차 산업혁명의 기술이 초연결시대의 연결과 소통을 요구하였으나, 코로나19 이후에는 대면 접촉을 가급적 피하게 되었다. 그러나 인간의 연결에 대한 본능적 욕구는 언택트(Untact) 기술과 활동을 통해 어떻게 해서든 연결하고자 한다. 이와 마찬가지로, 언컨플릭(Unconflict)은 연결과 관계 속에서 피할 수 없는 갈등을 개인과 조직의 성장과 발전의 기회로 전환하여 건강한 갈등상태로 관리하는 것을 의미한다.

"지도는 영토가 아니다."라는 말처럼 갈등관리의 실천현장은 이론과는 다를 것이다. 그러나 상세한 지도가 있는 여행은 막연함으로 두려운 발걸음보다는 한결 가벼울 것이다. 이 책을 읽는 분들께 갈등이라는 두려움과 저항의 험산(險山)을 여행하는 데 조금이나마 길잡이가 되기를 바란다.

"수많은 별들을 잉태하려면 먼저 자기 안에 카오스를 지녀야 한다."
– 프리드리히 니체, 유영만(2020). 『유라투스트라는 이렇게 말했다』에서 재인용

갈등관리 연구회 언컨플릭(Unconflict)

참고문헌

챕터1

1) 문용감, 이남옥(2016), 『조직갈등관리』, 서울: 학지사.

2) 강영진(2016), 『갈등해결의 지혜』, 서울: 일빛.

3) 이은경(2014), "팀 구성원들의 갈등이 팀 효과성에 미치는 영향: 조직공정성과 팀 정서지능의 조절효과", 박사논문, 숙명여자대학교.

4) 은재호, 장현주(2012), "조직 내 갈등에 대한 공무원의 갈등관리유형에 관한 연구: Thomas & Kilman의 갈등관리유형을 중심으로", 한국인사행정학회보, 11(1), 1~24.

5) 이준호(2005), "우리나라 서비스 기업에서 팀리더의 갈등관리방식이 팀구성원들의 조직공정성 지각과 팀몰입에 미치는 영향에 대한 연구", 서비스경영학회지, 6(3), 107~140.

6) 박효정(2019), 『조직 갈등관리 트레이닝 북』, 서울: brain LEO.

7) 중앙노동위원회(2024. 2. 15.), 노동환경 변화 및 노동위원회 역할 설문조사. 뉴시스.

8) 법률신문(2024. 4. 1.), 직장 내 갈등 관리, 인지와 예방이 우선이다.

9) Erica Dhawan(2020. 6. 2.), "Collaboration Through Communication", 2020 ATD Virtual conference.

10) Mike Walker(2020. 3.), Rethinking Digital Transformation. HBR, Pulse survey.

11) 최철규, 김한솔(2013. 5월 129호), "갈등, 원인을 알아야 정답 찾는다.", DBR, Issue 2.

12) 로버트 누킨(2011), 『하버드 협상의 기술』(김세진 역), 서울: 21세기북스.

13) 고승연, 김광현(2018. 3월 244호), "공유와 신충헌, 몰입도 높은 수평조직 만들다!", DBR, Issue 1.

14) 임채연(2017. 2. 5.), "생산성 수수께끼, 구글은 이렇게 풀었다", 중앙일보.

15) Edmondson, A. C.(1999). "Psychological safety and learning behavior in work teams." Administrative. Science Quarterly, Vol. 44, No. 2, pp. 350–383.

16) 에이미 에드먼슨(2019), 『두려움 없는 조직』(최윤영 역), 경기: 다산북스.

챕터2

1) 스피노자(2014), 『에티카』(황태연 역), 전주: 비홍출판사.
2) 조지프 르두(2017), 『불안』(임지원 역), 서울: 인벤션.
3) 다니엘 골먼(2008), 『EQ 감성지능』(한창호 역), 서울: 웅진지식하우스.
4) 리사 펠드먼 배럿(2017), 『감정은 어떻게 만들어지는가』(최호영 역), 경기도: 생각연구소.
5) 권석만(2012), 『현대심리치료와 상담이론』, 서울: 학지사.
6) 동아사이언스(2018), 강석기의 과학카페: 호흡은 어떻게 감정을 조절할까.
7) 루키우스 안나이우스 세네카 외(2013), 『화에 대하여』(김경숙 역), 서울: 사이.
8) Matthew D. Lieberman(2007), Psychological Science, Volume 18-Number 5, Putting Feelings Into Words: Affect Labeling Disrupts Amygdala Activity in Response to Affective Stimuli.
9) 레슬리 S. 그린버그 외(2008), 『심리치료에서 정서를 어떻게 다룰 것인가』(이흥표 역), 서울: 학지사.
10) 앨버트 엘리스 외(2007), 『합리적 정서행동치료』(서수균 외 역), 서울: 학지사.
11) 아론 벡(2017), 『인지치료와 정서장애』(민병배 역), 서울: 학지사.
12) 대니얼 카너먼(2012), 『생각에 관한 생각』(이창신 역), 경기도: 김영사.
13) 바이런 케이티, 스티브 미첼(2002), 『네 가지 질문』(김윤 역), 경기도: 침묵의 향기.

챕터3

1) 박효정(2019), 『조직 갈등관리 트레이닝북』, 서울: brain LEO.
2) 이현우(1995), "광고기획자의 갈등관리 행동에 관한 연구", 한국광고홍보학회, 29(0), 9 – 29.
3) 워렌 슈미트 외(2009), 『하버드 비즈니스 클래식_협상과 갈등해결』(이상욱역) 경기: 21세기 북스.
4) Thomas, K.W., & Kilmann, R.H.(1974). Thomas-Kilmann Conflict-Mode Instrument. Palo Alto, CA: Xicom.
5) 유경철(2018), 『완벽한 소통법』, 서울: 천그루숲.
6) 권석만(2012), 『현대심리치료와 상담이론』, 서울: 학지사.
7) 은재호(2011), "중앙부처 공무원의 갈등대처 유형에 관한 연구: 갈등대처유형과 조직몰입도 및 직무만족도와의 관계", 한국행정연구원, 2011(0), 1-214.

8) 강영진(2009), 『갈등해결의 지혜』, 서울: 일빛.

9) 장현주, 은재호(2012), "갈등관리방식이 조직효과성에 미치는 영향: 개인특성요인의 조절효과를 중심으로", 행정논총, 50(4), 23-51.

10) 이준호(2005), "우리나라 서비스 기업에서 팀리더의 갈등관리방식이 팀구성원들의 조직공정성 지각과 팀몰입에 미치는 영향에 대한 연구", 서비스경영학회지, 6(3), 107-140.

11) 이나훔(2016), "국세공무원의 갈등관리유형이 직무성과, 고객지향성, 이직의도에 미치는 영향", 석사논문, 서울대학교 행정대학원.

12) 김한솔(2012. 1. 30.), 방 과장의 처세 X파일 "너, 나 무시하냐?"…상대 유형 파악이 급선무, 주간동아.

13) 이호승(2015. 2. 6.), [매경 MBA] 동기부여, 당근? 채찍? 둘 다 틀렸다, 매일경제MBN.

챕터4

1) 대한상공회의소(2020), "직장 내 세대갈등과 기업문화 종합진단 보고서", 서울: 대한상공회의소.

2) 김범주(2012), "대인갈등유형과 갈등해결유형과의 관계에 관한 연구", 석사논문, 단국대학교 경영대학원.

3) 이나훔(2016), "국세공무원의 갈등관리유형이 직무성과, 고객지향성, 이직의도에 미치는 영향", 석사논문, 서울대학교 행정대학원.

4) 신은지(2020. 4. 25.), "그냥 뭐…" 사표 낼 때 차마 말 못 한 진짜 퇴사 이유는?, 조선일보.

5) 최환규, 김성희(2016), "갈등 앞에서 갈등하지 마라", 서울: 매일경제신문사.

6) 최철규, 김한솔(2013. 7월 133호), "잔디밭 밟는 것 막고 싶다고? 한가운데 길을 내라.", DBR, Issue 2.

7) 최철규, 김한솔(2013. 5월 129호), "갈등, 원인을 알아야 정답 찾는다.", DBR, Issue 2.

8) Peter Coleman(2015), "Making Conflict Work", USA: Mariner Books.

9) 정용주(2006), "갈등관리유형이 리더신뢰와 이직의도에 미치는 영향에 관한 연구", 박사논문, 경기대학교 대학원.

10) 박태현(2015), "누가 회사에서 인정받는가", 경기: 책비.

11) 김성남(2019. 8월 278호). "밀레니얼이 꿈꾸는 '꼰대' 없는 수평조직". DBR. Issue 1.

챕터5

1) 강경민(2011. 3. 28.), 40% "한 달에 1~2회 충돌 …마케팅팀 대 영업팀 '앙숙'". 한겨레.
(설문조사 60% 이상 부서 간의 갈등)

이강국 이사(2015. 2. 11.), "두 마리 토끼 숨은 '부서 간 연결고리'", 매일경제 MBN. (설문조사 96% 이상 부서 간의 갈등)

2) 질리언 테트(2015), 『사일로 이펙트』(신예경 역), 서울: 어크로스.

3) 구정모(2008. 2. 19.), "직장인 96% '회사에 부서 간 갈등 있다'", 한겨레.

4) 테아 싱어 스피처(2019), 『협업의 시대』(이지민 역), 서울: 보랏빛소.

5) 홍석환(2017. 12. 27.), "왜 협업해야 하는가?", 한국경제.

6) 곽재선(2012. 7. 19.), "부서이기주의, 어떻게 극복해야 하나?", KG그룹 칼럼.

7) 이완(2013. 4. 10.), 직장인 셋 중 둘 '부서 간 업무협조 속 터져', 한겨레.

8) 원성심(2013. 4. 11.), 오지랖도 넓은 직장인? "타부서 업무요청에 속터져", 헤드라인제주.

9) 나이토 요시히토(2017), 『말투 하나 바꿨을 뿐인데』(김한나 역), 서울: 유노북스

10) Edward Burkley, Melissa Burkley(2019), 『동기과학』(신현정 역), 서울: 시그마프레스.

11) 삼성물산 건설 부문 공식칼럼(2020. 2. 17.), 부탁이 쉬워지는 방법, 부탁의 기술.

12) 예스폼, 협조전 작성가이드.

13) 최주용(2017. 11. 1.), 美 하버드대가 79년간 추적해 보니 "인간관계 좋은 사람이 건강하고 오래 산다", 조선일보

14) 표태준(2018. 6. 1.), 욕먹어도 NO, 조선일보.

15) 김성회(2018), 『리더의 언어병법』, 서울: 북스톤.

16) 뉴스와이어(2007. 5. 6.), LG 경제연구원 '조직 장벽을 극복하는 비결', 미디어워치.

17) 민현기(2020), 『아주 사소한 행복』, 서울: 마이북하우스.

18) 백아리(2020. 4.), 코로나 시대의 뉴노멀, 스마트워크와 협업 툴, Dong-A Business Review.

19) 한경우(2020. 4. 16.), 포스코, 임직원 협업 문화 정착 위한 포인트 제도 및 IT 플랫폼 도입, 매일경제 MBN.

챕터6

1) 남혜정(2012), "팀장의 갈등관리방법이 팀원의 이직의도에 미치는 영향: 직무몰입의 매개효과 중심으로", 석사논문, 한양대학교.

2) 문용갑, 이남옥(2016), 『조직갈등관리: 심리학적 갈등 조정을 중심으로』, 서울: 학지사.

3) 강영진(2009), 『갈등해결의 지혜』, 서울: 일빛.

4) 박효정(2019), 『조직갈등관리트레이닝북』, 서울: brainLEO.

5) 김미라(2020), 『갈등관리 이론과 실제』, 경기도: 공동체.

6) 문용갑, 이남옥(2019), 『갈등 트이레닝』, 서울: 학지사.

7) 권성(2013), 『조정을 위한 설득과 수사의 자료』, 언론중재위원회.

8) 이진역(2007), 『논리와 이성을 뛰어넘어 감성으로 설득하라』, 서울: 두드림.

9) 수잔 L. 카펜터 , W. J. D. 케네디(2010), 『공공갈등 해결』(정주진 역), 서울: 아르케.

10) 최철규(2013), 『갈등, 스스로 해결했다 믿게 하라』, 서울: DBR.

11) 장 뿌아트라스, 피에르 르노(2007), 『갈등조정의 ABC』(박진 외 역), 서울: 굿인포메이션.

챕터7

1) 윤정원(2023). [격동의 황제주③] 60년 역사 남양유업, '불신'의 대명사로⋯끝없는 추락, BizFACT.

2) 박효정(2019), 『조직 갈등관리 트레이닝북』, 서울: brain LEO.

3) DeSteno. D.(2018), 『신뢰의 법칙』(THE TRUST ABOUT TRUST, 박세연 역), 서울: 웅진지식하우스(원저 2014년 출판).

4) 정형택(2020), "배보다 배꼽이 큰 사은 행사⋯ 스타벅스 레디백 받으러 300잔 주문", SBS뉴스.

5) Edersheim. E.H.(2007), 『피터 드러커, 마지막 통찰』(The Definitive Drucker, 이재규 역), 서울: 명진출판(원저 2007년 출판).

6) Drucker. P. F.(2017), 『피터 드러커, 일의 철학』(THE DAILY DRUCKER, Joseph A. Maciariello 엮음, 피터 드러커 소사이어티 역), 서울: 청림출판(원저 2004년 출판).

7) Muneaki. M.(2015), 『지적자본론』(CHITEKI SHIHON-RON. 이정환 역), 서울: 민음사.

8) 윤석철(1991), 『프린시피아 매네지멘타』, 서울: 경문사.

9) 윤석철(2001), 『경영학의 진리체계』, 서울: 경문사.

10) 최창일(2006), 『끌리는 상품은 기획부터 다르다』, 서울: 더난출판.

11) 주영민(2020), 이재명, "'배달의 민족' 저격 '독과점 횡포' 비난", CBS 노컷뉴스.

12) 김혜란(2019), "임블리 사태, 소비자 신뢰 → 의심 → 배신감 ⋯ 임지현 사퇴로는 부족", 동아닷컴.

13) Maister. D. H., Green. C. H. & Galford. R. M.(2009).『신뢰의 기술』(THE TRUSTED ADVISOR, 정성묵 역), 서울: 해냄(원저 2000년 출판).

14) 김호(2016),『나는 왜 싫다는 말을 못 할까』, 고양: 위즈덤하우스.

15) 신현주(2019). "삭제, 차단, 변명 … '곰팡이 호박즙' 놀란 키운 임블리". 서울경제.

16) Whitmore. J.(2007),『성과향상을 위한 코칭 리더십』(COACHING FOR PERFORMANCE, 김영순 역), 파주: 김영사(원저 2002년 출판).

17) 이하늘(2018),『거절 잘하는 법』, 서울: 카시오페아.

18) 김용섭(2020),『언컨택트』, 서울: 퍼블리온.

19) 최재천 외(2020),『코로나 사피엔스』, 서울: 인플루엔셜.

챕터8

1) 전국경제연합회(2021). '국가갈등지수 OECD 글로벌 비교' 한국기독신문.

2) 허문구(2016), "'대응은 빠르지만 위기 감지는 늦죠' 조직 최일선의 촉수를 살려라". DBR.

3) 유리나(2019. 12. 13.). 직장인, 가장 큰 스트레스는 성과에 대한 압박감, 회식은 자체가 스트레스. 아이보스.

4) 한국노동연구원(2020). '한국의 직장인 행복도 조사'

5) 이은이(2020). "사회적 거리두기와 코로나 블루 '온기'의 중요성…'관계 맺기'를 못할 때 생기는 변화", 기초과학연구원.

6) HR아카데미(2019. 4. 19.), "대인관계와 관련된 두려움을 감소시키는 심리적 안정감", 시앤피컨설팅.

7) 최철규(2019). 나와 성향이 다른 상대와의 갈등, 어떻게 해결할까? HSG 휴먼솔류션그룹.

8) 공승연(2018). "공유와 신충헌 몰입도 높은 수평조직을 만들다", DBR.

9) 티타임즈(2016). 아마존 제프 베조의 '피자 두 판의 법칙'.

10) 풀러 프로덕트매니저 김영빈(2019). 프로덕트매니저의 애자일 회고 방법론_ KPT실천편. 디자인소리.

11) 최철규, 김한솔(2013). "why" 니즈를 파악해야 갈등 풀린다. 동아비즈니스리뷰.

12) 김민성(2020). 뷰카(VUCA)시대, 일 잘하는 리더 불확실성으로 가득한 경영 환경에서 확실성을 찾아라. 미래한국.

챕터9

1) 박수진(2019. 1. 30.), 노인들 '디지털 소외'… 세대 간 갈등으로 번져. 전남일보.

2) SAGE journals.(2010. 8. 5.), Changes in Dispositional Empathy in American College Students Over Time: A Meta-Analysis.

3) 캐서린 프라이스(2023), 스마트폰과 헤어지는 법(박지혜 역), 파주: 갤리온.

4) 강연임(2017), 카카오톡 메신저의 소통 양상과 사회언어학적 특성, 어문연구, 92(0), 5-37.

5) BBC NEW 코리아(2020. 5. 3.), 코로나19: '줌' 영상통화 뒤에 몰려오는 피곤… 전문가가 말해 준다.

6) 이병문(2017. 12. 13.), SNS 때문에 24시간 근무모드…나도 '넵병'?, 매일경제.

7) 엄지민(2023. 1. 31.), 기업에 부는 '3요 주의보'…MZ세대에 바라는 건 '책임의식', YTN.

8) 2020 ATD Virtual conference(2020. 6. 2.), https://www.td.org/insights/collaboration-through-communication

9) 홍장선(2016), 비언어 커뮤니케이션의 기호특성과 자아표현 연구: SNS 이모티콘을 중심으로, 커뮤니케이션학 연구, 24(3), 5-31.

10) 방송통신위원회(2024. 12. 30.), 2023 방송매체 이용행태조사. 방송통신위원회.

11) 2022 디지털 정보격차 실태조사(2022. 12.), 과학기술정보통신부.

12) 박돈규(2019. 10. 5.), '네' '넹' '넵' 사이… 의욕충만인가 립서비스인가, 조선일보.

13) 편지윤, 강지은, 이혜인(2015), 디지털 문식 경험에 따른 양식(mode) 사용 양상 분석, 작문연구, 0(27), 145-180.

14) 민현기(2019), 『초연결 시대 어떻게 소통할 것인가』, 서울: 메이트북스.

15) 이은영(2024. 1. 2.), 매일 출근할 필요 있나요? 하이브리드 근무 뜬다!. open ads.

16) 김종진(2019. 7. 19.), 디지털 플랫폼노동 논의와 쟁점 검토 - 기술혁신과 노동위험성 사이 사회 갈등. 한국노동사회연구소 이슈페이퍼. vol2019. no 11. 1-21.

17) 염지선(2017. 10. 24.), 4차 산업혁명의 그늘 '플랫폼 노동자를 아시나요?'.

18) 배지정(2018. 7.), 달라진 노동환경, 리모트리더십 필요, DBR.

19) 조용석(2020. 6. 23.), 기업과 개인을 위한 슬기로운 재택생활 가이드, 바이라인 네트워크.

20) 조흥섭(2012. 10. 26.), 인간이라는 동물의 가장 위대한 능력(재인용), 한겨레.

21) 조재희, 김해연(2018), 조직 내에서의 카카오톡 이용이 조직생활에 미치는 효과 분석, 미디어 경제와 문화, 16(3), 42-77.

저자소개

- **박효정**

  U&R PROJECT(Understanding & Respect PROJECT) 대표. 비즈니스 코치이자 퍼실리테이터로, 다양한 기업 현장과 공공기관, 학교에서 강의·컨설팅·코칭을 진행하고 있다. 임원코칭, 리더십 워크숍, 조직갈등관리 및 긍정 팀십이 주요 전문 분야다. 숙명여자대학교와 대학원에서 교육학 및 교육사회학 석사를 마쳤으며, 성균관대학교에서 행정학 박사과정을 마쳤다. 엘릭스, 롯데인재개발원, 한국생산성본부에서 근무했고, 명지전문대에서 강의했다. 현재는 꾸준한 강의와 집필을 통해 다양한 사람들과 가치와 경험을 나누고 있다. 저서로는 『조직 갈등관리 트레이닝북』, 『팀장의 갈등관리 노하우』, 『4가지 성격 DISC와 만나다』, 『프레젠테이션 실무』, 『발표의 신』이 있으며, 국내 조직의 리더십과 팀십 관련 연구를 지속적으로 수행하고 있다.

- **주충일**

  GS칼텍스에서 Sales Manager 14년, 영업교육 15년, 마케팅업무 1년, 총 30년간 직장생활을 경험하였다. 현재는 영업교육 Project팀 리더로서 새로운 시대의 직무역량 모델과 교육방식을 개발하고 있다. 대학에서 경영학, 대학원에서 HRD 교육학을 전공하였다. 에너지 넘치게 배우는 러너자이저(Learnergizer)라는 닉네임을 가지고 있으며, 배운 것을 일과 삶에 연결하는 러닝커넥터(Learning Connector)로서 배우고자 하는 사람들과 사회에 기여하고자 한다. 한국교육컨설팅코칭학회 등 기업교육/성인교육 관련 학회 이사와 다양한 학습공동체 고문 및 자문역할을 하였다. 공동 저서로 『소통이 힘든 당신에게』, 『인간수업』, 『밀레니얼 워커십』이 있고 멘토링/코칭, 학습공동체 관련 논문을 썼다.

• 민현기

기업교육 HRD 플랫폼 로젠탈 콘텐츠 랩 대표로 기업이 가진 문제를 해결하기 위해 교육 프로그램을 만들고 제공하는 일을 하고 있다. 교육학 박사이자 여전히 교육학도의 길에서 배우고 익히는 학습자다. 그렇게 가르치고 배우는 삶을 살며 모은 잔 지식으로 가끔 책을 낸다. 그 호기심과 다양한 경험이 『아주 사소한 갈등』, 『초연결시대 어떻게 소통할 것인가』, 『이 시대의 강의력 F.L.O.W』, 『성공한 리더는 유머로 말한다』 등 다양한 책을 쓰게 했다. '혼자 가도 빨리, 또 멀리 가는 세상이지만 그 안에 느슨한 연대는 필요하다'는 철학으로 오랜 기간 기업교육 전문가들의 학습 커뮤니티 <로젠탈플랜>과 유튜브 채널 <기업강연의 모든 것 RED>를 운영하며 강사들의 성장을 돕고 있다.

• 강경옥

주식회사 그랩에듀 대표. 경희대학교 언론정보대학원에서 정치커뮤니케이션 전공의 언론학 석사 학위를 취득했고, 현대자동차, 한샘, 신세계 그리고 교촌 F&B에서 교육기획 및 전임강사로 활동했다. 현재 국내 유수의 기업, 공공기관 그리고 대학교에서 갈등관리, 조직 소통, 리더십, 셀프리더십, 교육 설계 및 운영, 강사양성과정 등의 주제로 활발하게 강의를 이어가고 있다. 저서로는 『왜 가까운 사이인데 소통이 어려울까?』가 있다.

• 박미란

리플교육&코칭연구소 대표이자 한국코치협회 KPC코치. 삼성화재해상보험, 현대엘리베이터에서 교육을 담당했으며, 국민대학교 경영대학원 리더십과 코칭

석사를 취득했다. 현재 구성원의 원활한 소통이 조직 성장을 이끈다는 신념을 가지고 조직갈등관리, 리더십과 코칭, 회복탄력성, 커뮤니케이션 및 협업을 주제로 연구하며 강의 활동을 하고 있다. 저서로는 『왜 가까운 사이인데 소통이 어려울까?』가 있다.

• 조은영

가치컴퍼니 대표. 한양대 교육대학원 인재개발교육을 전공하고 현대자동차, 한샘 CS기획팀에서 전문강사로 활동했다. 그 외에 삼성전자 유통연수소, (주)유니에스 인천공항본부에서 현장실무와 교육실장을 했다. 기업교육을 통해 선한 영향력을 주는 프리랜서 강사로 현재는 조직커뮤니케이션, 갈등관리, 세대 간 소통스킬, 감정관리, 리더십, 사내강사양성과정을 진행하고 있다. 저서로는 『소통이 힘든 당신에게』가 있다.

• 강윤아

PSI컨설팅 교수센터 소장. 마음의 평온으로부터 관계의 온기가 자란다고 믿는다. 마음챙김 기반의 커뮤니케이션, 리더십, 정서관리 분야를 중심으로 강의와 연구를 하고 있다. 동국대학교를 졸업하고, 동 대학원에서 명상심리상담학 석사 학위를 취득하였다. 저서로는 『마음챙김 대화』가 있다.

• 윤란

더윤 기업교육 대표. 고려대학교를 졸업하고 NH농협은행 임직원 교육 전임강사로 근무하며, 리더십·팔로워십·갈등관리·조직 커뮤니케이션 분야에서 다수의 교육을 기획·진행했다. 현재는 기관과 기업을 대상으로 관계 회복과 갈등관리, 소통 문화 구축을 위한 실무형 교육을 진행하고 있다. 저서로는 『슬기로운 소통생활』, 『대화의 온도』가 있다.

• **이송희**

에듀밸런스컨설팅 대표. 경희대 경영대학원 경영컨설팅 서비스경영을 전공하고 LG전자, 현대자동차, 신세계백화점 교육팀에서 전임강사로 활동했다. '학습자가 스스로 생각하고 답을 찾게 도와주는 교육'을 모토로 강의를 설계하고 기업교육을 하는 프리랜서 강사이다. 유통, 제조, 금융, 서비스 등 다양한 접점의 직원들과 협업, 조직소통, 갈등관리, 스트레스매니지먼트, 감정관리, 현장코칭 및 강의전략 교육 등을 강연하고 있다.

Unconflict
언컨플릭

2판 2쇄 인쇄　2025년 11월 21일
2판 2쇄 발행　2025년 12월 01일

　　　지은이　박효정 · 주충일 · 민현기 · 강경옥 · 박미란
　　　　　　　조은영 · 강윤아 · 윤　란 · 이송희

편집 · 디자인　이다겸
　　　마케팅　안용성, 이홍석
　　　　기획　민현기(로젠탈 콘텐츠 랩)

　　　　펴낸이　하혜승
　　　　펴낸곳　㈜열린길
　　　출판등록　제2020-000047호
　　　　　주소　서울특별시 성북구 보문로 37길 15, 201호
　　　　　전화　02-929-5221
　　　　　팩스　02-3443-5233
　　　　　이메일　gil-design@hanmail.net

ISBN 979-11-977140-9-2　13190

* Book Insight는 ㈜열린길의 출판 브랜드입니다.

* 책값은 뒤표지에 있습니다.

* 이 도서의 국제표준 도서번호(ISBN)는 국립중앙도서관 서지정보유통지원시스템 홈페이지(http://seoji.go.kr)에서 이용할 수 있습니다.

* 이 책은 저작권법에 따라 보호받는 저작물이므로 무단전재와 무단복제를 금지하며, 이 책 내용의 전부 또는 일부를 이용하려면 반드시 저작권자의 동의를 받아야 합니다.

* 북 인사이트는 교육전문가들의 콘텐츠 개발과 출간을 지원합니다. 좋은 원고가 있으면 언제든 inlab2020@gmail.com으로 보내 주세요.